普及版

天皇とプロレタリア

里見岸雄

展転社

序　文

一、「国体は資本家や有産階級には有難いであらうが、今夜の米にも困つてゐる無産階級には、何の用もない、否むしろ無産者の生活向上を阻むイデオロギーだ」といふ考へを、根本的に打破して、無産階級の唯一の味方としての国体をゑぐり出してみたのが此の一巻の書である。従来の国体論は三千年一日の如き神ながらの道で、遺憾ながら現代社会の原動力として活躍してゐない。国体論といへば、神官か、高等師範の倫理の先生か、然らずんば法律家の研究するもので、生活に喘ぎつつある無産階級とは全く無縁の仏だと思はれてゐた。又、実際、国体論といへば、今迄は、たいてい、哲学の出来損ひか、形而上学的信仰か、さもなければ、貧乏人に用のなささうな御上品な道徳論であつた。社会主義者と国体主義者とは、永久に、異る世界に陣営を張つて水掛論にぬれてゐたのである。然し今や、もう、そんな気のぬけたビールの様な国体論をふりかざしてゐる時ではない。吾等は、先づ胃の腑の要求を満してくれ、然もそれに止まらず、進んで人格の霊性を惜しげもなく投げ与へてくれる国体を把握せねばならぬ。

二、著者は、過去十数年来、一意専心、国体の研究に従事しつつある一青年学徒であるが、いかにも国体の有難さ、尊厳さ、神聖さ、を説いても、それが観念論である限り、もはや現実社会には必要のないものだとの断案に到達し、最近、国体科学の学的創建に従事してゐる。本書は、この国体科学の立場から筆を執つた科学的国体主義の一片鱗である。そこで、本書に於て、著者は、しばしば、従来の観念的国体論の所説を引用し、その非社会性、非現代性を遠慮なく批判した。殊に本書第二章には相当多数な観念国体論の諸文献を引用してあるが、それは観念的国体論の内容に通ぜずして、無闇に之を排斥する態度をしりぞけるためである。然し読者諸賢の中にはかやうな文献に興味の無い方もある事と思はれるから、さういふ方は、そこを飛ばして読んで頂き度い。又その中には、現代の学者、殊に著者の知人等もあるが、批判は何等個人的恩怨によるものではない。真に、学の為、国の為、止む事を得ずして論難したに過ぎないのである。著者は、著者と思想的、学術的立場を異にしてゐる観念学者と雖も、その憂国の至誠に対し、又、その個人的人格に対しては、尊敬の念を少しも失つてゐない。

されど、学徒が一度び学説を公にするにあたつては、この尊敬の念を以て、かの所論の誤謬を見逃し又は支持するが如きことがあつてはならぬ。あしからず御諒恕を乞ふ次第である。

三、本書は、然しながら、著者の国体に対する純学術的研究として発表したものではなく、むしろ一般知識階級への通俗的読物として執筆したものである。従つて、著者の意見なり研究なりを、この一書に尽してゐるといふわけではないのである。故に本書一読の後、若しも、進んで著者の国体に関する、より理論的、より学術的説述に一顧を与へてやらうといふ興味を起して下さる方があつたならば、左記の拙著

『日本国体学概論』『体に対する疑惑』『国体政治』

『国体認識学』『国体宗教批判学』『科学的国体主義』

及び近刊する

『国体科学概論』『国体学説の批判的新研究』

等の諸書、並びに著者の主宰する月刊雑誌「国体科学」、更に予の監修するところの『国体科学叢書』（全三十六巻第一期刊行十二巻）を参照して頂けば、ほぼ

明瞭になると信ずる。

四、猶ほ、本書には、断案だけを示して科学的研究過程を説明してないもの、例へば、第一章序論の五「思想国難の正体」の項中に於ける天皇論の如きものが、いくつかあるが、それは著者にあつては、すでに例へば拙著『国体認識学』等に於て、科学的研究を公表して来たところだから之を省略したのである。これ、本書が元来、学術的研究書でない為に、かやうに、断案のみをあげて説明を省いた処があるのであつて、それらの点に関しては、一読、独断論と見做さずに、進んで既記の諸書を参考せられん事を望んでやまない。

五、本書の公刊に就ては、河野桐谷、北原白秋両氏、及び快く出版を引きうけられたアルス主人北原鐵雄氏に感謝せずに居られない。

昭和四年十月末

西宮市

里見日本文化学研究所にて

著者

目次

普及版 天皇とプロレタリア

第二章　混沌たる観念的国体論

第三章　国体観念の革命と国体の現実社会的把握

凡例

一　本書には複数の版が存在するけれども、暁書房版〈昭和五十七年九月〉を底本とした。
二　本文の仮名遣いは底本のままとしたが、漢字は原則として現行の字体とした。
三　文中の読み仮名は、底本にあったものも新たに付したものも字音仮名遣とした。
四　文中の傍点は、全て「ヽ」に統一した。
五　文中の漢文については、新たに返り点と送り仮名を付した。
六　文中の伏字は、ルビで起こした。
七　読者の理解を助けるため、ルビで訳語を付した
八　読者の理解を助けるため、扉に新しく要旨を付した。

第一章　序論

「国体」とは、いったい何か?
それは、資本主義と同質のものではない。
観念的国体論の蔓延はマルキストの思う壷であり、
国体の科学的研究が必要だ!

一　マルキシストと観念的国体論者の行進曲

テンポ、テンポ、現代社会のテンポは超高速度だ。マルキシストは、驚くべきテンポを以て、現日本のあらゆる社会層に突進しつつある。或時は高架鉄道で、或時は地下鉄道で、或時は飛行機で或時は潜行艇で、隠顕出没《おんけんしゅつもつ》自在を極め、忽ちにして此処に、既にして彼処に、官憲を恐るものの如く、又揶揄するものの如くである。時に、国体主義の大旆《たいはい》をかかげた無数の観念居士《こじ》達のテンポはいかに神ながらの道とはいへ、これは又、余りに悠々閑々としてゐる。或者は御所車で桜かざせし大宮人の如く、或者は辻駕籠で、土手八丁を、或者は人力車で、又或者は馬上裕《ゆた》かに、更に或者は草鞋脚絆《わらじきゃはん》に身をかため、いそがぬ旅の五十三次、尤も思想国難の声にあたかも平家の公達水禽《きんだちみずどり》に驚けるが如く、急に徒歩からマラソン競走に移つたものもある。

試みにマルキシストの眼をみよ。眼光炯々《けいけい》として、遠く次の社会まで展望しつつあるではないか。然るに観念的国体論者の眼をみよ。懐古の瞳なつかしく、八百万の神の神集ひに集ひたまへる高天原の社会に注がれてゐるではないか。マルキシストの口は、聞け、まさに建設せんとする彼等が理想の新社会に就て熱語を交してゐるではないか。然るに観念的国体論者の口は、聞け、払ひたまへ、浄めたまへと言《こと》あげしてゐるに過ぎぬではないか。マルキシストが官憲の圧迫になやまされつつある時、観念的国体論者は無我夢中で××××《（天皇陛下）》の万歳を唱へてゐる。マルキシストが巡査に尾行されれば、観念的国体論者の資本家は芸者の尻を尾行し、マルキシストが牢獄に運ばれつつある時、観念的国体論者は宴会場へと急いでゐる。マルキシストが退学処分をうけた時、観念的国体主義の教育家と学生とは、文部省から到来せる思想善導費を以て牛鍋をつつきビールの満を引き、千代に八千代に寿《ことほ》いでゐる。

マルキシストが、経典の如く崇めるものは、マルクス・エンゲルス全集であつて、その一頁一頁を読む毎に、彼等は現実の日本に生地獄を発見し、恰《あた》も日本は最悪の国なるが如く考へ、祖国ロシアを護れと叫ぶ。この一声に長夜の夢から醒めた様に飛びあがつた観念的国体論者は温故知新の金言に従つて、日本書紀と古事記と神皇正統記と弘道館記とを捧讃して、大日本は神国なり吾は穢《きたな》きことなしと、地上の天国ここにありと為し随喜の涙を流してゐる。

軍教反対の大演説会を開催せるマルキシストは、別に期するところあつて最も熱心に軍事教練に従事し、忠良なる臣民等は、入営後の特典が目的で軍事教育を受ける者がすくなくない。マルキシストが共産ロシア直訳の革命を夢想すれば、右傾者流は白色テラーとなつて肉団相撃ち、戒厳令を布いて一挙社会主義者を撲滅せん事を夢想す。マルキシストが朝鮮人を煽動すれば観念的国体論者は朝鮮人を弾圧する。

マルキシストはマルキシズムを全能なりと信じ国体を知らんと力《つと》めず、観念的国体論者は国体観念即ち国体なりと錯覚して国体の実体を捉へず、又、マルキシズムを解する能はず。聞け、マルキシスト達はパンに向つて絶叫し、観念的国体論者は武士は食はねど高楊子、人はパンのみにて生くるものにあらずといふ。観念的国体論者は唯心論を唱へて唯物的に生き、マルキシストは唯物論を唱へて理想主義に生きる。ロシアを憎悪する者、ロシアを尊崇する者、日本を尊崇する者、日本を憎悪する者。社会科学の本が飛ぶ様に売れれば、国体論の本は書店でもてあつかふ。国体論者が古事記を読む時、マルキシストは資本論の頁を繰る。革命歌と君が代。建国祭の示威行列とメーデーの示威運動。マルキシストは国体を理解せず、国体論者はマルキシズムに無智である。たまたま国体論者がマルキシズムの揚足取に痛快がれば、マルキシストは国体論者の無智を嘲笑する。姉崎博士が「労働は商品なりとの思想が」といへば、河上博士は「労働は商品なりと云ふのは思想でなくて事実」だと一喝して、如何にも「君などは、神様の名前でも調査してゐるがよい」といはぬばかりに嘲笑する。マルキシストは乱舞し観念的国体論者は高踏し、世は、まさに、マルクスボーイと国体論者、日本主義者、皇室中心主義者との騒々しい行進曲に踊りぬいてゐる。いつこの乱舞は鎮静するのであらうか。

二　民衆の想像する国体学者の風丰《ふうぼう》

今夜は、公会堂で国体に関する講演会があると宣伝された時、民衆の脳裏に想像される該講演会の講師は、七十代、六十代、五十代、極めて稀には四十代位の年輩の人、従つて白頭白髯《はくぜん》、或は禿頭の士であらうと予感される。国体や皇室中心主義を講演する様な人は、まづたいてい老大家、大家でないまでも老人であらうといふ予想を与へるのである。斯様なわけで、その講演の内容もそれに応しい催眠的威力あるものとして予断されるのが普通である。国体の事など今更きかなくてもわかつてゐると思つてゐる民衆が、この国体講演会の鬱陶しい想像によつて、講演会へよりは活動写真に乃至はカフエーに急ぐのは必ずしも無理ではない。千年一日の如くむしかへしてゐる「かむながらの有難き御話」が民衆に魅力を失つた現証である。然し、「聞かなくてもわかつてゐる」様な国体論を昭和の御代に及んで猶《なお》根気よく繰返してゐる驚くべき忍耐力に、所謂国体論者の面目は躍如としてゐるのである。民衆の脳裏から「若さ」を失はれた国体論者が、国体の専門家だと一般に通念されてゐる間は、まだまだ国体主義の受難時代だ。「太古にして太新」などと観念の遊戯をやつて大見栄をきつてゐる稚気むしろ愛すべき国体学者を、事実上に若返らせる方法が案出されないうちは、国体論とか国体学者とかいふ言葉が現在の持つてゐる響は容易に打ち消され得ないであらう。

予は大正十五年の二月、丁度三十歳であつたが鳥取市遷喬《せんきょう》小学校の講堂で、国体に関する公開講演を行つた後、講果ててから、幹事やその他その市の有力者にとりまかれて、「先生の様なお若い方からこれだけの国体論を聞かうとは思ひもよりませんでした」と曰はれたので、この辺に来て国体の話などする人は、余程のおぢいさんばかりだなと思つたことがある。その後、国体講演の講師を注意するごとに一種の興味を覚えて、気をつけてゐるが、青年学徒はほとんど稀であつて、老大家、老中家、老小家が、時を得顔にはびこつてゐる。無論、老人だからといふのを理由にして攻撃する何の謂れもないが、国体論などにメートルをあげてゐる老人達ときたら、お定まりの古物思想であるから、つい、青年に顧みられない事になるのである。

国体学者といふと、民衆は、意固地な融通のきかない顔面筋肉の運動の不足な、黒紋付か、異様の風姿かを想像する。かしは手をならして、ゴホンゴホンとせき払ひでもしてから、勿体らしく敬神思想を説き出す神社の回し者位に想像する。そこには、どうしても軽快とか晴れやかさとか深刻とか雄大とかいふ感じが起らないらしい。人物でいへば筧《かけい》博士とか、時には大本教の王仁三郎《おにさぶろう》位のところが連想に浮ぶ。期待をもつて集る青年などのあり得ようのない程に陰鬱である。鈍重な、しめつぽい感じが先づ予感される。国体論だの国体主義だのといへば内容をきかないうちに敬して遠ざけてしまふのも、あながち無理だとはいへないふしがある。

三　国体研究封じの一手

「国体などは余り進んで研究せぬがよい、高天原がどこにあるとかないとかいふ様なる事はなるべく手をつけないでおくのが賢明な方法である」と考へてゐる人がすくなくない。我々は、さういふ国体観を、小気味よくなげ捨てなければならぬ。国体はどこにある？　神社の中にあるのか。御真影宝庫の中にあるのか。それとも国民の信仰観念の中にあるのか。いや、まるで見当違ひである。我が国体こそは、実に、吾々国民の日常の生活そのものの中にあるのだ。三度の食事の中に、工場の中に、炭坑の中に、電車の動くところに、乃至あらゆる国民の社会生活の中に生々として動いてゐなければならぬ人格的共存共栄の道、それが日本の国体だ。

国体といふと、無闇に危険がり勿体《もったい》ながり神秘化して、神社の拝殿の中や、御真影奉安庫の中にまつりこんで、外から錠をおろしてしまへば、最早や安全だと思つてゐる人々の低能ぶりには、いかに何でもあきれかへらざるを得ない。「そんなにのぞいてはいけない勿体ないぢやないか」と、国体を箱詰めにしてしまふのは、つまり国体を人間の理性の前に、社会生活の前に持ち来す事を恐れるからだ。理性の批判や社会生活の要求によつて基礎薄弱になる様な国体なら、一体何が万邦無比なのだ。人の無智に乗じて神秘的に辛じて維持されてゐる様なくだらぬ国体ならそれこそ、こちから引導を渡してやる。吾等の国体は、果して然く脆弱なものだらうか？

然るに、曾て吾人が拙著『国体に対する疑惑』に於て指摘せる如く、今や、我国人の中には、

天皇陛下の御真影に敬礼するは要するに偶像崇拝にあらずや

天皇は何故神聖なりや

万世一系は何故尊きや

天皇を神とするは独断的にしてむしろ自然人と解すべきが合理的には非ずや

現人神の思想は各国に存在したる帝王崇拝と大同小異のものではないか

我等は何故天皇に忠義を尽さざるべからざるか。忠義観念はつひに人の理性を昏昧ならしむる麻酔剤にはあらざるか

我が国体観念に基く忠義は宿命的なりや、若し然りとせばかかる事は合理的なりや

十分に生活を保証されて居れば忠義といふ事も成立つが、搾取されてゐる国民が無報酬で忠義などする必要何処にありや

忠君愛国といふことは要するに資本階級特権階級が自己保存の為にする宣伝道徳にはあらずや

君主無くして人民共和せる国家現に多数あり、然るに日本国民のみ何故君主を必要とするや

主権は人民全体の上にあるが正当にして一個人が主権を独占するのは不合理にあらざるや

等々の疑惑をいだいてゐるもの頗《すこぶ》る多く、疑惑より進んで国体否定の信念に住してゐる者又決して少しとせぬ。現代の階級戦線に従軍しつつある多くのプロレタリアやインテリゲンチヤにとつて、高天原の所在如何などは、まるで問題にすらなつてゐないのである。彼等は、そんな有閑人の考へてゐる「おありがたい御国体」などを考へてゐるものではない。生活の苦闘の中に、国体を最大の障害と見誤つての必死の抗争をつづけてゐるのだ。かかる社会の実勢に盲目であるから国体研究を封じ込んで、それを神秘の情操として「見ないが花」式に保存しようなどといふ小胆卑怯な態度こそ、むしろ日本の国体を間接に破壊する様なものだ。研究されてぐらつく様なヤクザな国体なら、万邦無比の国体もへチマもあるものか。時代に応じ、社会に応じて、新しく研究されればされる程、無限の光明を放つ底の実体にしてはじめて、「命がけでこの国体を護れ、それが人生の使命だ」とまで曰ひきることが出

来るのである。国体にナフタリンをふりまいて七重八重九重に包みかくして、永久に「あけずの間」に死蔵しようなどといふ考は、最も忌むべき不量見である。あけてみれば浦島の玉手箱の様に白い煙でも立ちあがつて、煙にまかれてしまふが落ちだから、それよりは永遠に、宝物として厳重にしばつたまま、まつりあげておかうなどといふ考では、遺憾ながら国体に対する見当すらついてゐないのである。吾等は、卑怯であつてはならぬ。勇敢に国体の研究に着手すべきだ。勿論、国体の科学的研究にである。国体の観念的研究、御用哲学的研究などは、もう時代錯誤でもあり不必要の長物である。神の概念など千年万年研究しても、何の用にも立たない。日本国体は、吾等の生活に必要なりや否やの実際的研究が、この際の必要なのである。

四　マルキシストの思ふ壺

すべての右傾思想家が、神国日本の形而上学を力説し、君民一致の御国体を讃美し、忠孝一本の道徳学を高唱してゐるのは、マルキシストの思ふ壺にはまつてゆくのだ。観念的国体論が跳躍すればするほど、マルキシストの戦術は奏効するのである。観念的国体論が日本国体論の代表的地位を占めてゐればゐる程、マルキシストの仕事はしよくなる。思想善導家達が、資本家の御用哲学然たる国体論を鼓吹するのは、マルキシズムを打破する目的ではあらうが、事実は、之に反し、マルキシストをして、愈々《いよいよ》乗ぜしむる結果を招致してゐる様なものである。資本主義の用心棒が観念的国体論で民衆を陶酔させ得る間は、まだ幾分の安全率があるが、それは早晩、その無力を自ら暴露するの外ない。いかに、神国だの、ありがたい国体だの、万邦無比の国体だのと説いてきかせても、民衆が、ありがたく感じない様になつてしまへば、その時、観念的国体論は終焉を告げるの外ない。「希《ねがわ》くは国体論者よ、永久に、現実社会に目醒むる事なかれ」とは、おそらく、マルキシストの願望であらう。もろもろの国体論者が、国体を単に観念的に認識して、形而上学の大殿堂を築造して、いよいよ神秘の色彩を濃厚ならしめてゐるうちに、不知不識《しらずしらず》に、マルキシスト戦術の陥穽《かんせい》へと落ち込んでゆきつつあるのだ。お目出度《めでた》い独りよがりの観念的国体論者達は、それをも自覚する事なくして、徒らに枝葉の揚足取りに得意になり、唯物史観に対抗して唯心史観を説いてすましてゐる。又、この観念論者たちの或《あ》る者は、政治は、実際的なるが故にその理由を以て政権把握に急ぐ者もある。然し、今日の資本主義経済組織に就ての根本的理解なく、政治は畢竟所謂《ひっきょういわゆる》上層建築である事を知らない程度であるから、底は見えすいてゐる。

国体主義者とか、皇室中心主義者とか、或は日本主義とか名乗る人達は、進んではただマルクス主義の一部分、例へば唯物史観、例へば階級闘争説等の攻撃に、小手先の功名を争ひ、延いては、日本礼讃に型通りの気焔をあげるに止まつて、みづから建設すべき社会に就て具体的方法を示さない。たまたま三四のそれらしきものもないではないが、どれもこれも、驚くべき無鉄砲か嘆くべき粗雑か、嘲《あざけ》るべき幼稚かに属するものばかりだといつても決して過言ではない。而も、これらの右傾人は、頗る我が強くて、他人の意見や批評を冷静に受取る雅量がないから、自分の主張はあく迄我が仏尊《とうと》し的に固執してやまない。如何に社会運動が猛烈になつてきても、思想問題が紛糾してきても、悠々として、色とりどりに咲き乱れたる観念の花園に嬉々として戯れてゐる国体主義者をみた時、極左傾の者達は、思はず会心のほほゑみを漏す事であらう。いつ迄も、現在の資本主義制度の社会がそのままで継続してゆく事と、万世一系の皇室の弥栄《いやさか》とを混同して考へたりしてゐる者こそ、むしろ実に恐るべく、警戒すべき人々である。皇室に対する観念と資本主義に関する観念とを混同する者は、みづからマルキシストの思ふ壺に陥る者である。

五　思想国難の正体

朝野にかまびすしき思想国難とは、つまり危険思想の跋扈《ばっこ》による国難といふほどの意味であるらしいが、一体、危険思想といはれてゐるものは何であるかといふと、いはゆる社会科学と通称される学問的背景をもつた思想の事である。もつと具体的に説明すれば、社会主義だといふ人もあるであらう、共産主義だといふ人もあるであらう。とにかく、いはゆる左傾思想即危険思想、危険思想即国難思想である事は確実だ。三・一五事件といふ共産党事件は、幾多憂国の志士を奮起させ、一時はほとんど朝野をあげて、動揺した位である。各大学専門学校等の社会科学研究会は解散を命ぜられ、文部省は、思想善導費を計上し、専門官吏を特設して、これが対策を講じ、国体論の述作も雨後の筍の如くあらはれ、田中義一男の所謂国民の精神的総動員が行はれたのである。一方には思想善導、他方には司法権の発動、官軍は大手搦手《からめて》から続々と繰出された訳だ。されど、この危険思想なるものを、今一度静かに分析してみる必要がある。

世に危険思想といはれ国難思想といはれるものは、あきらかに一の点に於て其名に値する。一の点とは何か、曰く、法律上の所謂国体を変革せんとする意志だ。即ち、万世一系の天皇を奉戴する国家組織を否定せんとする点に於て、まぎれもなき国難思想である。然しながら、彼等が君主制に反対するのは、いかなる理由によるかを知らねばならぬ。彼等としても、無理由に君主制に逆はんとするのではない。然らばその理由は何であるか。曰く、欧州各国の例に徴するに、現今の君主制は、資本主義経済制度を圧倒的に支持する最高権力としての政治的制度である。資本主義制度を無産者の生活への根本的脅威と為す者は、勢ひ、その制度を権威的に支持する本城たる君主制度を破壊せずに究極の目的を達し得る筈がない。この点に於て、欧州各国に於て経験された排君主主義は、決して理由なき事ではない。それは、彼等の所謂君主が、元来覇者であり征服者であつて、力を本質とし徳（もしあつても）を方便とする君主だからである。換言すれば人民の利害と対立しつつある君主だからである。然るに、日本の天皇は、果して、かくの如き欧州や支那の君主と同日に談ずべき君主であるかといふと、断じてさうでない。天皇は、人民に対立した君主でなく、まさに人民を包含した人格であつて、人民の利害は、直ちに天皇の利害として苦慮したまふ関係にある。（之に関する科学的説明は拙著『国体認識学』参照）そこに日本天皇の本質が光り輝いてゐるのだ。即ち、所謂左傾思想家が、天皇の本質、伝統、使命に就て根本的理解を持ち得ないで、近視眼的にも、天皇を欧州各国の帝王等と同一性質、同一機能の支配人格だと速断したればこそ、国体革命などといふ思想に捉はれたのである。故に、国難思想は、この点に於て、飽く迄撲滅されねばならぬ。

　されど、諸の思想善導家達は、これ渡りに船とばかり、一切がつさい国難思想は悪い思想だなどと断定してはならぬ。彼等社会主義者等の要求は、食はんが為に起れるもの、即ち現代の資本家の不当なる富の壟断《ろうだん》と、無産階級の圧迫とを打破せんとするものだ。悪資本家の本家にあらざる皇室を資本家の巨頭なりと誤解し奉りし落度は彼にあるから、この点は断然破折《はしゃく》すべきであるが、然し、正真正銘の資本家達の横暴は、人類正義の為に、折伏《しゃくぶく》されねばならぬのである。資本主義と日本国体とは全然別物だ。資本主義と国体とを同一視させる資本家、同一視する無産階級これ共に根本的に打撃さるべきである。かくて、いはゆる危険思想から、皇室への誤想を除き去ると、それは、大いに考慮を払ふべき価値ある思想、当然なる要求だといふことになる。何となれば、無産者は食はなくてもよいといふ論理は成立し得ないからである。この意味に於て危険思想なるものは、まさに功罪相半ばするものといふべきだ。

六　片々たる国体擁護運動

危険思想の襲来、思想国難だといふ音頭が、田中内閣の一角から起ると、全国の官吏、教育家は、恰《あたか》もバネ仕掛の機械の様にハネあがつた。文部大臣も内務大臣も一時は待合遊びの暇のないほど訓辞や相談に多忙を極めた。大臣の訓辞を忝《かたじけな》くうけたのは、各府県知事や高等学校長などで彼等は、米搗《こめつき》バッタの様にかたじけなく説法に叩頭《こうとう》した。相談相手としてオダテあげられたのは各宗管長、知名の宗教家、教化団体代表者、在郷軍人等であつた。悲痛なる国体擁護運動は、かくして全国津々浦々に到る迄、例の国民総動員の掛声いさましく起されたのである。

然しながら、その国体擁護運動に従事する人々の頭をみたならば、まづ第一に失望せざるを得ない。警察官は、ブラックリストに載つた人間の言行を注意して、いざといへば、直ちに拘禁し司法官は之をうけとつて懲役何年かの判決を与へる事を能事としてゐる。懲《こら》すのも敢て不可ではない。然し、それで国体が果して擁護出来るか。あとからあとからと発生してくる所謂危険思想の持主達を、一体どうする積りなのであらうか。又、三年とか五年とかの懲役から娑婆に出てきたものは、確に悔悟して出て来たのであらうか。学校の教師の国体擁護は、最後に於て退学処分である。学校は危険分子を退学させて了へば、それでよろしからうが、社会国家は迷惑この上なしである。学校は校内に社会科学信者を有しなければ、それで安心してゐるほど然く無責任な属官気分なのである。宗教家はどうだ。社会の教化よりは、その宗門のその教会の、その宗教家の教化を必要とする様な皮肉な人間が、一体、社会をどう教化し、国体をどう護らうといふのか。釈迦でさへ教化を徹底出来なかつたのに、今時の堕落坊主に何の教化が出来よう。それが可能な位ならば、とつくの昔に教化しつくして了《おわ》つて、世は今頃、極楽浄土か、娑婆《しゃば》即寂光《そくじゃっこう》になつてゐる筈だ。青年団で団体を組んで氏神に参拝させ、大いに敬神思想を鼓吹して教化の実をあげようなどといふ、トンチンカンな人間さへ、文部省や内務省では拝まんばかりにしてかついでゐるのである。時には、右傾の暴力団ですら、天晴れ思想善導の大任でも帯びてゐる様な顔をしてゐる。世の中はまさに思想善導の呪文の下に百鬼夜行のありさまを現じてゐる。

とにかく田中内閣のかかげた金看板思想善導は、その声、国中に充満したが、いまだに一向国民の思想が善導された形跡が見えない。政府は特別予算まで組んで、勅任の学生監を増員したり警察と連絡をとりて左傾分子の弾圧を試みたり、全国の専門学校へ思想善導費を下附したり、あせだくだく大童《おおわらわ》の活動を開始したのである。然し、文部省のこの思想善導といふのは、そもそもいかなる実質を有するものかといふと、残念ながら頗る羊頭狗肉竹光《たけみつ》式思想善導だ。何となればいやしくも思想国難などといふ以上、それは全国民共通の利害にかかはることと考へたに違ひない。そこで、もしもそれに対抗して、それを破折し、青年学徒をして善思想に向はしめんとするならば、思想国難の真の正体、原因等を見究め、然る後、最も根本的方法を樹立せねばならぬ筈だ。然るに文部省は、思想国難の正体も知らずに、一夜づくりの対策を苦しまぎれに案出したに過ぎないのである。かりそめにも、思想を善導するといふのに、「いかにせば思想は善導し得るか」といふ方法に就て全く無定見であるのは、驚く外ない。それ故、文部省の役人は、東洋思想の講座を設けるとか、日本歴史の講座をつくるとか、青年訓練に修養講師を派遣するとかいふ程度の方法しか考へ得なかつたのである。思想を善導しようとする文部省や、講師が、そもそも思想国難をいかに理解してゐるかが可成《かな》りの疑問である上に、更に、その国体観が、どれほどのものかといふ事になると、愈々疑問が大きくなる。破折さるべき国難思想に就ても、善導する原理思想に就ても、共に不徹底であるとしたら、世の中に思想善導位滑稽な掛声はない。それだから或る学校では、文部省から交付された思想善導費で、学生と教師とが車座になつて牛鍋会を開いたり、某校では新入生の歓迎会を兼ねて琵琶湖遊覧を試みたりしてゐるのである。思想善導費の行衛は実に惨澹たるものではないか。たまたま、思想善導講演でも開けば、旧式な敬神思想の鼓吹や武士道精神の宣伝で、それに共鳴し感心するのは、たいてい思想善導を要せざる老人か、又は年齢は青年であつても思想的老人である人かに過ぎないありさまである。

国難思想は、その本質に於て、生活苦、従つてそれを発生せしめた社会組織に対する呪詛の思想、革命の思想である。然るに、善導思想は、その根本問題に根本的に触れる事を回避し、あく迄国家思想、民族主義、道徳主義、人格主義、運命論、少欲知足主義で解決しようとするのである。思想善導は、それでも徹底的効果を期待し得ようか。思想善導は、結局、資本家の為に必要なる思想政策であつて、無産民衆には百害あつて一利なきものだとの非難に対し、世の思想善導家は果して何と答へ得るのか。一部少数の人々の為に安全であり都合よくなる様に民衆の思想を誘惑するのが思想善導だと嘲笑する人間の前に無力無権威なのが、いまの思想善導だ。無産階級は思想の善導を必要とし、有産階級は思想を善導する必要がないといふのが、思想善導だ。つまり資本家、有産階級は、善思想家、善人、正義の士であり、無産階級は、悪思想家、悪人、不正の徒だと曰《い》はんばかりの態度が、「思想善導」の中に閃々としてひらめいてゐる。

この点に就ては浜口内閣の「教化総動員」と雖《いえど》も、兄たり難く弟たり難しである。尤も「国体観念を明徴にする」といふ条項を掲げたのは、歴代の内閣中稀《まれ》に見る大出来だが、さてその所謂「国体観念」とは果して如何なる観念であるのか。この連中も矢張り「観念」さへ与へれば、社会が善良になると考へてゐる観念論者たる事を暴露してゐる。恰かも日本在来の便所にわいた蛆虫《うじむし》を一匹づつひねりつぶしたり、片脳油《へんのうゆ》をふりかけたり、草履をきれいにしたり、きんかくしを磨いたりして、「天井を御覧、柾目《まさめ》の板が立派だらう。但し下を見ちやいけないよ」といつてゐる様なものだ。便所そのものを浄化装置の水洗式に改めさへすれば、蛆虫は勿論、糞便そのものも、一挙にしてきれいになつて了ふといふ事を、知らないのと同じ事だ。尤も緊縮其他の経済政策を掲げて、経済の立直しをやらうとしてゐるらしいが、それも外科的大手術を要すべき悪性の腫物に、一銭か二銭の安物膏薬を貼つてすましてゐる様なものだ。殊に国民経済と国民教化とは他人同志の寄り合ひ世帯で、合せ物は離れ物の感を深うする。況《いわ》んやその教化動員の動員会で馳せ集つた将軍、参謀、幕僚、将卒のお歴々の御面相を拝見するに、「代りましても代り栄えのしない」のが九分通りを占めてゐるのでは、頼もしさも、山が見えてゐるといふものだ。

昭和四年八月二十五日、大阪朝日新聞第一面の「むしかご」欄には、勝れて興味ある一文が載つてゐた。曰く

学務部長会議に集つた部長連、昼食は文部省で希望社から寄贈された玄米飯の折づめを御馳走になつたが、晩は小橋文相の招待で東京会館の洋食、これでどうやら胃袋も部長待遇を受けたわけだが、その後で『ころは元禄十四年……』

の浪花節と思想善導の活動写真とを景物に出され、少々有難すぎて『ハイハイ、教化運動の御手並みはもう十分判りました。』

読み去り読み来つて、実に面目躍如たるものあるを覚えるのは決して予一人のみではあるまい。桃中軒雲右衛門が、一等車のパスをもらつて、○○省嘱託とをさまつて、武士道鼓吹の大講師となつた事を思ひ出させるにも十分である。

七　愚法「治安維持法」

頃は元禄十四年の浪花節を聞いても、坊主の鎮護国家の説教を聞いても、学校の先生の教育勅語の講義を聞いても、神主の敬神思想講話を聞いても、氏神様に参拝させても、どれもこれも、結果は同じやうなもので一向たいした霊験がない。一方マルキシズムの本は羽の生えた様に売れてゆく。秘密結社は次第に増える。ブラックリストに載る者もいよいよ増加する。おまけに、カフエー取締にも不良少年の警戒にも、ピス健や説教強盗にも、いらいらさせられる。政府は、殆ど神経衰弱の様にフラフラせざるを得ない。もはや、到底、一片の講演会などで、思想の取締は出

来ないと悟つたところへ、一方無産者運動が急激になり社会主義思想が駸々《しんしん》として
その陣営を進むるや、ブルジヨア政治家は、つひに、大正十四年、かの治安維持法
なるものを公布した。その第一条に

国体ヲ変革シ又ハ私有財産制度ヲ否認スルコトヲ目的トシテ結社ヲ組織シ又
ハ情ヲ知リテ之ニ加入シタル者ハ十年以下ノ懲役又ハ禁固ニ処ス

とあつた。これ当時、左傾陣から、盛んに悪法として攻撃されたもの、吾人等又、当時、
国体と私有財産制度とを同架に置くの甚しき不法なる事を論じたものである。神聖
なる国体は、かくして、ブルジヨア階級の自己防衛の具に悪用された。無産者は、
いよいよ国体を以てブルジヨアジーの死守する守本尊《まもりほんぞん》だと誤解を深めるの外なかつ
たのである。然るに、世の非難に鑑みるところあつてか、昭和三年四月、第五十五
議会に、これが改正案提出され、十八名の委員付託となり、議会閉会後、憲法第八
条により緊急勅令として、枢府に批准を乞ひ、五対三で可決公布したものの第一条
は左の如くである。

第一条。国体ヲ変革スル事ヲ目的トシテ結社ヲ組織シタルモノ又ハ結社ノ役員
ソノ他指導者タル任務ニ従事シタルモノハ死刑又ハ無期、若シクハ五年以上ノ

懲役若シクハ禁固ニ処シ、情ヲ知リテ結社ニ加入シタルモノ又ハ結社ノ目的遂行ノ為ニスル行為ヲナシタルモノハ二年以上ノ懲役又ハ禁固ニ処ス

私有財産制度ヲ否認スル事ヲ目的トシテ結社ヲ組織シタルモノ又ハ情ヲ知リテ結社ニ加入シタルモノ若シクハ結社ノ目的遂行ノ為ニスル行為ヲナシタルモノハ十年以上ノ懲役又ハ禁固ニ処ス

前二項ノ未遂罪ハ之ヲ罰ス

而して、これは第五十六議会に、事後承諾案として提出され、つひに法律として適用施行されたのである。今この新旧法文を比較するに、旧法に於て、国体変革の罪と私有財産制度否認の罪とが、全然同一刑罰を以て律せられてゐるに対し、新法に於ては、国体変革に関するものを第一項とし、私有財産に関するものを第二項として分ち、前者の刑罰の最重を死刑とし、後者のこれを十年以上の懲役又は禁固と為して、両者の間に差等を設けてゐる。勿論、ここにいふ「国体」とは通例法律に用ゐられる術語としての「国体」即ち君主制度を意味する事は明かである。新法が旧法に比して名分上、一進歩してゐる事は確かであるが、而も猶そこにブルジョア的精神の覆ふべからざるひらめきがあざやかにも描き出されてゐる事実を否定し得

べくもない。即ち、第一条を第一項と第二項とに分ち、私有財産制度否認の罪を、国体変革の罪と極めて近接して取扱つてゐるのがそれである。国体と私有財産制度とを、殊更にかく近接事項として取扱ふ用意の中にブルジョア精神の国体利用が看破されるのである。為政者のブルジョア擁護のこの態度が、ただでさへ生活苦の為に眼くらんだ無産階級左翼思想運動者流に、いよいよ日本国体即ブルジョア主義組織といふ心証を強調するであらう事は余りに明白だ。無産階級の国体即資本主義制度観が無智に基いたものであるとしても、強いて国体をブルジョア擁護の楯の如く取扱ふ者共の不都合はまさに日本国民の名に於て糾弾すべき国体冒涜罪である。為政者みづから心なき国民をして国体と私有財産制度とを混同する様に導いてゐるこの不都合を何で黙過し得よう。日本国体は断じて私有財産制度と混同さるべきものではなく、又、近接して同架に取扱はれ得べきものではない。私有財産を否認する事によつて脅威を感ずるものはただ私有財産によつて生活を享楽してゐる者丈《だ》けである。この一部の有産階級の利害に関する問題と、万世一系の天皇を全社会的生活の人格中心として奉戴する事を破壊せんとする行為とを、あはよくば、結合せんとするが如き卑劣不都合なる心事を容認する事は、真に一君万民主義者のよく為し能《あた》はざるところでなければならぬ。国体はそんな小さな卑劣な問題ではないのだ。

八　政治に反映せるブルジョア意識

西洋人にあつては政治は、ポリテイケ・テヒネ、人民の術であつた。支那にあつては政治は牧民であつた。然るに、日本に於ては、政治は実にまつりごとであつた。

　上ハ則チ乾霊《あまつかみ》国ヲ授クルノ徳ニ答ヘタテマツリ、下ハ則チ皇孫正シキヲ養フノ心ヲ弘ム（神武天皇の勅語）

る所謂皇孫就治の扶翼が、国民参政の本義である。即ち

　大祖創業、神明ヲ崇敬シ、蒼生ヲ愛撫シ、祭政一致ス、由来スル所遠シ矣（明治天皇神霊鎮祭の詔）

といふのが、日本政治の根本だ。故にこの根本が乱れれば、国家百般の事みな度を失ふのである。後鳥羽天皇の所謂

　只政教ノ得失ニヨリテ実ニ国家ノ治乱ヲ致スノミ

と仰せられし所以である。

政治の目的は何だ。それは一部の人間の権益を擁護するにあるか、或は、その治下の、すべての人間の権益を正しく護持建立するに存するか。答は、当然、後者でなければならぬ。政治は政治家の栄誉、収入の為にするものか、或は、奉仕であるかの正しき判断が勇敢にまちがひなく決定されなければならぬといふ事を主張せねばならぬ程、いまや日本の政治は腐敗してゐる。政治は術でなく、道であるべきだ。正々堂々、何のうしろ暗いところなく行はれなければならん。

然るにブルジヨア階級の構成する種々なる政治家、既成政党などの行つた日本の政治は、たいていの場合、まつりごとの国体政治とは、似ても似つかぬ利権政治であつた。政治家個人にどれほど敬虔《けいけん》な尊王心があるか、それは吾等の如く直接彼等と何の交際もなき野人にはわからない。されどその政党人としての行為は、十分に判断し得る丈けの材料がある。いづれの党派たるを問はず、現に彼等が互に行ひつつある醜悪なる利権争奪の事実をみる時、吾等は実に深く失望せざるを得ない。そのいづこに真の尊王心、真の利民心が閃《ひらめ》いてゐるか。思想善導を要するのは、実に彼等政治家であり又政党人ではないか。元来、政党といふものは、国を思ふ至誠から流れ出た政道政策に従つて結成されて居るべきものたるは云《い》ふ迄も無い。

然るに日本の現各政党は、真の政見を以て結党してゐるのでなく、すくなくとも、さう判断されても仕方がない程、所謂党派根性を以て、利害の為に相結んでゐるのである。政治の根本的方針などはどちらでもよいのであつて、いかにせば我党内閣を実現し、支持し、而して甘い汁を吸へるかといふ事が、最大の関心事であるかに見える。彼等は、衷心、皇室国家民生の正義と安栄とを考へてゐるのでなく、皇室中心主義も人民中心主義も、実は羊頭狗肉の表看板に過ぎないのだ。内閣の責任よりは内閣の評判が彼等の関心するところであつて、主義や使命の為に不惜身命などといふことは、まさに痴人夢をとくの活例だと考へてゐるのである。

たまたま進出し来つた無産政党も、今のところ、既成ブルジョア政党に対して、相対的には存在の意義があるといふだけであつて、彼等も又単に自階級の権益獲得及び擁護の外、君民一致の国体建設など眼中にない。即ち今日の資本主義的矛盾を全社会的に把握してゐない。この点からいへば政党政策の為に皇室に累を及ぼす者も不都合千万なら、無産階級の擁護以外、皇室国体をも重要視しないプロレタリア政党も不都合極まるものといふべきである。いやしくも日本国民たるものは国体とはいかなるものかを確実に把握して、政友会だらうが、民政党だらうが、無産政党だらうが、凡そ国体に反するものは、悉くこれを膺懲《ようちょう》するだけの用意を持つてゐなければならぬ。

新聞記者やその他の人間にして、一国の宰相大臣に対し、その人現役中、あだ名を付して呼ぶのは、元来、大臣などになる人間に、真に憂国至誠の大人物が無い為でもあるが、又、実に、民衆の軽薄下劣なのにもよる。予は、曽て、浜口雄幸氏が組閣の大命を拝した時、予の主策する雑誌「国体科学」第四十三号（昭和四年八月）の巻頭に「鶏群の一鶴・さもしき新聞記者の筆致」と題して左の如く叱咤した事がある。

田中義一氏骸骨を闕下《けっか》に乞ひ奉り、浜口雄幸氏内閣組織の大命を拝した。宮中よりのお召により、浜口氏まさに自邸を出でんとする時、折から参集してゐた家の子郎党達は我党内閣の出現に欣喜《きんき》雀躍《じゃくやく》、抑へんとして抑へ能はず、参《さん》内《だい》せんとする浜口氏に万歳をあびせんとした。浜口氏厳然頭を振つて黙々之を制止したといふ。吾等はこの態度を男らしく思ふ。全く近来稀に接し得た一快事だ。当時、新紙の報道に描写された他の閣僚やその家族共の軽浮なるはしゃぎ方に比し、流石に鶏群の一鶴であつた。天業《てんぎょう》恢弘《かいこう》皇運扶翼の重責に就くに、一身の出世栄達感を以てする、世にこれほど転倒はない。

さるにてもさもしく又、無礼千万なるは世の新聞記者共の筆である。浜口氏大命拝受前後の各新聞は、筆を揃へてライオン内閣、ライオン首相といひ、甚しきは、実物のライオンの写真を出してゐたのがある。何の故であるか。天下公衆の言論機関が、人間を捉へてライオンとは何だ。苟くも、陛下親任の新首相を迎ふるに、下劣なあだ名を以て社会の公的機関に記さんとするは、抑々《そもそも》何といふ量見だ。浜口首相の政治に非難すべき点あらば、いかに厳烈に之を駁撃《ばくげき》するも可、而《しか》も、いはれなく一国の首相を動物の名を以て公称するは、これむしろ、陛下に対し奉りて不敬ではないか。吾人はこれら匹夫の蛮風を我国新聞道の為に断じて呵責《かしゃく》すべきだと信ずる。

吾人は浜口雄幸氏に何の恩怨もない。又、浜口氏を以て、真の国体政治家とも思はない。然しながら、首相をライオンと呼び、官邸をカフエー・ライオンと呼ぶが如き軽浮暴慢の輩に与《くみ》する者ではない。国民も、政治家も、もつと政治に対して、真剣になるべきだ。ヨタ助《すけ》や野心家や利権屋の手によつて政治が左右されてゐる間は、決して日本国体の政治は始まらない。国民が、国体に不徹底でゐるうちは、要するに真の政治が始まらないのである。

予が、本書の全部を脱稿してしまつた瞬間、折から寄贈された「愛国之青年」といふ雑誌を何気なくあけてみると、浜口首相の「政治の原理は国民全体の福利増進にあり」といふ本題で、「階級的謬見《びゅうけん》を匡《ただ》して社会政策の必要を強張す」といふ脇題の付いた一論文があつた。早速、一読してみたところ、歴代総理大臣中、おそらく稀にみる出色のものと思はれるので、左に之を録載する事とした。

一、政治の眼目

一国政治の目的は、国民の福利を増進すべく、少数の私人や一階級の利益に偏すべきでないことは、古今東西を通じて、政治に於ける自明の指導原理であるべきで、政体の専制君主国たると、議会政治政党内閣制たるのに依つて、此の原理を異にすべきものでないのである。

固より有機的なる社会に於て、総《すべ》ての国民に対して、均一の利福を齎《もたら》すが如き立法や政策は、之を想像することを得ないのである。総ての施設は直接には少数の個人又は一地方一職業を潤ほすに過ぎないやうであつても、其の究極の目的は常に国家万民の福祉でなければならない。例へば一特殊銀行に低利資金を融通するのは、一特殊銀行又は、数十人数百人の株主の救済ではなくして、数千人数万人の預金者、関係事業者、其の労働者、更に延いては国民経済の根幹たるべき信用制度の救済であらねばならぬのである。

斯《かく》の如き道理は、政治行政の当局者は固より、苟くも公の問題を批評する人の須《す》臾《ゆ》も忘れてはならない所である。然るにマルクスの流を汲んだ社会主義経済学者の中には、従来の政治を以て、資本家階級の利益保護のみを図るものであるとし、之に代つて労働者の天下を招致すべきを宣伝するものがある。実際政治は、人間の仕事であるから、理想通りには行くべき筈はなく、其の局に当る人の不徳のために、実際の施設が一階級の利益に偏することは過去に於て往々見る所であり、現代に於ても絶無とはいひ得ぬであらう。故に実際かかる秕政《ひせい》のある場合に於て、之を難詰《なんきつ》することは固より正当のことである。

二　共存共栄の理法

然し乍ら現代政府を本質的に、資本家の利益擁護機関となすが如きは誤つて居る見解である。若し夫れ現代政府に更《か》ふるに、労働階級の為めの政府を樹立すべしといふが如き、階級的政治論は明白なる誤謬であつて、斯の如きは平氏に代ふるに源氏を以てする戦国時代の徒党の動機と異ならず、彼等の主張は何等の文化的意義を有せぬといはなければならぬ。故に欧州諸国の社会党や労働党に於ても漸次《ぜんじ》に実勢力を得、責任の衝《しょう》に近づくに従つて、かかる偏狭な階級的見解は之を捨て、より以上の社会の有機的関係を解するに至るのである。

例へば曩《さ》きの露国労働党政府は、失業問題の救済を重要の政綱としたのであるが、此の目的の一施設として甜菜《てんさい》糖製造業奨励の為、数百万円の補助金を交付するの政策を樹てた。労働党内閣が、資本家に補助金を給するのは甚だ怪しからぬと非難したのに、労働党の大臣は、補助金の数倍が賃銀として労働者に支払はれるのであるから、資本家擁護に非ずして労働者保護の施設であると答弁した。此の言辞は、固より甚だ粗朴であるけれども、兎に角、資本家に対する補助金が、其実資本家を利するよりも、労働者を利すること大なることを認めたものであつて、無責任なる煽動的労働党の見解とは大いに異なる所がある。

又米国に於て曾て或る労働組合大会に於て、一代議員が工場の能率増進政策を徒《いたず》らに労働者を苦しめ資本家を利するものとして之に反対すべきを説いた所、他の一人が賃金は、資本家のポケットから出るに非ずして生産物から支払はれるものなることを説き、賃銀増加を主張しながら、能率増進生産増加に反対することの矛盾を責めて、かかる決議に反対した。大体に於て米国の労働者は、這般《しゃはん》の理を了解して能率本位の施設には、常に賛成助力を惜しまない、同国の高い賃銀は労働者のかかる態度に因る所が多い。この例と反対に労働者の利益を図ることが、同時に社会全般の利益となる事実も、容易に了解の出来る所であつて、近代社会政策の鼻祖《びそ》ともいふべきビスマルクの社会政策は、其の直接の対象は賃銀労働者であるけれども、其の究極の目的は、国民全体の健康を増進し、能率を高め、産業の発展を計ると共に、賃銀労働者の愛国心を涵養し、国家結合の鞏固《きょうこ》を図るにあつた。其の後、独逸の国運隆々ありしと産業の隆盛を極めたるとは、かかる政策に負ふ所多きこと、多数識者の承認する所である。

又米国の進歩したる資本家は常に職工の賃銀の増加、労働時間の短縮、休日の増加等に熱心賛成するものであつて、ヘンリー・フオードの如きは一週五日労働を開始したといふことである。其目的固《もと》より労働者の向上を望む進歩的、人道的精神の発露なるべきも、同時に之に依りて、多数庶民の生活の向上を計り、産業を盛んにし、好景気を維持せんとする産業上の利益を目的とするものである。かかる施設に対して、吾人は其の動機の不純を責めずして、社会共存共栄の理法を認めて協力の精神に依り、自他共に利することを努むるやう、その奨励をなすべきである。

三　各種の社会政策

明治以来我国政府の政策を見るに、外交や国防を除いては、殖産興業といふことに主力を注ぎ、労働者の保護や社会事業は、比較的疎《うと》んじたる傾向を免れなかつた。固より之は一般庶民の利福を後にして、少数資本家の利益を先にしたるに非ずして、国民全般の利益の為めに産業の振興を急務としたるに外ならないことはいふまでもない。併《しか》し既に現代産業が、相当発展し、社会組織の複雑した今日に於ては、産業の奨励のみを以て国民全体の利福が一様に増進せらるるものと考へる訳には行かない。更に一歩を進めて、産業に従事する多数労働者の保護向上及び不幸なる境遇に在る人々の救済を直接の目的とする社会政策、社会事業を必要とするに至つた。殊に近年に於ける経済界の変動と思想界の動揺とのため、国民の一部には不平不満の鬱積するを免れないから、政治の対象を国民の一方に偏せしめざることは極めて必要である。併しながら産業助長政策が事業主の利益を図るために非ずして国民全般の利福となるが如く、労働者保護の施設や、貧民救済其他の社会事業も又、直接其の対象たる人々の利福の外、広く国民全体の共存共栄を目的とするものであることは常に世人の了解を要する所である。社会政策は今後、我国政策の最も重要なる政策たるべきものであつて、是等の施設が何れも、独り労働者や不幸なる貧民の救済でなく、国家共存共栄上欠くべからざる緊急事であると信ずるのである。

是は聊《いささ》か階級的謬見を明かにして、国民の総てが政治の原理を了解し、漫《みだ》りに煽動的労働者輩の言説に惑はされざらんことを切望する者である。（「愛国之青年」二二四号）

以上の論篇は「内閣総理大臣浜口雄幸」と署名してあるから、勿論《もちろん》氏の執筆にかかるか又は責任を負ふところのものにちがひない。もとより、予は、氏の論旨の全部に賛成する者ではなく、殊に、現代政府を本質的に資本階級の利益擁護機関でないと言ひきつてゐる点など、容易に賛成出来ない。然し、とにかく、階級的利害関係による政治のよくない事を自ら認め、万民の共存共栄を最高理念として点出してゐる点に就ては、十分浜口氏の意見を買つてやるべきであらう。歴代首相、殊《こと》に近くは田中義一氏などの如き混沌とした思想に比して確かに上出来である。希《ねが》くは、それが単に浜口雄幸氏個人の意見だといふのでなく、氏の責任ある政治的方針となつてあらはれん事を期待するものである。勿論、これで、政治家としての卒業だといふわけではない。実はこれからさきがむしろ重大なのであり、殊に、いかに共存共栄政策を実現してゆくかによりて、氏のこの思想の政治的価値は決定されるのである。いづれにせよ、今日のブルジヨア政党の首領がかくの如き傾向に、たとひ観念的にでも若干めざめてきつゝあるのは喜ぶべき事である。然し、予は浜口氏が、更に更に進んで、真の国体主義の政治に覚醒しなければならぬ事を謹告する。単なる共存共栄だけではまだ不足なのである。その事は、本書全篇を通読して頂けば自然明瞭となる。

緊縮政策も、それが無産階級に対して果して如何なる実果を齎すであらうかに就ては、人、必ずしも、浜口首相と見解を同じうするものではない。況んや民政党と雖も、矢張りブルジヨア内閣であり、閣僚の経歴から推しても、その人々が、現資本主義社会の矛盾を真に社会的に把握してゐるなどとは到底考へられない。然し、それは単に浜口氏其他の閣僚に個人的に詰問してみても大した効果などのあらう筈がない。種々なる涜職《とくしょく》事件などが暴露されてくる事によつて、吾等はむしろ政党そのものに対して深き疑を投げかけるものである。既成政党でも無産政党でも、果して政党なるものは、吾人の生活に対して実際的に明るい正しい政治を画策し得るものかどうか頗る疑問である。又、共存共栄のための政治に於て、議会構成が政党を必要とするか否かに就ても、余程大きな疑がある。すくなくとも、我国の政党歴史をみれば、たいていの人は、かういふ疑を有《も》たざるを得まい。今の政党は、一つとして社会的要求として認められるものはなく、みな階級的利権の反映せる団結に外ならぬ。かかる階級的利権を代表することを政党の本質とする以上、政党の全社会的意義は決して絶対的であり得ないといふ事になる。勿論、さればとて超然内閣的政治の、誠によろしからざる事も明白である。吾等は、政治のみだれが階級的利権擁護の政党に根ざす事を痛切に思ふ。ねがはくは、全社会的利益のために公正無私に働きうる政治的大団結を建設したいものだ。地方の自治体が政党化する事はよくないが、中央政府だけは政党を要するなどといふ奇怪な論理を葬るべきである。

九　国体資本主義論

吾人は、上来、主として右傾人の国体論が、どれもこれも幽霊の様な観念論である事を指摘し来つた。然るに国体論は右傾の人々にのみ為されてゐる思想ではなくて、左傾の者も又ある意味に於ての国体論者である。ただ、右傾の人々の国体論は讃美論であり、擁護論であるのに反して、左傾の人々のそれは、憎悪論であり、否定論であるといふ相違が存するだけである。左傾の人々の国体観は如何に日本国体を認識したかと云へば、即ち彼等は、それを封建的忠義思想によつて厳持されつつある資本主義勢力と理解したのである。換言すれば、彼等は、万世一系の皇室を以て資本主義制度の渇仰的支持の権力者と誤認し、而して、古来伝統の忠義心を利用して、この資本主義の心臓としての皇室の擁護を為しつつあるのが国体であると無知断したのである。帝王に対する認識は、ロシアに於ても、ドイツに於ても、フランスに於ても正しく成立した。然るに日本に於ける一般の社会主義だけは、天皇の認識を根本的に誤つた。帝王といへば、どこの帝王でも同じものだと誤信した彼等の非実際的、無研究の幼稚の結果に外ならぬ。日本の資本主義制度は一時的病気ではあるが、元来、日本の国体とは相反する制度だ。国体は決して資本主義でもなく、封建主義でもない。日本の社会主義運動は、かかる誤想の長夜の夢から醒めない限りやがて後悔臍《ほぞ》をかむも及ばざる結果となるは必定だ。

日本国体を以て資本主義制度そのもの、又はその擁護者として理解する事は、断じて誤謬である。然しながら、日本の国体は、赤色ロシアの共産主義とも又断じて異る。然るに、歴代の政府の方針が、ややともすると、国体と資本主義制度とを故意にか、或は知らずにか、ややともすれば混同するものの如き言動を敢てしたため、国体に対する研究の徹底せざる者らをして、誤つて日本国体は資本主義宗教なりと断ぜしむるに至つたのであつて、為政者として、その罪実に軽からざるものがある。かくて、一面には西欧の社会史研究より帰納せるある種の結論に惑はされて、日本国体に対する誤解を金剛不壊《ふえ》の確信にまで固めてしまつたのである。この誤れる確信に住したる者達は、国体を以て彼等の理想の仇敵なりとするが故に、いかなる国体論をも拒否して受けつけない。そこにこそ彼等の元品《がんぽん》の無明《むみょう》が根強くも横たはつてゐるのである。この頑迷を打破せねばならぬ。いかに偉い社会科学者と雖も、国体を以て資本主義的なものと考へてゐる者は皆近眼者流である。まづ一切の先入見を打ち捨てて、冷静に日本国体の真髄に到達する迄研究を基礎的に掘り下げてみよ。予の言の決して不当でない事を発見する迄一度びは徹底してみよ。苟《いやし》くも社会の一大事実を無研究で、又は無研究でない迄も一夜漬け的研究で軽々として否認したり、独断的にその定義を掲げるが如きは、最も恥づべき行為である。

十　進歩的社会運動の聡明量

無産階級擁護の社会運動ほど、現代に適切なる正義はない。然しながら、いかに必要なる運動といへども、その方法を誤れば、理に勝つて非に陥る事無きを保し難い。又、いかに必要なる運動でも、その方法を誤れば、実現の可能なるものをも不可能にし、速かなるべきものをも遅延せしむるは火をみるよりも明かである。現代日本に於ける進歩的社会運動の聡明量も、その行為から判断さるべきだ。彼等の行為は果して聡明か？　吾人は遺憾ながら、それは根本に於て甚だしい不聡明であり大愚である事を痛感せざるを得ない。その不聡明の最も顕著なる表現は、天皇の認識を誤れる事と、階級闘争を信奉してゐる事とにみられる。けだし、これは、彼等の不聡明の二大告白であつて、彼等の運動の円滑なる進展を阻止してゐる原因だ。いやしくも社会運動の実践に携はる程の者が、現に自分達が行動しつつある社会がいかなる組織と伝統と心意とを持つた国家であるかに就ての研究が不足であるのは、マラソン競走に於て、自己の走りつつある大地が平坦なりや否や、陸地のみなりや否や等々を顧みず、ただただ勝利を急ぎ、天を仰いで走る我武者羅《がむしゃら》である。かかる条件のもとに何ぞその永遠終局の勝利を期待し得よう。彼等は英雄的稚気によつて、徒らに反抗し闘争する事を能としてゐるが、それがいかに労多くして功すくなきかを反省せねばならぬ。無頼漢の喧嘩の如き印象を民衆の頭に刻みつけてゆくだけでも、その運動に不利である。況んや、皇室に対し奉つて不逞反逆の徒なるが如き振舞を意とせぬ無謀には、ほとほとあいそをつかすの外ないのである。無闇に官憲に反抗しては検束されたり、一から十迄、資本家を憎悪して反つて心ある人々から苦々しく思はれたりするのは、真の社会運動の進展には有害である。不惜身命《ふしゃくしんみょう》の勇気は一見景気がよいやうであるが、実は無駄な勇気である。

例へば、演説会に於て中止を命ぜられた場合、この行政処分に反抗しても全く何の効力もない。然るに、興奮にまかせて、警官横暴などと怒号して之に抗争するのは実に無駄な精力濫費《らんぴ》であるのみならず度すべからざる愚である。かくして検束され、時には体罰にあひ、苦しまなくてもすむものを苦しむのである。たとひ、その意気がいかに旺んであらうとも、動機が立派であらうとも、方法が愚劣であれば、その結果は、かくの如く身命の濫費となる。而して、その割に運動は奏効しない。日本のやうな古い伝統のある国家に於て、社会改造を試みようとするに当つて民衆の伝統的感情なり秩序なりを無視しては、決して美事な成功はとげられないのである。いかに無産民衆の利益のための運動とはいへ、その方法が、かくの如く無打算で、官憲に抗争してゐる事は、どれほど、ひいき目にみても、聡明だとはいへない。たまたま、合法的運動を原則とする者でも例へば、無産党の代議士は、陛下の帝国議会開院式への行幸を奉迎しないで雑談したりしてゐるではないか。茲《ここ》には彼等の浅薄さと不聡明さとが暴露されてゐる。彼等が、若しもその愚を愚なりと悟らなければ、いよいよ出でていよいよ愚である。吾人は衷心彼等のこの二点に於ける反省を望む者である。

第二章　混沌たる観念的国体論

「神ながらの道」が説かれるも実質はなく、
「君民一致」が論じられるも具体的方法を欠いている。
日々の生活に困窮する貧民にとって、
これまでの観念的国体論は無益である。
社会主義を「国体」化する以外に方法はない！

一　国体論の大観

日本の国体に関する論議は、徳川時代にいたつて最も発達したのであるが、明治大正の時代はこの旧き伝統的国体論の上に、更に西洋思想を加味して幾分《いくぶん》新しき説明法が発達した。明治天皇の教育勅語の中に、「国体の精華」といふ言葉が使用せられて、後の日本思想界には、俄然、国体なる文字の使用が激増し、国体論の発表又実に蘭菊の美を競ふにいたつた。而して、最近、思想国難の声高きに及び、いよいよ国体論の擡頭《たいとう》をみるに到り、有名無名の論客にして筆を国体に駆る者が続出し、あたかも国体論の黄金時代の如き観を呈した。これらの国体論は、それぞれ執筆者の学識、信仰、性格、環境等に随つて、幾分内容を異にするはいふ迄もない。中には何等かの意味で相当苦心の名著と賞讃し得るものもあれば、羊頭狗肉式一夜漬けのものもある。尤《もつと》も後者に属するものの方が多いのは注意しておいてよい事である。然し、その名著たると愚著たるとを論ぜず、凡そ国体論といふ国体論に共通なる特色は何であるかといふと、法律論を除くの外、ほとんど皆、観念論だといふことだ。たいていの国体論は、神道論か道徳論か法律論か風俗地理論の範囲を出ないが、とにかく、国体論の大勢を成してゐるのは、信仰であり観念である。観念論から一歩ふみ出した国体論といへば、我等の同志のものは姑《しばら》く別として僅に永井亨博士の「日本国体論」と佐々木四方志といふ人の「人性論より見たる日本国体論」の二書位のものである。前者は経済学博士として従来の文学系統の人の国体論と趣を異にした所説、後者は医業に従事する人の国体論としてこれ又、従来多数の国体論と稍々《やや》面目を異にしてゐる。又、最近のものでは、渡辺幾治郎《いくじろう》氏の「皇室新論」が、やや無産階級運動に刺激せられた結果としての国体論を発表して居られる。これらが、観念的国体論の領域をふみ出した代表的のものであるが、而も猶、可成り思弁的である。それ以外の、例へば、井上哲次郎氏の「我が国体と国民道徳」、二荒芳徳《ふたらよしのり》君の「新日本の自主的建設」、永田秀次郎氏の「平易なる皇室論」及び「御大典に際し全国民に訴ふ」、徳富蘇峰氏の「国民小訓」及び「皇室と国民」、筧克彦氏の「神ながらの道」「古神道大義」「続古神道大義」、杉浦重剛、白鳥庫吉両氏の「国体真義」、吉田熊次氏の「国体と倫理」、文部省普通学務局の「国体講演録」、亀谷天尊氏の「教育勅語と宗教」、安岡正篤《まさひろ》君の「日本精神の研究」、其他大川周明氏、清原貞雄氏、田崎仁義氏、遠藤隆吉氏、加藤玄智氏、物集高見《もずめたかみ》氏等々の国体論にいたつては、遺憾ながらたいてい観念論の領域を脱し得てゐない。他の多くの学術は日進月歩であるが、国体論にいたつては、その進歩性を疑はれるに十分である。ただ若干の近代語が新しく織り込まれ、新思想が説明的に入材されてゐるだけの事であつて、理論の根本は徳川時代迄に発達した国体論を、大体に於て、一歩も出てゐないありさまだ。

今、現代の日本国体論を、その傾向に従つて分類すると凡そ五つとなる。

第一　貴族富豪地主企業家等の階級に属するものにして自己の生活を維持し保護せんが為に国体問題をかつぎ出して、巧に結託するもの。

第二　有産階級の搾取によりて生活の窮乏困苦に陥れるものが、資本主義制度を悪《にく》むの余勢国体をその本源なりとして誤認し之を葬らんとするもの。

第三　保守的思想傾向の持主にして、ただ伝統的国民精神に盲従し、国体を観念的に解し、現在制度を認容するもの。

第四　国体問題に就て何等切実なる考慮もなく、無感興なるもの。

第五　国体を以て物心総合的人生法則となし現代社会を国体的に改造せんとするもの。

かくの如き五種類のうち、第四の類に属する民衆の最多数なるべきはいふ迄もないが、国民思想の闘争は、第一類と第三類と連合して第二類と対抗しつつある現勢にある。尤も、第一類と第三類との連合に就ては、すこしく実相をあきらかにしておく。まづ第一類の者は、現在、彼等にとつて絶対的に有利なる社会制度を保守せんとし、第三類のものは、日に月に稀薄になりゆく国民の神国思想を盛りかへし、昔日の国民的信仰を再建せんとする。この両者は、かくて、保守的なる点に於て一脈の共通点を有するわけである。然るに、第三類の者は、近代的思想や学術に対して、おほくは根本的理解を持ち得ぬ人々である。従つて、所謂資本主義とか、社会主義とかいふものに対しても、勿論根本的科学的理解が皆無、若しくは、著《いちじる》しく不足である。ここに於て、この人々は、所謂社会主義的新思想に反対しても、勿論、社会主義がいかなるものであるかの実質を科学的正確さを以て知つてゐるわけではないのである。ただその根本理由は、神国日本思想を否定するから、これを討伐せねばならぬといふ点にあるのだ。彼等観念的国体論者のすべてが、資本主義そのものを正義なりと確信して、それの擁護の為に起つてゐるのでもない。彼等の中には、さういふ経済問題などを深く考へないで、唯、「君国を思ふ至誠」で、社会主義の非神国思想に抗争してゐるものが、すくなくないのである。然るに、一方、資本主義者は、必ずしも君国などをまじめに考へてゐるのではなく、唯々、彼等の既得権を擁護し、その地位を永続しようといふ考から、現行の社会秩序を乱さんとする者は、すべて国賊であり乱臣であるかの如く取扱ひあらゆる機関を通じてこれを宣伝する。かてて加へて、社会主義運動に従事する者、殊に極左傾の者共は、何の因果か皇室を正しく理解することが出来ないで不逞大逆の言行をとる為、つひに資本家、国体主義者らの頭は、非常に混乱して、社会主義即大逆思想とまで思ひつめてしまふのである。かくして、資本家及それの政治家と、まじめな観念的国体主義者とは、接近提携し、資本家の為に国体主義者は利用せられて、その代弁者となり、思想的用心棒となつてしまふのである。その証拠には、国体主義者は、唯《ただ》政府の御用を勤めるだけで、直接皇室問題に関する事ででもない限り、進んで政府を教訓し、あく迄迫つてその非異を改めさせたなどといふことが殆どない。国体論即資本主義哲学と誤解する人のあるのも、又やむを得ざる次第である。

「日本」といふ右傾の新聞（昭和四年八月二十九日）の「噴火口」といふ投書欄に次の如き投書が出てゐた。

右翼陣の錯雑

栃木県　田村　次郎

最近種々なる危険思想に対抗して之を絶滅すべく所在に国家主義、国粋主義、日本主義の国体が生れ、更に積極的運動が花々しく開始せられて来た事は、吾人の大いに愉快とする処である。

◇

然し乍ら、同じ日本国民中でも、かかる思想的政治方面に相当知識を有する者は甚だ少数であり、同時に之等の日本主義者等は（一例を挙げると）常に建国の理想云々と云ふ事を口癖の様に絶叫するが、其の建国の理想精神とは如何なるものであるか？『六合を兼ねて宇《いえ》となし八紘を掩うて都を開く』などを誰にも判る様に云へば果して如何なる意味であるか――を具《とも》に語り得る者は殆ど稀である。

◇

斯《こ》んな状態では、やれ日本主義だ、国体主義だなどとがんがん云つたところで、却《かえっ》て之れを五月蠅《うるさ》く思はれる計《ばか》り……と云ふのが現状で之《こ》れ等は畢竟《ひっきょう》建国の理想とか精神とか云ふものが明かに了解されてゐない証拠である。

◇

元来、一般に日本主義者等は、赤化一派に比して宣伝が下手であり、其の運動が余り物足りなさ過ぎる。よろしく新聞雑誌は勿論、或時は小説に、或時は演劇に、或時は映画に、其の他ありとあらゆる方面に向つて、日本の国体の如何なるものであるかを、又我が建国の理想精神を直接に或は間接に、而して最も明瞭に、一日も早く具に一般民衆に知らしめ、而して外部的より内部的に、即ち潜行的に執念深くはびこらんとする不逞分子をして手も足も出ない様にして見せて貰ひたいものだ。

この投書家の求めてゐるものが、単なる思想としての明快なる国体論であるか或はもつと実生活的原理としての国体のデッサンであるかは不明であるが、とにかく、右翼学者の概念的国体論で救はれてゐない不満を吐露したものである。いかに、世界の平和だとか、建国の理想だとか、神ながらの道だとかいふ様な言葉を並べてみても、民衆の生活、民衆の思想にピンと来ない様なナマヌルイ国体論では全くこの

人の云ふ通り

やれ日本主義だ国体主義だなどとがんがん云つたところで、却て之れを五月蠅く思ふばかりに違ひない。現代の国体論には漸く体系も出来あがりつつあるが、それが、まるでこの世の実際とかけはなれた世界のおとぎ話の様なものである為に、民衆が動かないのである。体系もあり文献も少なからず、一見堂々たるものあるが如くして、然も一言にして尽せば、多くの国体論は混沌たる観念論にすぎないのである。

二　高天原を眺めてゐる人達

我国体を讃美するもの、殊に神道系統の人は、口を開けば、神ながらの道といふ。日本の国体の内容はこの神ながらの道であつて、皇国上下三千年の魂であるといふ。然し、神ながらの道とは、もつと具体的には何であるか、神世の掟だの、我国独得の教だの、外国の邪教と異りまことの道であるだのと、能書《のうがき》はゑらくても実質はどうだ。まづ、神ながらの道の専門家の説明を引用するのが一番正確でかつ速かに目

的を達するによい。筧博士は曰ふ

皇国は神随らことあげせぬ国なりと申し伝へて居ります。其の意味は、素直にすらすらと成長しつつある国で、ひねくれて居る国でないと申すことにもなり、天然自然のままなる国で人為のからくりを超越して居ると申すことにもなります。言葉を更へて申し上げますれば、神々の御要求其の儘《まま》を本質として成立発達しつつある国にて、大君は総ての本源たる大御神様の御延長に在はしまし、皇族様より臣民に至るまで一人残らず神様に外ならぬ国でございます。或は権勢を本義としたり、或は理屈を基礎としたり、或は利害関係を主眼としたり致して、一時見えを張つて居る国でなく、是等をも必要と致しまするけれども、是等を超越したる神の理想信仰を根本として、成立し存在し弥々栄ゆべき国なりとの意味でございます。（神ながらの道八頁）

この中天皇が天祖の御延長であるといふ論述を除くの外、ひとつとして現実の事実は無い。みな、頭の中で勝手に独感し独断した議論である。観念論もここまでくると、むしろ愛嬌がある。万世一系の天皇を仰戴してゐる一事の外、我国の現代のどこに神ながらの道が弥栄えてゐるか。今頃、本居宣長や平田篤胤の神ながら教学の受売りをしてゐてどうする積りなのであらうか、全く理解に苦しまねばならぬ。若しも、現代の我国の種々なる乱相をしも猶、神ながらの道、我国にのみ伝はれるまことの道のあらはれだなどとでも考へてゐるならば、吾人は、この種の低能児を相手に思想を論ずる必要はない。

神ながらの道の声は頗る大きい。然もその思想内容は、従来の説明によると実に貧弱である。時代がいかに変遷し、知識がどれほど進歩し、生活欲求がどの様に燃えあがつてゐても、それらの社会の実相と殆ど無関係に神ながらの道が行進してゆくものだとするものなら、畢竟、神ながらの道は「古物記念保存」の道に過ぎぬではないか。頭の中に描かれた観念が、悉く客観の事実であるかの如く考へてゐる人々ほどいぢらしいものはない。「神ながらの道」の有難く尊く明るく美しく正しきことを、たとひ、いかに力説しても、それが、人間の現実的社会的生活の関係中に把握されてゐないならば、それは到底現代に於ける指導原理とはならない。今日、「いかに生きるか」の問題に触れないで、「いかに生きんか」に就て悶《もだ》へ悩み苦闘してゐる人々を、どうして顧みさせようとするのか。高天原を眺めてゐる人達は、流石にのんびりしたものである。観念的神ながらの道で国民が神化するものならば、一つ筧博士の古神道講義をラヂオに放送して、一挙国家を高天原に改造してしまふとよい。

三　理想の大旆は翻つてゐる？

某伯爵の「新日本の自主的建設」といふものを読んでみたところが、次の如き論説があつた。

余は前節で、日本に行はるる国家観念の欠点を指摘した。その理由とする所は、この国家観念が既に過去の時代たる「明治」に通用した自国のみを至上位に置く国家観念であるからだ。けれども自国至上論は、実は世界大戦以前の総ての国家が奉じ来つた所だ。さうしてこの論が主義と化して自国権力の下に他国を置かんとする国際的競争は過去に於て盛んに行はれ今も尚その跡を絶たぬ所である。余はこの思想を称して国際的封建主義と云ふのだ。今日一方に古い歴史を持つ「武力的国際封建主義」の跳梁が尚《なお》存すると共に他方には新に「思想的国際封建主義」の侵入がある。前者は武力を頼んで他国に臣従を強要し、後者は自国の思想を巧みに高調して、他国に隷属を強要するものだ。共に高明なる人文の理想、高踏する精神の更生よりは遥に相距つた封建主義の謳歌者である。さうして、この二者の好適例としては世界大戦を差し挟んで前後に、歴然と一国宛《ずつ》を提示し得る。しかも今日の日本には先に述べた如く、自国己性の討究足らざるため、西洋の武力封建主義を悪むの結果、不知不識の間に思想封建主義に心を寄せて、これに隷属せんとする者のあることは、自国己性に目ざめたものの痛嘆限りない所である。…………然るに日本国の己性をその「神ながらの道」に求むる時、その思想は地上の国家（葦原の明きつ国）は天上の神国（高天が原）を作るべき単位として認められ来つてゐる。民族の潜在意識よりいへば、この地上の国家をして、地上の神国とし、これを以て、天上の神国に通ぜしめようとするの大理想を持つてゐる。外国排斥の思想などは、わが「神ながら」の理想信念中には一つも見出し得ぬのである。そこで、そもそも聖義国家とは如何なる国家であるか。それは聖仁義勇の国といふ意である。聖仁とは自卑あるなく、他より敢て屈従を蒙らしめようとするも屈従を感じない程の偉大なる国家観の信奉者たる国家の謂ひである。従来の国家闘争は殆どその全部が自国に対する小さき威厳問題より発するのである。聖義国家は卑近なる威厳問題などを以て直ちに兵戈を動かさぬ国でなければならぬ。忍びに忍び、恕《ゆる》しに恕す事、猶ほ高徳寛仁の聖人の如き国家である。もしこの国家にして戦ふべき場合ありとせば、そはその国家が最後の操を踏みにじられる時か、然らざれば匕首《あいくち》を以て、その心臓を貫かれんとされた場合のみに許さるべきものである。しかしながら、聖義国家は他の一面に利己主義の国家であってはならぬ。義侠の国家でなければならぬ。もしも他国にして第三国の弱劣なのを見て、自利自益のため、故なくその生命を奪はんとする時これを無視する程怯懦《きょうだ》であってはならぬ。要するに聖義なる国家の道徳は、聖義なる個人の道徳と異るべからざるものであるとの信条を有する国家である。国家が聖仁なること、国家が義侠なること、なほ個人の最高道徳をふむが如くであってこそ真にその国は世界の神化を分担する資格ある国家であるのである。…………愛国の士よ、憂国の士よ。先づ国家己性の探求に専らなれ、吾人の進まんとする世界の大道――それをやがて万有一神の殿堂に達すべき表参道の長程たらしめんがために、吾人は先づ理想信念の眼を開かねばならぬ。然らば世界の正しい各思想はみなこの神国成就の大業に身を擢《ぬ》きんでて労役するであらう。今日の社会不安は一言を以てこれを蔽へば、神の御心に反するの精神より来る罪苦であるのだ。敢て言ふ。国を憂ひ、人を愛する天下の精神的第一階級者よ。はた又真理真実の探求に光陰を惜む精神的青年者よ。先づ列強に先き立つて、自国を基礎として『神ながらの道』をふめる国の建設に取りかかれ。さうして明治維新が世界の文明国を驚倒させた我が民族的大創作である如く、現今の世界の思潮に対して、「魂の維新」の如何なるものなるかを列国に宣示せよ。ああ魂の灯は点ぜられた。理想の大旆は翻つた。いざ自国を神化すべく、スメラミコトをますますミコトたらしめ奉るべきわれ等臣民の本分に、われ等は祖宗に誓盟して、「一死辞せざれ、一生献ぜよ」と相警めて今、機を失はず発足しなければならぬのだ。

この伯爵の説によると、これで魂の灯が点ぜられ、理想の大旆《たいはい》は翻つた事になつてゐるが、いかに華族様とはいへ、これでは余りにお粗末だ。かかる上滑りのした理想の大旆などがいくつひるがへつたところで国家はよくならないから困つたものである。貧民、無産階級が、いかなる生活に喘《あえ》いでゐるかも知らない「お邸」や「御殿」の「御殿様」が、身の程も弁《わきま》へないで、現代社会に於て、何等かの思想指導家の様なつもりでゐるのだから、夢の如き聖義国家の観念論も、理想の大旆の刻印を押され得るのだ。ひもじい時の御念仏など、生きんとするものには、一粒の米すら及ばない無用の長物である。観念殿堂の頂上に着眼しての現代思想批判など、全く分際を知らざる者といふべきである。自国を神化すべく一死辞せざれ一生献ぜよと相警《いまし》めて直ちに発足せよといつても、一体、どうすれば、自国が神化されるのか。又、一体、何を以てスメラミコトをいよいよスメラミコトたらしめ奉り得るのか。自国の己性を研究してゐればよいといふ議論では、お腹の空いてゐる飢に泣いてゐる人々は承知しない。伯爵閣下が、機を失はずどこかへ発足してしまつても国民が一人も発足してゐない様だから、理想の大旆も結局あまざらしにされてベロベロになつてしまふことであらう。この人は、「生命弥栄の信仰は天皇をマコトの体現者と見たてまつる観念として神社の設備を必要とする」と同書の中に論じてゐるが、今日、生命いやさかの要求は、神社の設備で解決されるかされないか、も少し現実の社会の実相を見るべきである。神社を建設するよりも、社会の経済組織を根本的に改善して、国家みづから、天皇の御稜威《みいつ》によつて全国民の生活を積極的に保護しさへすれば、日本中いたる処、みな神社になつてしまふのである。生命弥栄は信仰でなく理想でなく、とらぬ狸の皮でなく、生々しい現実社会生成発展の事実となるのである。

四　君民一致、声のみすれど姿は見えず

観念的国体論者の掛声は勇しくも「君民一致」と叫ぶ。然し、今日に於て、この言葉は、わづかに、「かくあるべし」といふ事を示す丈けで、遺憾ながらその実がない。あつても極めて稀か、又は一部分的にあるに過ぎぬ。毎年、帝国議会の開院式には、陛下親臨の上

卿等《けいら》克《よ》ク朕カ意ヲ体シ和衷《わちゅう》審議以テ協賛ノ任ヲ竭《つく》サンコトヲ望ム

といふ様な勅語を賜つてゐるが、これに対し奉り、貴衆両院とも又たいてい次の如き奉答文を捧げるのを恒例としてゐる。曰く

茲ニ第何回帝国議会開院ノ盛式ヲ挙ケ優渥《ゆうあく》ナル聖詔ヲ賜フ、臣等寔《まこと》ニ感激ノ至リニ勝《た》エス、臣等慎重審議協賛ノ任ヲ竭シ上陛下ノ聖旨ニ対へ、下国民ノ委託ニ酬《むく》ヒムコトヲ期ス

然るに事実はどうだ？　果して陛下の大御心を体してゐると断言し得るだらうか。殊に、衆議院に於ては、和衷審議してゐるか？　馬鹿野郎の怒号、腕力沙汰、反対党の演説の妨害等々一々に列挙する迄もないかの醜闘を以て、議会の行動はよく君意を体し国体に厳拠した君民一致の実践だと国民の前に言ひ張る勇気があるか。

悪辣《あくらつ》なる資本家は、一方に労働者を不当に搾取し、他方に脱税を画策しつつ然もあはよくば勲位栄爵をのぞんでゐるし、無産階級は或は資本家を悪むの余り皇室に対し奉り大逆不逞の想をいだき、或は資本家を憎悪してその撲滅を策しつつ労働者独裁の社会を夢みてゐる。これ果して、君民一致の事実だといふのか。

天皇即位の御大典時に於ける涙ぐましき国民の行動を目撃して興奮の余り、君民一致挙国奉祝といひ、頗る意を強うしてゐるノンキな父さんもゐる様だが、その君民一致挙国奉祝は、大数に約しての表現であつて、決して真実の文字通りの意味に解し得ない歴然たる事実が他方にある。それでも御大典の時なればこそ大多数の国民は、資本家も中産階級も無産階級も共に土下座して仲よく行幸の奉送迎をしたのであつて、平素に於ては、互に相争ひ相うかがつて利害の異る処そこに闘争がある。

又警視総監が何万円とかいふ大金に就てよからぬうはさをされ、前大臣その他高位高官にある者も、くさい事件を惹き起したりしてゐる。折角出た無産党代議士迄が、分派してにらみあひ、日本大衆党も既成政党を嘲へない醜態を暴露してゐる。外交に就ても、外務、陸軍、海軍三省つねに反目し、二重外交などとさへ曰はれてゐる。金持は貧乏人を、公卿華族大名華族は新華族を、一般華族は平民を、一般平民は水平社に属する人々を、一般日本人は朝鮮人をそれぞれに蔑視し、従つて又その反対に貧乏人は金持を、平民は華族を、水平社員は一般平民を、朝鮮人は日本人を恨んでゐる。一体日本のどこに君民一致の徹底的姿が見られるといふのだ。思想善導家や国体主義者等のいはゆる君民一致といふのは、そもそも、どこにどの様に実在してゐるのか。時々か、地方的にか、階級的にか、乃至は事ある時にか。

彼等は或は云ふであらう、かくの如く上下交々《こもごも》利をとりて而《しこう》して国危きが故に、いよいよ君民一致の国体を宣伝し、国民の思想を善導するのであると。然し何より雄弁に結果を物語るものは国家総動員と称する思想善導の業績そのものである。いかに熱心に、いかに真面目に君民一致の宣伝を試みてもたいした効果のあがつてゐないのはどうしたものであるか。一体、君民一致といふのは何を意味するのか。又、それは果して必要か、乃至果して可能か？　何よりもまづこれが根本的に研究されねばならん。

そこで、君民一致なる字句の意味であるが、これは、

君が民に一致するといふ事か

民が君に一致するといふ事か

君と民とが相互に歩み寄つて一致するといふ事か

それとも

君民が何者かに於て一致するといふ事か

その意味を正確に決定せねばならん。一派の論者はたとへば崇神天皇の

惟フニ我ガ皇祖諸天皇宸極《しんきょく》ニ光臨シ給《たま》ヒシハ、豈《あに》一身ノ為ナランヤ。蓋《けだ》シ人神ヲ司牧シテ天下ヲ経綸スル所以ナリ。故ニ能ク世々玄功ヲ闡《ひら》キ、時ニ至徳ヲ流《し》ケリ。今朕大運ヲ奉承シ、黎《れい》元ヲ愛育ス。如何ニシテ当ニ皇祖ノ跡ニ聿遵《いつじゅん》シ、永ク無窮ノ祚ヲ保ツベキ。其レ群卿《ぐんけい》、百僚、爾ノ忠貞ヲ竭《ツク》シ、共ニ天下ヲ安ンゼンコト又可ナラズヤ（『日本書紀』五）

といふ勅語や、その他、「民ヲ以テ本トス」といふ意味の諸天皇の勅語や「大事ハ

独り断ズベカラズ必ズ衆ト論ズベシ云々」といふ聖徳太子十七条憲法等々を援引して、君は民の心を以て心としたまふといふ説を主張する。この人々の見解に従へば君民一致の重点は、君が民に一致するといふにある事になる。而してその甚しきものにいたつては例へば、故文学博士法学博士男爵加藤弘之の如く、

天皇と人民とは決して異類の者にあらず、天皇も人なり、人民も人なれば、唯同一の人類中に於て、尊上下の分あるのみ。決して人畜の懸隔あるにあらず、天皇も我輩人民と同じく人類なれば、縦令《たと》ひ天皇の権と雖も、我輩人民を待つに牛馬を以てし給ふを善しとするの理は決してあるべからず。…………億兆の人民は悉皆《しやかい》一君主の臣僕たると思ふは野鄙陋劣《やひろうれつ》の風俗なり…………吾輩人民若し自己の心を放擲《ほうてき》し天皇の御心を以て心とするに至らば、豈殆ど牛馬と異る所あるを得んや（明治七年出版『国体新論』傍点は予の設くるところ）

などといふ意見が、明治の初期にすら既に存してゐた位である。況んや今日にしてみれば、君民一致などといふことそれ自体、まるで無意義の如く考へてゐる者は決してすくなくない。

尾崎行雄氏の如きも

代々の天子は民意を尊重したから、皇統連綿万世一系である。民意に反背した政治を執られたならば皇統連綿といかない（立憲勤王論取意）

と言つてゐる。

これに対し、「朕ガ意ヲ体セヨ」といふ風な勅語を援引して、民は君に一致せねばならんといふ主張を為す者がある。聖旨を奉戴することによつて、民よく君に一致すると為すのである。

かういふ二つの思潮に対し、君は民を、民は君を思ふことによつて歩みより、而して「国の為」に一致するといふ説を樹てる人がある。たとへば、亘理《わたり》章三郎氏の如きはそれである。曰く、

我が国に於いては、国性上、君民は本来家族的に一体である、外国のやうな意味で、君主の為の人民か、人民の為の君主かといふやうなことは、全く問題にならない。両者が目的と手段との関係に立つやうなことは、絶対に存しない。それは親子一体の家族といふ社会に於いて、親の為の子か、子の為の親かといふことが、問題にならぬと同じ道理である。…………拡家族的な我が国体に於いて君民の関係は之れと全く同じことである。古来我が国に於いて君は「民の

為、国の為に」と仰せられ、民は「君の為、国の為に」と称し、君も民も同じく「国の為」といふところに、君民両者が此の国に一体のものたることを示してゐる。そして君は「民の為に」と仰せられ、民は「君の為に」と称するところに、双方共に目的として存立の意義を有することが知られる。(『国民道徳本論』)

又、徳富蘇峰氏の如く

国民的一致とは何ぞ。そは総ての日本国民が、国民的に思慮し、我が皇室を中心として、国民的に一致し、而して世界に向つて国民的に活動する事である。……………既に国民的一致すれば、国民的協力は必然の結果である。国民的協力とは、互に同一の目的に向つて、其力を協するを云ふ。同一の目的とは殊更に説明する迄もなし。先づ日本帝国をして、世界の強大国ならしむる事である。世界の強大国とならしむる著歩《ちやくほ》は、先づ日本国をして富国強兵ならしむる事である。第三は正義の国性を長養して、大義を世界に布く事(『国民小訓』)

であるさうだが、肝腎の大義とか正善とかいふ事が一向明瞭でないのは困つたものである。

以上の引例のうち、亘理氏にしても徳富氏にしても、概念的には正当な主張をして居られるのであるが、惜しいかな一片観念の煙に過ぎない。何となれば、一方には形式的方法を他方には具体的方法を欠いてゐるからである。惟ふに、君民一致といふ事は、人格的共存共栄的社会を現実的に可能ならしむる為の必要であつて、それが、我国の総合家族制の国家に於て、他のいかなる国家に於けるよりもより多く可能なのである。然しながら、天皇を統制者と仰ぐ人格的共存共栄の生活、換言すれば、日本国体そのものを君民の一致点としないならば、事実上、長い間には君民一致が破れるのである。所謂、

斯ノ道ハ皇祖皇宗ノ遺訓ニシテ子孫臣民ノ倶《とも》ニ遵守スヘキ所　乃至《ないし》　朕爾《なんじ》臣民ト倶《とも》ニ拳々服膺《けんけんふくよう》シテ咸《みな》其徳ヲ一ニセムコトヲ庶幾《こいねが》フ

とは、実に、「君民が、国体に於て一致する」事を訓《おし》へたまひしものに外ならぬ。予はこれを成語して、君民於道一致といふ。道とは日本国体であり、日本国体とは、万世一系の天皇の宝位に統一せられる人格的共存共栄の理念及びその行動的事実である。然しながら、いかにせば、かかる共存共栄の真社会は実現し得べきか、又、いかなるものがいふところの共存共栄態かといふ事を何のおそるるところなく、明確に指示しない限り、いかなる正論善説も畢竟、夢の如き理想談に終るに過ぎぬと

いふ事を、国体論者は反省すべきなのだ。予の主張は、本書の別章に記述してあるからここには省略しておく。

五 「無産階級よ、もつと腹を空かせて忠義せよ」

あらゆる学校や、青年団や、愛国婦人会や、寺院や神社に於て、忠義の国民道徳は、声高からかに熱烈なる宣伝をされてゐる。伝統的日本精神の持主たる多くの国民は、はじめのうちは、誰もあまり、この宣伝に疑を生じなかつた。極めて当然な国民教育であると思つてゐた。然るに資本主義社会が高速度に発達し、有産階級と無産階級との生活的権利の差が痛烈になるにつれて、漸次に、無産階級の人々は、言語に絶した生活苦と戦闘しつつ、所謂支配階級の非人道的生活を厳しく批判せずにはゐられなくなつた。彼等のある者は田園をたがやしつつその日の生活を憂へねばならぬ。彼等のある者は工場の一角に、過度の労働の為に疲れきつてゐる体をいたはりながら、貧しき家の事を悲しまねばならぬ。小商人も、圧倒的資本力に押しつぶされて、日毎に増しゆく借財の苦痛に泣かねばならぬ。怠けてゐて生活に脅かされるのではない。朝から晩まで、殆ど休む暇もなく、疲れきつて思はずバッタリと倒れるまで働いても、猶、人間らしい生活は出来ないのである。

彼等が住居をみよ、いかに痛ましいあばら家であらう。何と小さな空間の占領に過ぎない事であらう。八畳乃至六畳の部屋に、親子四五人乃至七八人の同居は珍しくない。それのみならず、のみや、しらみさへも無遠慮に共存共栄してゐるのではないか。彼等の衣服をみよ。その何と不潔であることよ。「衣服はきれいにさつぱりと」したくても、着更の衣服がなければ仕方がない。彼等の食をみよ、そのあまりにも貧しく乏しき食をみよ。彼等の病める姿をみよ、「病気になつたら早く医者に診察してもらひなさい」といふのは有産階級の合言葉にすぎないのであつて、彼等はみすみす癒る病気も治療の道を断たれゐるのである。彼等は不正なるが故に貧しいのであらうか。彼等は無智無能なるが故に貧しいのであらうか。否、さうではない。それは実に社会の経済組織の欠陥に基因するのである。然も、社会は、国家は、何と彼等に対して冷酷であらう。学校の先生も、宗教家も、思想善導の大家も、口を揃へて共存共栄、社会の福祉といふけれども、社会の事実は、いかに徹底せる共存片栄であらう。生活に喘ぎつかれたものの眼には、神国日本がいかに恐しい地獄に見えるであらうかといふ事を、今の思想善導大家は一度でも痛切に想像したか。日本の為政者は、ただの一度でも、多くの国民を、この生活苦からほんたうに救はねばならぬと考へた事があるか。陛下の尊きおほみたからを、無残なる生活苦の中に沈吟《ちんぎん》させておいては至尊に対し奉りても申訳がないといふ人間らしい懺悔をした事があるか。

生活に脅され、過激な労働に疲労しきつたいたましい国民の眼の前には、紅灯《こうとう》緑酒《りょくしゅ》に歌舞乱酔し、無産階級から身を沈めきたれる美妓の操《みさお》を蹂躙《じゅうりん》して得々たる紳士がある。この矛盾せる社会相の中に、いかにして健全なる君民一致がのぞみ得るか。どれだけ、もがいても、無産階級は抑圧の深淵《しんえん》から浮び出られない。彼等の生活はあらゆる方面から抑圧されてゐる。従順なる天性は暢《の》び得る道理がない。彼等はつひに、国家社会を呪ひ始め、いかなる手段を講じてでも、無産階級の解放に従はんとするのである。然も、今日の政治家は、これをしも、ややともすれば単に思想の悪化と心得、外来思想の単純なる影響と心得、滑稽極まる思想善導を事としてゐる。かかる間抜けな思想善導講師が、百千万言を費して、忠君愛国を説法しても、狐の説法ほどの効力もない。いかに、口先きで、忠君愛国を説いても、その人々の讃美する国家が社会組織の欠陥を保留してゐたのでは、結局、「汝等《なんじら》無産階級よ、もつと腹を空かせて忠義しろ」といふのと結果に於ておなじになる。国家は、はたして、斯様《かよう》な無責任極まる機関であらうか。国家の為に人間が生れてくるのか、人間の為に存する国家か。いかに欲の皮の突つぱつた資本家と雖《いえど》も、まさかに「無産階級よ、もつと腹を空かして忠義せよ」と口に出して云ふ者はない。然し、資本家達の貪欲の為に、恰《あたか》も口で斯くいふのと同じ様な結果を、無産階級の人々に与へるならば、それこそ実に私利私欲の為に国を売り、陛下の威徳を傷つけるものでなくして何であらう。己れ一日の安泰と栄華とに満足すれば国家百年の大計はいかにあらうとも無関心だといふならば、それこそ社会国家人類の公敵である。今や、人心はこれらの問題について頗《すこぶ》るデリケートになつて来た。富豪貴族資本家等は今にして勇敢なる自己改造に志さないならば、むしろ、自己の為にも絶大の不利益を招来する所以ではあるまいか。

六　観念的天皇神聖論

1　古来の皇室国体説

国体の尊厳などといつても、単なる道徳的観念では、確実なる摑《つか》みどころがない。仍で、国体の尊厳を明瞭に実証し得るもので、一見何人も首肯すべき事実を持来《もちきた》つたものが帝室論である。その中には自ら二つの傾向があつて、帝室の尊貴なるが故に、国も又尊貴なりとするものと、帝室が一系なるが故に外国に比類なしとするものとを挙げる事が出来る。又多くのものは、此《この》二つの傾向を同時に兼ね有する様である。又其尊貴なる理由を御治徳に置かうとするものと、神胤《しんいん》たる起源に置かうとするものとの別があり、更にこの二つを併《あわ》せ説くものもある。此最後の場合は神胤なるが故に御治徳も明徴にあらせられるといふ風に、二者を因果関係として配列するものが多い様である。

ただ皇室を讃美したもの、ただ天皇を讃美したものは姑《しばら》く措《お》き、之を以て日本の特徴を云謂《うんい》せんとする意図の見ゆるものを探ると、最も古いものでは、『続《しょく》日本後紀』に出づる興福寺法師の長歌がある。

四方《よも》の国　隣りの皇《きみ》は　百嗣《ももつぎ》に　継《つ》ぐといふとも　いかでか等しくあらむ、所《そこ》以《ゆゑ》に、神も順《うつな》ひ　仏《ほとけ》さへ　敬《ゐやま》ひ給ふ、（『続日本後紀』一九、『国史大系』第三巻）

×

足利以後のものでは、

我朝の初めは、天神の種を稟《う》けて、世界を建立する姿は、天竺《てんじく》の説に似たる方もあるにや、されどもこれは天祖より以来、継体違《たが》はずして、只一種にましま す事天竺にもその類《たぐい》なし

（『神皇正統記』）

×

問フ、支那ノ天子ハ世ニ因テ国号ヲ改ム、此ノ邦爾《しか》ラザルハ何ゾヤ、曰ク、異邦ノ帝ハ、乱ニ乗ジテ簒立《さんりつ》シ、数々《しばしば》姓氏ヲ易《か》フ、故ニ天下ノ号一ニ非ザルコト有リ、独リ吾ガ国ハ、神武ノ皇胤《こういん》相継イデ他氏ヲ雑《まじ》ヘズ、故ニ耶摩止《やまと》ノ名又百姓易ラザル者也（『日本紀纂疏』巻一神代上）

等数例をあげる事が出来る。

徳川時代のものには

神武以来皇統一種百世綿々中華及異域と雖《いえど》も未だ此《かく》の如く悠久なるはあらず、美なる哉《かな》（羅山文集五五『本朝王代系図』跋）

×

天照大神より御血脈今に絶えずつがせられ候へば実に人間の種にては無之《これなく》候《そうろう》、神明を拝せらるる如く思はるる由《よし》左こそ可有《あるべき》ことに候、我国の万国にすぐれて自讃するに勝《た》へたるは只この事に候（浅見絅斎『靖献遺言講義』）

×

夫《そ》れ本邦の帝胤、万世伝へ継いで易《かわ》らず、此一事吾が国の一大美事万世不易の法とすべくして、中華と諸夷との及ばざる所以なり（貝原益軒『慎思録』四）

×

我国の如きは、其の万国の中にすぐれて、神皇の大統天地と共に、悠久におはしまし、宗社群神の祀典の如き、初皇祖神のことよさし給ひし所のままに、其職を奉ぜし所の神胤今に絶《たえ》せず。されば斎祀祈祷《さいしきとう》之方のごとき、其人にあらずして、誰か樽俎《そんそ》をこえて、其事を謀るべき、本朝正史のごときも、なほ日星の如く、明らけき世の鑑《かがみ》とぞ成りぬる（『古史通或問《わくもん》』）

然れども悪はつひに善に勝ことあたはざる、神代の道理、又かの神勅の大本動くべからざるが故に、かやうの逆臣の家は、つひにみな滅び亡て、跡なくなりて、天下は又しも、めでなく治平の御代に立かへり、朝廷は厳然として、動かせたまふことなし。これ豈《あに》人力のよくすべきところならんや、又外国のよく及ぶところならんや（『玉くしげ』、本居宣長全集第六巻）

×

本朝は異国とは、その根本の大に異るところなり、その子細は、外国は、永く定まれるまことの君なければ、ただ時々に、世人をよくなびかせしたがへたる者、誰にても王となる国俗なる故に、その道と立るところの趣も、その国俗によりて立たる物にて、君を殺して国を簒《うば》へる賊をさへ、道にかなへる聖人と仰ぐなり、然るに皇国の朝廷は天地《あめつち》の限を、とこしなへに照しまします、天照大御神の御皇統にして、すなはちその大御神の神勅によりて、定まらせたまへるところなれば、万々代の末の世といへども、日月の天にましますかぎり、天地のかはらざるかぎりは、いづくまでもこれを大君主と戴き奉りて、畏み敬ひ奉

×

らでは、天照大御神の大御心にかなひがたく、この大御神の大御心に背き奉りては、一日片時も立ことあたはざればなり（『玉くしげ』同上）

×

天皇のかぎりなく尊くましまします御事は、申すもさらなれど、まづ大御国は、万の国をあまねく御照しまします、日の大御神の御国として、天地の間に及ぶ国なきを、やがてその大御神の御末を、つぎつぎに伝へましまして、天津日嗣と申して、其御国しろしめし、万代の末までも、うごきなき御位になんましませば、かのよしもなくみだりにたかぶりをる、もろこしの国の王などの、かけても及び奉るべき物あらずに、はるかにすぐれて、尊くましませば、もしかの国王などへ、詔書たまはんには、天皇勅二隋国王一などこそ有べきに、此度かれをしも、天子とのたまへるは、ゐやまひ玉へると、ことわり過たりき（『駮戎慨言《からおさめられたみごと》』上之上、同上一五六―七）

×

惣て唐国は、穢きといふことと、貴といふことと、賎《いやし》きといふことを知らぬ国なれば、定まれる王なき国にて、賎山賎の隔なく、強きもの、王位に昇る国の風俗にて、聖人といはれし人は弑君《しいくん》、賢人といはれし人は臆病ものにて、君の難儀を見すて去走人ども也。堯《ぎょう》より今の清に至まで、みな如此《かくのごとき》にて、王位に即きし家の数凡《およそ》三十七家、（外に五胡十六国、十五僣などいふものかぞふるにいとまあらず）其の中に難なき人は、漢の高祖か。然どもかの国人のいふ仁をもて得たる王位にあらず、兵をもて得たる王位也。其余は皆弑《しいシ》レ君《ヲ》国を奪《ヒ》王位に即《つき》たる人共也。されども、唐国に生たる人は、是は貴風俗なれども、大皇国は蔑《なみシ》レ君《ヲ》弑《シテ》レ君《ヲ》其君の国を奪ふことは太悪風俗なれば……（本居春庭『道廼佐喜草《みちのさきくさ》』）

×

詩仏翁の詩に云「天地開闢《ヨリこのかタ》。大統長《ク》相伝《フ》。天子無《シ》二姓氏一。定《ヲ》知《ルハ》姓是《レ》天、天皇《ハ》如《ク》二日月《ノ》一。万古無《シ》二変遷一。誰道《カいフ》因《ルト》二徳《ノ》盛《ルニ》一。劣《レルモ》能《ク》八百年。為レ嬴《リえい》為《ルノ》レ劉後。至《テ》レ今已《ニすでニ》二千。其間幾姓氏。相代迭忽《スルコト》焉《タリ》。如何《ゾ》日出国。相伝自《ラ》綿々《タル》」五大州の中日本ほどの、ありがたき国はよもあらじ（野村円平『空翠雑話』）

×

ひとの国にも天子の称あれども、或は卑賤より出でて国を取り、夷より起つて

国を奪ひ、自ら天子と称す。是れ吾邦の武将と対揚《たいよう》の君にて、こなたの天子に比すべうもなし（神沢貞幹『翁草』一七二）

×

日嗣の君は、万民の天と仰ぎ奉る所にして、一日も天なくしては、万民も生を安ずる事あたはず、天地開闢《かいびゃく》せしより、皇統正しきは、神州の万国にすぐれて尊き所なれば、天祖《あまつみおや》の勅のままに、今も其神を祈給《いのりたま》ふなるべし（会沢正志斎『草《そう》偃《えん》和言』）

×

天朝開闢以来、皇統一姓、之ヲ無窮ニ伝フ、神器ヲ擁シ国ヲ握覧《あくらん》ス、礼楽旧章、率由《そつゆ》シテ改メズ、天皇ノ尊、宇内《うだい》ニ二無ク、則チ崇奉シテ之ニ事フ（藤田幽谷『正名論』）

×

天祖統を垂れ、天孫継承し、三器を奉じて以つて宇内に照臨す。皇統綿々として天壌《てんじょう》と窮りなく、実に天祖の命ぜる所の如し。是れ神州の四海万国に冠たる所以《ゆえん》にして、天祖天孫は固《もと》より天と一なり。（藤田幽谷『及門遺範所載』）

赫々タル、神州天祖ノ天孫ニ命ゼシヨリ皇孫一姓、コレヲ無窮ニ伝フ、天位ノ尊、猶ホ日月ノ踰《こ》ユ可カラザルガゴトシ（藤田東湖『弘道館記述義』）

×

サテ神倭伊波礼彦命《かむやまといはれひこのみこと》、スナハチ神武天皇ハ、大和国橿原宮《かしはらのみや》ト申スニオハ坐《しま》シテ、天ノ下ヲ御治《おんしらし》アソバシ、此天皇様ヨリ当今様マデ、御血脈ガ連綿ト御続アソバシ、百二十代ト申スマデ動キナク、御栄エアソバスト申ハ、実ニ此大地ニ有トアル国々ニ、比類ナク有ガタイ御国デ、是ガ実ニ道ノ大本デ、唐ナドトハトント訳ガ違テヰル、云々（平田篤胤『古道大意』下巻）

×

大皇国は皇太祖天神日大御神より、皇太宗、国之常立天皇に授与し玉へる御国にして、天皇は天日の正胤に坐まして、皇統は天日の正統なり。是を以て皇都を高天原と号し、又天と称し、皇位を天位と唱へ、皇位を嗣ぎ玉へるを、天日嗣と称し、皇太君を天神と尊び、後に天皇と称し、皇太子を日嗣御子《ひつぎのみこ》と申し、日子、日孫継々に、天日と共に天位を践《ふ》み玉ひ、天下を無窮に照臨統御《しょうりんとうぎょ》し玉へる事にして、世々の天皇、即ち天日と同気一体にて坐《ましま》ますこと也是《こ》れ天皇の宇内の絶尊、万国の大君にて坐ます所以の本体也（長谷川昭道『含処』下之下）

等おびただしい例がある。

『松屋筆記』に引用してゐる二十四論なるものに、日本勝《すぐれル》レ唐ニの八箇条を掲げてゐるが、其第一にも又百王一姓を挙げてゐる。其の他の条項は今論ずる限りでないが、其の文を示せば左の通りである。

日本勝レ唐八の篇に一皇祚（百王一姓をいふなり）敬神、二義勇、三帯剣（唐国にては武官の外帯剣せず）四襲封（世禄封建也）五無外患（海国なればなり）六無宦者、七食饌（多肉せざるをいふ）八武芸付造剣の八也（『松屋筆記』巻四十九ノ三十（第一一八六））

×

次に明治時代のものでは

帝室は万機を統ぶるものにして万機に当るものにあらず、我帝室は日本人民の精神を収攬するの中心なり。此点に於て我帝室は万国のそれに冠絶す、之れ国会を開きて帝室を政治外に置くも帝室の重要なる所以なり（福沢諭吉『帝室論』）

帝室は其起源を開闢《かいびゃく》と共にし、帝室以前日本に家族なく、今日まで国中に生々する国民は、悉皆《しっかい》其支流に属す。如何なる旧家も帝室に対しては、新古の年代を争ふを得ず。国中の衆家族は各家名族姓を作りて自他を区別すれども、独り帝室に於てはその要を見ず、何姓とも云はず、何族とも唱へず、単に日本の帝室と称する外なし。其由来の久しき実に出色絶倫にして世界中に比類なきものと云ふべし（福沢諭吉『尊王論』）

×

井上円了の忠孝活論に云く

人界にありては上に一系連綿なる一種無類の皇室あり、開国以前より厳然として永存せるものにして遥に他の禅譲放伐に依りて立つものと異なれり。

×

四千年以来各国の或《ある》は亡びて蘇り又合併せられた中に一度も建国以来変を見ざりしは我日本あるのみ、一は地理有利の地位を占めたると又国民有為なるとが致したるものなれど、別にその原因存せざるべからず、万世一系の皇統即ち之なり。此皇統こそ我国家団結の中枢なれ万国皆その朝を屡々革むるに我邦独り万世一系なるは我国家成立の基本大いに外国と異るに依る曰く、我日本国を組織する所の民は悉く同一なる人種に属する事是なり（加藤扶桑氏『日本国体論』）

×

我が天皇の万世一系なるは我国民が忠孝の至誠を守る所以、夫の楠氏を国士無双と称するは忠の為に生れ、忠の為に死するを以てなり（小柳一蔵『人道原論』）

等を挙げる事が出来る。この中福沢諭吉の帝室論だけは多少異つてゐるが、他は大同小異である。

帝室が厳存してゐるといふ事は、是れ又疑ふべからざる事実である。然るに単純にそれだけの事が直接的に文化価値であるといふ論理は如何にして生ずるか。此論理のギヤップを補ふべく、神胤説が生ずる。然し単に伝統的な神胤といふ観念は、今日以後の科学の中に座を占める事は出来ない。かくてこれに代るべきものとして治徳説が持出される。これに就ては茲《ここ》に批評を述べない、後章の提言が自から此の説の占むべき位置を示すであらう。次に考へ出された説は総攬《そうらん》説である。或は之を超越説とも名ける事が出来る。然し政治に関与しない帝室が単に位を占めて存在し給ふといふだけの事ならば、価値観念には何等関る所が無い事になつて了ふ。最後に伝統説、即ち古いが故に尊貴であるといふ考がある。然し古いが故に尊い、或は一層精密に古いままである事が尊いといふ事は、無意義である。此観念は、当然に長い間継続して同一皇室を戴いてゐるといふ事実の方へ移されなければならぬ。これが即ち万世一系論である。然るに万世一系論も、それが単に珍しい現象であるといふに止まるならば、たとひ文化価値はありとしても、それは美術品のそれと大差のない事となり、普通考へられてゐる特勝の通念とは一致しない事となる。かくて万世一系は何故にかくなつたか、の問題を討尋《とうじん》しなければならない。

然らば万世一系の原因は何であるか。これに種々の説がある。先づ皇祖の神徳によるとするものには、

唯我国のみ、天地開けし始より、今の世の今日に至るまで、日嗣を受け給ふ事邪ならず。一種姓の中におきても、自から傍より伝へ給ひしすら、猶正に帰る道ありてぞ、保ち座しける。是然しながら、神明の御誓顕著にして、余国に異るべき謂れなり（『神皇正統記』）

×

本朝は日神照臨の御国なれば、誠に秀逸神聖の国風なるもの也。故上天神より神胤をうけつぎ給ひ今日迄皇統を御相続ありて絶失ぬ事をはかりみるべし（『神風記』巻五）

×

懿《おお》イナル哉、本朝開闢ノ義、悉ク神聖ノ霊ニ因ル、是レ乃チ実ニ天之ヲ授ケ人之ニ与スル也故ニ皇統ハ億兆ノ系有リ、終ニ天壌ト窮リ無シ矣（『中朝事実』上）

×

要するに我が日本民族を統一する所の権威は、支那思想に於ける天にもあらず、耶蘇教に於ける造物主でもない。実に皇室の御祖先である。万世一系の国体は之に依りて始まり、之に依りて無窮に伝はるのである（佐々木高行『国体の淵源と皇祖皇宗の宏謨』）

等の説がある。

次に三種神器の徳によるとするものには

彼ノ支那ノ大邦ト号スル者、土地眩遠《こうえん》ナリトモ、而モ受命ノ符、皆人工也、天造ニ非ズ。我国ハ小ナリト雖モ基ヲ開クノ神ヤ、器ニ伝フルノ霊ヤ、日ヲ同ウシテ語ル可カラズ矣……我国ノ一種系連綿邈《びょう》トシテ窮リ無キハ、天造自然ノ器ノ致ス所カ。是ニ因テ言ヘバ千万世ノ後ト雖モ攘奪《じょうだつ》ノ虞《おそれ》有ラザルナリ矣（『元亨釈書』第十七巻）

×

我国は皇統を為《シ》レ主《ト》、俗諦《ぞくたい》常住にして人民治る、此れ系図を以て治む、故に王位不《ず》レ易《かはラ》（雲映『神道古事備忘録』）

×

皇統ノ承《つた》フル所、神胤ノ本ヅク所、炳《へい》トシテ日星ノ如シ（源光章『神学指要』九）

等の例があり、又、歴代の皇徳によるとするものには

人皇基ヲ肇メテ二千余年、神裔相承ケ、列聖統ヲ纘《つ》ギ、姦賊未ダ嘗テ覬覦《きゆ》ノ心ヲ生ゼズ、神器ノ在ル所、日月ト並ビ照ス、猗歟《ああ》盛ナル哉、其ノ原《もと》ヅク所ヲ究ムルニ、寔《まこと》ニ祖宗ノ仁沢民心ヲ固結シ、邦基ヲ磐石ニスルニ由ル（徳川綱条『大日本史叙』）

×

夫本邦の帝位、万世一系なることは、祖宗在天の霊の然らしむる所なりと雖も、

又代々の帝王が、能く民事に心を用ひ、仁恵の政を行ひ給ひしに由れる者なり
（西村茂樹『徳学講義第七』）

等がある。

日本水土考の説は左の如く珍しく、之を水土の妙に帰してゐる。

日本ハ之ヲ天竺辰旦ニ比スレバ、則チ小ナリト謂フト雖モ、然レドモ国ハ広大ヲ以テ貴ト為ス可カラズ、四時ノ正偏、人物ノ美悪ヲ以テ、其ノ貴賤ヲ定ム可シ、是ノ故《こ》ニ国土極メテ大ナル者ハ、其ノ人情風俗多岐ニシテ一統シ難シ、故ニ辰旦《しんたん》ノ王統、変乱シテ久シキコト難シ日本ハ限度広カラズ又狭キニ非ズ、其ノ人事風俗民情相斉シク混一ニシテ治マリ易シ、是ノ日本ノ皇統、開闢ヨリ当今ニ至ルマデ変無キハ、万国ノ中惟《た》ダ日本ノミ、是レ又水土ノ神妙故ニ非ズヤ
（『古道大意』下巻所出）

神道を以て万世一系の原因としたものには

伏て惟るに神道は皇国の大道、天祖の懿訓《いくん》にして皇統一系天壌と窮り無きは則ち斯道《しどう》の存する所以なり（明治二十五年九月『雑誌神道綱領』）

といふのがある。

山田孝雄氏は之を中今《なかいま》の人生観に帰し、左の如く言つてゐる。

世人口を開けば即ち「天壌無窮の宝祚」といふ、言や誠によし。されどそは果して奈何《いかん》の根柢のあるを了悟せるか。愚窃《ひそか》に世人の口唱してしかも真に領得せるもの少きを憂ふ。試にかれらに何が故に天壌無窮なるかと問へ。かれらはただ然るが故に然りといふにすぎざるべし。学者と称するもの皆然り。その以下の者知るべきのみ。かくの如くにして時日を空しく過さむか。若し之を否認する懐疑論者いでば如何にして之を対治せんとする決心なるか。……愚思へらく中今の人生観は即ちこれ天壌無窮の真諦なりと（山田孝雄氏『大日本国体概論』九五―九六頁）

先づ神徳より生ずるとする説は、民族的情意に訴ふる信仰としては成立するが、文化科学的学説として成立する事は困難である。三種神器の徳に帰する説は一考の余地がないでもないが、その人造天造を以て区別しようとする事は、既に今日に於ては意義を失つたものと謂はなければならぬ。万世一系の原因を皇徳に帰する事は、強ち無理由な事ではない。然しこれに就ては別に後章に述べよう。中今哲学説は、それが万世一系の結果を生み得るほどに普及し得てゐたかどうかに就ては疑無きを得ない。

水土に帰する説は、其の着眼点の自然科学的である点に就ては、蓋し其の時代のものにして出色といひ得るであらうが、「広からず狭からず」などといふ自惚《うぬぼれ》的独断論では、伝統に眩惑されてゐる日本人なら承知するかも知れないが、外国人にでも見せたら、其《その》失笑を買ふ位が落ちであらう。神道説は一応考慮の余地ある筈であるが、示されてゐる限りに於て、その内容に触れてないから、可否を断ずる事は出来ない。

次に又、皇室の御血統を、単に生理的、歴史的事実として認めるだけでなく、その御血統の中には直ちに、道統ともいふべき精神、仁義の伝承があるといふ考から、血統の連続即道統の連続とみる考が、古来ある。支那にも道統といふ考があつて仏教でいふ血脈相承《けちみゃくそうじょう》（師資相承、又は伝法相承ともいふ）の如きものである。朱熹《しゅき》の『中庸章句』序には

夫レ堯《ぎょう》・舜《しゅん》・禹《う》ハ天下ノ大聖也……是レヨリ以来、聖々相承ク、成湯文武《せいとうぶんぶ》ノ君タリ、皐陶《こうよう》・伊・伝・周、召ノ臣タルガ如キ、既ニ皆此ヲ以テシテ夫ノ道統ノ伝ヲ接ク

とあるが、これもとより、道統そのものを論じたのであつて、血統即道統ではない。支那に於ける道統は、伏羲、神農、黄帝にはじまり、堯、舜、禹、湯、文、武、周公、孔子、顔子、曾子、子思、孟子、周子、程子、張子、朱子等の思想系統を指すのである。されど日本にあつては道の中心はつねに皇統の中に伝へられてゐるとするのであるから、その点に於て全く類を異にする。君主を単に、神として宗教的意識に於て仰ぐのみならず、又実にすめらみことして真理の人格化せる御方としてみるところに、血統即道統の根本観念が起るのであると思ふ。今、試みに天皇の御位、乃至、皇位の継承について、古来いかなる文字が使用せられたかを概観すると、左の如き諸用例がある。

一、纂皇綜《あまつひつぎをつぐ》　『日本書紀』第二十三巻
一、登大業之位《あまつひつぎのくらゐにのぼる》　『聖徳太子伝暦下巻』推古天皇問厩戸太子病詔
一、経綸鴻業《あまつひつぎをおさむ》　『日本書紀』第七巻
一、鴻祚《あまつひつぎ》　『日本書紀』第二十巻
一、天業《あまつひつぎ》　『日本書紀』第三巻
一、宝祚《あまつひつぎ》　『日本書紀』第二巻

一、基業　『日本書紀』第三巻

一、大運　『日本書紀』第五巻

一、鴻基《こうき》　『日本書紀』第五巻

一、光臨宸極《あまつひつぎしろしめす》　『日本書紀』第五巻

一、帝位　『日本書紀』第十一巻

一、鴻緒《こうちょ》　『日本書紀』第十五巻

一、天緒　『日本書紀』第十七巻

一、紹隆帝業《あまつひつぎをさかえしめ》　『日本書紀』第十七巻

一、洪業　『日本書紀』第二十七巻

一、即帝位《あまつひつぎしろしめす》　『日本書紀』第十三巻

一、即天位《あまつひつぎしろしめす》　『日本書紀』第五巻

一、即位《あまつひつぎしろしめす》　『日本書紀』第七巻

一、践祚《あまつひつぎしろしめす》　『日本書紀』第七巻

一、即祚《あまつひつぎしろしめす》　『日本書紀』第二十五巻

一、継業《あまつひつぎしらす》　『日本書紀』第十三巻

一、陟天皇位《あまつひつぎしろしめす》　『日本書紀』第十五巻
一、登嗣位《あまつひつぎしらす》　『日本書紀』第二十八巻
一、承ク二大位ヲ一　『続日本紀』第二十巻
一、君二臨紫極ニ一　『続日本紀』第三十八巻
一、嗣二奉ス丕基ヲ一　『日本後紀』第十四巻
一、緒業　『類聚国史』第十巻
一、鴻図　『三代実録』
一、守ル二洪基ヲ一　『本朝文粋』二巻
一、嗣二守ス　昌基ヲ一　『政治要略』正暦四年
一、継グ二丕緒ヲ一　『小右記』寛仁元年
一、纂フ二皇基ヲ一　『山槐記』治承四年
一、洪緒　『続吉記』文永十年
一、宝位　『公卿勅使御参宮次第』承応六年
一、天基　『日本書紀』第三巻
一、天津日嗣高座之業《たかみくらのわざ》　『日本三代実録』第一巻

一、纂《つ》グ二丕業一ヲ　『日本後紀』第八巻
一、纘《つ》グ二天位一ヲ　『日本全史』嘉暦元年後醍醐天皇勅
一、紹グ二大統一ヲ　『明治天皇国威宣布ノ御宸幹』慶応四年
一、承ク二聖緒一ヲ　『神霊鎮祭ノ詔』明治五年正月五日
一、帝祚　琉球国王尚泰ヲ藩主トシテ華族ニ陞列スル詔（明治五年九月十四日）

勿論、文字は支那から来たものであるから、このうち、たとひ日本の独創用例に属するものがあつても、多くは支那の用例に従つたものとみられる。大統は漢書に用ひられ、大基、丕基、宝祚、宝位、みな支那の用例である。天日嗣ですらも、『松屋筆記』の説によれば漢土の用例だといふ。曰く、

天日嗣並某朝廷　天日嗣の字は大戴礼に出たるを本朝の古書にかり用て書たる也、また浄見原朝廷難波朝廷など書は史記秦本紀に咸陽朝廷と見え詩藪外編一（四丁）に秦朝廷などもあればもとから国の字を用たる也（松屋筆記第一、百六十七頁、巻之三十九）

然し、これらの文字をあて用ひた背後には、単なる模倣にあらざる日本民族特有の信念があつた事は、すめらみことの言葉に徴するも明かである。且つ、あまつひ

つぎといふことも、単に、支那の用例を採用したものではなく、天照大神より伝へられし位の継承観念を漢字にあてはめたものであることは否定出来まい。且つ、すめらみことを漢字に移して、天皇の文字をあてた事は注目しなければならぬ。支那に於て、天皇の文字の用ひられたのは、多く緯書の中であつて、例へば

天皇帝符璽鳥文（春秋運斗枢〔『松屋筆記』第一・三九八〕）

とあるは、所謂天帝であつて、現実の帝王ではない。又

天地ノ初メ天皇氏ヲ立ツ、十二頭澹泊ニシテ施為スル所無シ（春秋命歴序〔同上三九八〕）

神人有リ天皇ト号ス（『事物紀原』巻一「天地生植部」第一）

等は、太初の神人即ち伝統上の帝皇であつて、是れ又現実の帝王ではない。支那に於て現実の帝王に天皇の文字を始めて用ひたのは、『唐書』高宗紀のみである。

皇帝ヲ改メテ天皇ト称ス（『旧唐書』巻五、「高宗本紀」咸亨五年―上元元年）

然るに日本に於て、すめらみこと即ち現実の帝王を表はすのに天皇の文字を用ひたのは、これより以前であつて、推古天皇十五年の作に係る法隆寺薬師如来像の光背の銘を初見とする。これには「大王天皇」の文字を以て「おほきすめらみこと」

と読ませてある。これより察して推古紀の「東天皇敬白西皇帝」の文も権証づけられる訳である。即ち、現実の帝王に天皇の文字を用ひたのは、日本独得の用法といふべきである。

とにかく、古来、天皇、すめらみことの名称が既に仁愛正義の道の一脈不断なる表現であるといふ信仰は、日本道徳の中枢を為したものであつて、本居宣長の如きも

ただ吾が須売良尊《すめらみこと》の御の御号ぞ真の理にかなひて、天地のかぎり竪《たて》にも横にも往き通り足はして動くことなく変ることなき大御号にはありける。（『古事記伝』十六）

とて、すめらみことの名称に即して真理を観てゐる。『説文繫伝』『尚書序疏』『風俗通』等の諸書によつてみても、皇とは大、始、美大、中、光、弘、天等の義を有してゐるが、すめらみことを漢字訳して、天皇としたところに、なみならぬ用意がほのみえてゐる。

かくて、すめらみことの位の表示として、世々三種神器を伝へられる事実は、神器に対する道徳的、思想的解釈の発達するにつれて、道統の示現として確信される

様になつたのである。今、その一二の文献を例示すると、熊沢蕃山が

> 日本のみ帝王の家をたがへず、武家の世と成ても、天下を取る人、王と成事あたはず、三種の神器、自然に神威はおはします故なり（『三輪物語』巻一）

といつたのは、この血統即道統論の素朴的説明とみることが出来る。又、高屋近文の

> 是三種ハ、皇天相承ノ神器、万代不易ノ霊物、宝祚ヲシテ能ク隆盛ニ、国家ヲシテ能ク鎮護セシム（『神道啓蒙』）

といふ説明も、自然の間に、道統は直ちに血統である旨を表明してゐる。

以上長々と列記した退屈極まる諸文献は、唯無意味に引用したのではない。如何に古来の天皇論が、今日の我々の生活にとつて、無関係に近いものであるかを、実例で示さんがためである。今日以後、是等の皇室国体説のみを以て、国民を善導しよとするが如きは、無謀の極みである。どれもこれも殆ど国民の現実的生活に無頓着な、超越的皇室観ではないか。民衆は殊に抑圧せられつつある飢ゑたる民衆は、かくの如き皇室国体説を説法される事によつて、果して如何なる満足をあがなひ得るであらうか。

第一、万世一系皇統連綿の単なる事実が世界無比だ、などといふ事は、今日まで王統連綿三千年のアビシニがアフリカの一角に実在してゐる事を知つた人間の前には通用せぬではないか。万世一系論でも神胤説でも三種神器論でも、今までのねぼけた学者や思想家によつて、さもさも有りがたさうに、説き立てられたモヤシの様な観念論は、今後の時代の尖端を行く人間には無用の長物だから、みんなまとめて、掃きだめの中へでも捨てて了へ。我々が皇室を尊ぶのは、我々の生活と無関係な、思想や観念の彼方に、理想の夢を追はんがためではなく、現実の社会生活の中に、激流の如くにほとばしる人生の正義と歓楽と幸福とを、実現せんがためであらねばならぬ。其の事は後に詳論するが、次に吾人は古来の天皇神聖論を槍玉にあげる。

2、古来の現人神信仰と現代に於けるそれの観念的把握及び否定

『万葉集』巻三をみると、柿本人麿の歌として、

　大君は神にしませばあま雲の
　　いかづちの上にいほりせるかも

といふのがある。又、『徒然草』の第一段にも

帝の御位はいともかしこし、竹の園生《そのう》の末葉迄人間の種ならぬぞやんごとなきとある。いづれも我が国人の知るところであらう。わが国に於て、天皇を現人神、あきつ神と称し奉り、生ける神として奉戴した事は、よほど古い頃からである。天子、天皇等の文字を用ひたのは、無論、支那の影響ではあるが、そこにも猶あたかも神といふが如き至上人格の観念のあることといふ迄もなく、『古道大意』の説はよく要領を得てゐる。

天子と唱へ申すは字音にて元より漢語なれども、此天つ神の御子と申上る御称によく叶てゐる言葉で、実に天子と称すべきは、我天皇に限る事で夫に付て諸《もろ》越《こし》の王を天子と云ふ事の当らぬわけは漢字の大意に論弁はいたすつもりで厶《ござる》
（『古道大意』下巻）

天皇を神とする思想の、思想史的、文献的研究はすでに幾多の先進によつて殆ど究めつくされてゐるから、今、茲《ここ》には叙《の》べる必要をみない。猶若干の文献は、本書中「古来の皇室国体説」の節に出してある通りだから、以て一般を推察していただきたい。

ところで、この古来の国民的信仰は、勿論《もちろん》、今日に於ても幾多の人々によつて熱

烈に伝承されてゐる。それは確に事実であるが、又、一方、天皇といへども自然人にましますのであつて、決して超人間的神ではないとする合理論者も出現しつつある。又、無産者運動やその他種々なる左傾運動に従事しつつある人々も概して、「現人神」の信仰の如きは、単に過去の民族的信仰であつて、現代の彼等の生活にとつて何の意味もないものだとする。現人神の信仰を伝承せる者にとつては、その信仰は超理論的であつて信仰としては、最も純粋なものである。然るに、それは、信奉者その人にとつては疑ふ余地のない事実であつても、現に之を疑つてゐる人、又はその信仰を否定してゐる人々に対しては、その信仰は何等客観的事実たることを証明する力がない。然し、天皇は自然人にまします丈けで、神ではないといふ説を樹《た》てる一部の憲法学者等の「神」といふ概念には誤りがある。一体、世の中に、キリスト教神学でいふ神などといふ客観的存在はないのであつて、それは全く、信ずる者の観念内に於ける概念に過ぎぬ。非人神だの死人神だのといふ神が実在するなどと考へてゐるのは、皆、無智なる迷信だ。それが、いかに四角張つた形而上学の鎧をつけてゐても、唯全く、人間の勝手に考へた観念に過ぎない。（拙著『国体宗教批判学』参照）神といふものが、若し事実に存在するものならば、それは、いふ迄もなく、人間でなければならん。生理的規程に従ふ人間以外に人格的な実在者などは、金輪際絶対にあり能はぬ。従つて現人神を否定せんとする者が、かかる非科学的神観を現人神の神に応用する事は、現人神の信仰事実に無智なるが為と知るべきだ。日本の天皇は確実に現人神なのである。ところが、左傾思想の人々の現人神信仰の否定的立場は、現人神の信仰を肯定する者の立場と実は非常な接近性を有つてゐるのである。それを説明するにはまづ、どうしても、「現人神」の信仰、又、天皇神聖の信仰は過去にいかにして成立したかを研究せねばならぬ。これに就て、予は既に、予の主宰する雑誌『国体科学』第三十八号に、「天皇神聖に関する憲法学者の謬見を砕破す」なる論文を発表した。幸ひ学界一部の注目を惹き、「国学院雑誌」の如きはその抄録を同誌に掲載した位である。この論文は、元来、拙著「国体認識学」の一部分なのであるが、是非共、参照して頂き度く思ふので、同書をお持ち合せのない方の便宜を計つて左に引用しておく。

　帝国憲法の第一章は天皇に関する諸規定であるが、その第一条は

　「大日本帝国ハ万世一系ノ天皇之ヲ統治ス」

とあり、又第三条には

「天皇ハ神聖ニシテ侵スヘカラス」

とある。第一条は、現人神たる天皇、統制君主としての天皇によつて統治せられる事を大日本帝国の根本条件とする事を明示し、第三条は、天皇の神聖にしてただ欣仰すべく干犯すべからざる事を示したものなる事はいふ迄もない。然るにこの憲法上の「神聖」なる文字は、法律学者間に於て種々解釈の相違があつて、甲論乙駁の状にある。清水博士の如きは、ゲオルグ・マイヤーの説を模倣して「神聖なる文字は法律上何等の意味なし」と為し、市村博士は、神聖なる文字は天皇不可侵即ち無答責の限度を示すものと為し、上杉博士も又、法律上の責任を負はないといふ意味だと解釈して居られる。その他の諸家と雖もこの点に就ては後説をとるのが、最も普通の様である。

神聖を君主に認めたのは、諸外国にもその例多く今日の君主国の憲法にも現にその規定をみる事は誰しも知るところであるが、その起源は相当に古い。今、便宜上市村光恵氏の説明を引用参考しよう。

「君主を神聖にして犯すべからざるものとする観念は既に羅馬時代に起りたるものなり。羅馬の古代に於て貴族（Patricii）と平民（Plebei）の両者非常に軋轢し平民は常に貴族の抑圧する所となりし結果断然貴族と分離し一国を建てんとせり。此の分離運動は貴族に対して非常に恐慌を来し遂に平民の意を容れて平民保護官たる保民官 Tribumi plebis を置けり。此時貴族は之を退けんとせしも国法上の名義を得るに苦しみ普通法上種々の擬律を以て保民官を退けんとせしかば平民大に激昂し遂に貴族に迫りて保民官の職の神聖なることを定め法律上之を侵すべからざるものとせり。リピウスの羅馬史三巻五十五節に依れば国家の首長を神聖不可侵のものとすることは既に古き以前より存したる慣習にして貴族平民の軋轢時代に法律を以て保民官の神聖不可侵を認めたるは此旧慣を成文とせるものなり。而して此神聖不可侵権を侵害したる者は之を死罪に処し其財産を官没せり。羅馬が帝政となるに及びては神聖不可侵の権は皇帝に専属せり。ユスチニアン法典中学説彙纂第一巻第三章三十一節に「皇帝は法の上に立つ」とあるは此不可侵権を意味すものなり。欧州各国の憲法も又、多く君主の神聖にして侵すべからざることを規定す」（訂正増補『帝国憲法論』二九〇―二九一頁）

そこで、我国の憲法であるが、憲法そのものが大体
「世局ノ進運ニ膺《あた》リ、人文ノ発達ニ随ヒ、宜シク皇祖皇宗ノ遺訓ヲ明徴ニシ、典憲ヲ成立シ、条章ヲ昭示シ……茲ニ皇室典範及憲法ヲ制定ス、惟フニ此レ皆、皇祖皇宗ノ後裔ニ貽《のこ》シタマヘル統治ノ洪範ヲ紹述スルニ外ナラズ、而シテ朕カ身ニ逮《および》テ、時ト倶ニ挙行スルコトヲ得ルハ云々」（「憲法発布の告文」）

なる精神を基礎として制定せられたるものであり、今、その第三条に就ていふも、これ全く古来の日本の民族的信仰慣習を法文化したものなる事は、あらゆる資料によつてこれを証明し得る。即ち、我が憲法の第三条は、単に突如として、国家統治の方便上、法律としてこれを設けた人為的条文ではない。然るに、今日の法律学者は、殆ど皆、この第三条の神聖不可侵の解釈を法律的方法に限定せんとしてゐる。たとへば、右の市村博士の如きも、明かに左の如く言つて居る。

「憲法の用ゐたる神聖の文字の意義に付ては議論岐る。欧州に於ては『キリスト』教が盛となり、羅馬法王の権力が強大となりし時代に於ては、君

主は法王側より神性を認定せられるものなり。我国に於ては天皇は天祖の直系として君臨せらるるが故に同じく神性を帯ぶるものと謂ふことを得べきも憲法の用語を此の如き宗教的又は論理的の思想に基きて解釈することは法律学の範囲を超過するものと謂はざるべからず」（『訂正増補帝国憲法論』二九二頁、傍点は便宜上予の加へたるもの）

然るに、吾人は此の種の見解を以て、実際的にも論理的にも甚しき誤謬たる事を宣言せねばならぬのを聡明なる法律学者の為に悲しむ者である。我国の憲法がすでに根本精神に於て、我国古来の伝統習慣の不文律を成文化したものである以上、又、まして、「天皇神聖」が、単なる法律上の人造規定でなく、全く、日本民族の精神を貫通せる信念である以上、これらの事実を、憲法の条文に於ける天皇神聖の文字の内包から除去しようとするのは、憲法成立の事情からいふも、理論上からいふも実に滑稽なる矛盾撞着であらねばならぬ。天皇神聖不可侵の規定が、単に国家統治の便宜上設けられたとするならば、そこに何の民族的伝統も認められてゐない事になる。然るに事実は飽迄事実であつて、如何とも為し難い。又右の第三条の規定が、国家統治の便宜上設けられたるものとすると、天皇神聖は、実でなくして権であるといふことになる。然るに、かくの如き事は日本民族の古来の信仰事実と絶対に相容れない。日本民族古来の伝統精神の不文律に基かざるものを新設条目としたとするならば、我国の憲法はこの点に於て全くその基礎から崩壊すべき運命にあるので、第一、明治天皇の告文とちがつてくる。我国の民族的信念は、天皇神聖を、天皇の本質と確信してゐるのであつて、それは権でなく実だ。法律が、民族の生活軌範を法文化したるものなる限り、この民族の先験的規範観念の本質を考察しないでよいといふ論理は成立しまい。民族信念の実際的背景を離れた法律などに何の法的権威が許されよう。況んや神聖なる文字そのものには一定の固有の通念がある。それを無視して全然別の解釈を特設し、その特設した意義に限定するのを法律学の特権だと考へるのは、文字の使用例にも反し、且つ法律学が生きた人生と無関係な極めて間抜けな学問だといふことになる。故に、吾人は、帝国憲法第三条の神聖なる文字の解釈を、所謂法律学的見解に限定せんとする学説は自殺論法であると宣言し、断じてかかる偏狭頑迷なる学説を排除せねばならぬ。勿論、予がかくいふことは、今日の法律学上の「神聖」論を無視するといふのではなく、それは「神聖」の本質から派生した法律上の「解釈」として是認し摂取するのである。但しその法律上の解釈のみに固執して、その淵源をなす観念を法律学上除去する事を正当なりとする愚妄を打破するのである。

かくて吾人は吾人の本論に立ち帰らねばならぬ。憲法上に於て、天皇を神聖なりと規定したのは、全く、我国民の古来の信念事実を法文化したものであってその実証は、天皇を現人神となし、あきつ神として尊崇し認識する事実がそれである。即ち決して西洋諸国の憲法の模倣ではない。もとより、これを憲法上の明条として挿入するに就ての動機は或は西洋憲法に暗示されたかも知れないが、加へられた条文そのものに至つては断じて形式的の模倣ではない。現人神といへば具体的人格的であるが、その現人神の根本性を抽象すれば神聖観念となる事いふ迄もない。されど神聖なる観念はそもそも客観的にはいかなる属性を含有し、又主観的には我等はいかなるものに対して神聖感を経験するか。これ先づ吾人の検討せんとするところである。即ち吾人は、一方には、ルドルフ・オツトー、クローレー、ヴヰンデルバント、デユルケム其他泰西学者の所説に参考し、又、他方には、支那、印度、日本等の諸学説を玩味し、更に著者独自の考察を付加し、要をとって神聖の意義を尋ねるに少くとも左の各条項を最も基本的要素なりと観察する。

第一、凡俗に対して特殊絶大の価値と権威とを有する事物、又はその性質の観念

第二、不可侵不可触なるもの

第三、権威力（光、大いさ、力等）

第四、神秘、不可知

第五、先天的超越的性質を有するもの

第六、生命、食物等の実利価値を基礎として発展せる根本尊崇、本来尊重の観念

第七、絶対軌範（真善美の具体的軌範意識の必然的統一としての）

第八、善を尽す事の徹底

第九、古さ、無限性

第十、清濁利害凡聖等の両極端の総合

右は一々文献をあげて実証するとよいのだが、限られたる紙数で、この項目に

多くを費し得ないから、ただ箇条的にあげたのであるが、凡そ、神聖なる観念は、すくなくともこれらのいづれか一つ或は数箇の要素を含有せざるものはない。

而して日本に於ける天皇神聖の観念は、普通名詞を以て考へらるべき王者の神聖、換言すれば誰が王者となつても、付与せらるべき王者神聖ではなく、先にもいへる如く、万世一系の天皇を現人神と為し神聖と為すのである。従つて万世一系なる血統は、その条件であつて、万世一系とは、天照大神より脈々相承の皇統の義である事はいふ迄もない。然らばその天照大神にはいかなる民族意識が反映してゐるだらうか。これはすでに、構成原理のところで注意してきた事であるから、かしこをふりかへつて参考とすればよい。即ち我国民は、その血族的社会関係からいふも、生産的社会関係からいふも、皇室を以てその淵源であり且つ統制中心である事を自覚したとみられる時、たとへば、記紀上代の記述のあらはれた頃には、その当時迄にすでに余程の古い伝統がある事を信じてゐたのである。然も皇室は、国民の宗家として統制者として恩恵威権両つながら厳然として保持して居られた事は、種々の資料によつて知り得る。国民は皇室の威権恩愛を外にしては社会的統一による文化生活を保ち得ないといふ心証によつて、現実的結束を持つてゐたのである。即ち、国民は、血族関係からいふも生命の淵源として、又食物関係からいふも社会生活の統制者として皇室をいただき、然もその伝統が非常に古い、いつともわからない久遠の過去から綿々今日に及んで善を尽す事のあまねかりしを信じられたところには、更に皇室を生活の根本尊崇、本来尊重なる功徳実利の無限性存在と思つたに違ひない。

即ち、血族関係の源頭として、又、社会生活の確保統一者として、然もその伝統が過去に久遠の古さであり、そのながき伝統の中に、おのづから、社会生活等の軌範が意識的に流れてゐる事を知つた結果はつひにこの皇室を以て神聖視するに至つたのであらう。茲に於てか、民族的欲求として、現在の皇室の太祖を直ちに国家統治の先天的目的論的意志主体としたものとみる外ない。かくて、そこには、不可侵、権威力、神秘根本尊崇等の属性が意識せられ、天照大神の神聖なるが故に現人神であり、現人神の太祖なるが故に最高至聖の大神であるとする整頓せる国民信仰体系が成立したものとみる事は、決して無価値な臆測ではないと思ふ。

かくて、神武天皇天業恢弘東遷の大詔の一節として日本書紀に載する

「皇祖皇考乃チ神乃チ聖慶《よろこび》ヲ積ミ暉《かがやき》ヲ重ネ、多ク年所ヲ歴タリ。天祖ノ降跡マシテヨリ今ニ一百七十九万二千四百七十余歳」

といふ表現をみる時、又、

「吾ガ高天原ニキコシメス御斎庭《ゆにわ》ノ穂ヲ以テ又吾ガ児ニマカセマツルベシ」

といふ表現をみる時、はじめて従来の神道学者や国学者や、乃至国体論者によつて解釈せられ来つた意味以外に深きものを感じ得るであらう。而して、又、日本書紀に天照大神授国の勅語として載する

「葦原ノ千五百秋ノ瑞穂ノ国ハ是レ吾ガ子孫ノ王タルベキノ地ナリ。宜シク爾シ皇孫就テ治ラスベシ。行ケヤ、宝祚ノ隆エマサンコト当ニ天壌ト窮リ無カルベシ」

といふ大表現も、実にこれ日本民族が衷心から、かの神聖統治を将来無限に継続確保すべきことを欲求要請した民族心理の反映とみられ得るではないか。茲

に於て過去に於ける皇統の久遠をほこると共に未来に於ける天壌無窮万世一系を希求せるは、実は、所謂現人神によつて統制せられつつありし当時の民族の生活そのものより迸り出でたる感謝と願望の表現であると見なければならぬ。瑞穂国といひ、吾子孫可王之地といひ皇孫就治といひ、天壌無窮といふ、これ悉く生活そのものの中に体験された感謝と願望の反映ならざるはない。而して又最も現実的な要請である。瑞穂国といふは、生活の物的基礎である事いふ迄もなく、可王といひ就治といひ、共に所謂シラスことで、人格的統制だ。ウシハク即ち私有独占の観念でなく、シラス即ち共存共栄の人格的統制を以て、国家的体系行動の要義とせる人生観が、ここに反映してゐる。天皇の事をスメラミコトと称するのは、これ天皇の本質が、この統制治民にあることを表現した言葉だ。而して、日本の天皇が歴朝殆ど仁君としての実質を確保したまへる生きた歴史をみる時、世界各国の帝王史と比較して、全く不思議な感がする位である。仏国のブルボン王朝、ロシアのロマノフ王朝等が、殆ど歴代皆或は暴君或は変態人物或は低能王で、悪辣不徳の生活を享楽して居つたのと我が長き長き皇統史とを比べてみたら、もつとよくわかる筈だ。

此の文章はまだ続くのであるが、ここで一度中断して、吾人は少しく文献的解説を加へたいと思ふ。それは吾国の神が、決して単なる非生活的超人でなく、生活関係の極致に思はず神として崇められたものであるといふ事についてである。まづ「神」といふ言葉が何を意味するかを一見する事にしよう。第一に、西洋のゴッドの意味を研究してみる。

神（God）は宗教的信仰の人格的対象を表はすチユートン系国語に共通な語で、ギリシヤ語ではOeōs、ラテン語ではDeus等の語と同様に、自然や人間を支配する権能を行使する天の神話の超人間的存在の全てに対して用ひられ、又屡々特殊の活動を意味する。而してまた、超自然的存在の幻像とか象徴や偶像として用ひられる樹木や標柱とかの目に見える物質的対象に対しても用ひられるチユートン人種が基督教信者になつた時、神（God）といふ語は最高実在者即ち宇宙の創造者三位一体の人格に対する名として採用せられた。新英語辞典は、チユートン系国語に於ける其の語の旧の型《タイプ》は、ラテン語のnumenに相応する中性（neuter）であつたが、キリスト教に適用されるとき、男性になつた。ゴシック語や、古ノールウエー語に於けるが如く、旧の中性の型が相変らず用ひられてゐる所でも、構造は男性である。といふ事を指摘してゐる。通俗の言葉使ひでは、其の語を「善《グッド》」と結び付けて了つた。「神よ爾に伴ひ給へ」(God be with you)が「爾に幸あれ」(Good-bye)に転訛して、其に「左様なら」を意味するなど、好箇の適例である。God はチユートン系国語に共通な語で、ゴシックでは Guth 蘭語では英語と同型、デンマーク語、スヱーデン語では Gud 独語では Gott と書く。新英語辞典によればその語源は二つのアーリア語の語源で、双方とも gheu といふ形で見出る。其の一方は「祈願する」他は「注入する」といふ意味だ。後のは犠牲的捧物に用ひられる。で此の語は、宗教的祈願の対象、又は、犠牲による宗教的礼拝の対象の何れかを意味するのだと云へやう。又「注入する」といふ意義から「鋳物の像」を意味する語であるかも知れないといふ人もある、と。(『ブリタニカ』)

Récéjac 氏に従へば神といふ語の、今までに考へられた最完全な意味は、「其自身の精髄を永遠に交流さす実在であり、(E、ヘルマン『神秘論』一九一六年に引用)。マーシユー・アーノルドの聖書及び基督教の神に関する定義では正義の為になる、吾々自身以外の永遠なるものであり、他の定義によれば、「現象の背後の友」である。("An Encyclopaedia of Religions")
西洋の言語上の意味に於ける神には、超人間的とか、人間以外の神とかいふ事の外、やはり、自然や人間を支配するものといふ観念があり、又、人間の父とか、人を保護する者とか、愛の当体とかいふ観念のある事を見逃してはならない。然し、それは、後述する日本の神の如きものとは社会的関係を異にした、著しく観念的なものである事に注意せねばならぬ。

次に今日迄の宗教学者の研究によれば、総じて神観念は、最初は極めて幼稚なる素朴的自然教、Max-Muller の所謂 Agentism、即ち感覚に映ずるものはすべて之を有情とし、神視したるが如き程度の神観から、次に稍々進歩したる自然教となり、呪物崇拝、偶像崇拝、生殖器崇拝、精霊崇拝、祖霊崇拝、死霊崇拝、トーテム崇拝、動物崇拝、植物崇拝、岩石崇拝等となつて分化し、漸次に多神教的神観に移つてきた。吠陀《ヴェーダ》の宗教、古代埃及《エジプト》、古代希臘《ギリシャ》、古代羅馬《ローマ》、北欧アリアン、古代ペルシヤ、ヘブライ、バビロニヤ、アッシリヤ等に起つた各宗教は、この多神教の例である。然し人類の文化的進歩は、つひに、倫理的宗教に於ける神観にまで到達し、その儀律的なものとしては猶太《ユダヤ》教、儀式的波羅門《バラモン》教、印度《ヒンドゥー》教、回々《イスラム》教等が存し、精神的なものとしては、哲学的波羅門教、ヘブライの預言者教、基督教、仏教等がある事は人のよく知るところであらう。

神は其の素材の方面より観るときは、天体、気象、地物、其他の自然現象の強大不可思議神秘なる力を神とするもの、人性一般、霊魂、死人、祖先、帝王、英雄、功労者等を神とするもの、是等に対して総合的なる観念論的原理、世界の創造者、主宰者等を神とするもの等がある。神人の関係に就ても、父とする者、主とする者、又師とするもの等があり、恩寵関係の範囲に就ては個人的なるもの、民族的なるもの、国民的なるもの、世界的なるものがあり、数に就ては一神、二神、多神、普遍等の別があり、属性には全智全能、永遠性、統一性、道徳性等があり、又我儘なものと見てゐるのもある。又自然法則の外に超然たりと見るもの、其法則に支配さると見るもの、其法則の根源と見るもの、客観的実在と見るもの、心理的又は道徳的なる要請と見るもの等千差万別である。今、これらを、実例であげてみると左の如きものがある。

1、自然の強大不可思議神秘力を神とするもの、たとへば天体崇拝、生殖器崇拝等。（其他自然教的なるもの多く之に列す）

2、人間性の中に原質的に神性を認むるもの、たとへば禅宗の是心即仏等の汎神思想。

3、生きた人間そのものを神とするもの、たとへば、アレクサンドロス大王、ギリシヤの英雄 Lysandros《リュサンドロス》, 乃至一般の Anthropolatry《人間神格化》

4、神を父等とみるものたとへばヂュピター又、基督教（『コリントス教書』八ノ六）、「父とは釈尊」（日蓮『御義口伝』）等。

5、皇帝を神とするもの、たとへばエヂプト王 Pharaoh《ファラオ》、バビロン王 Naramsin《ナラムシン》、其他の皇帝崇拝。

6、死人を神とするもの、たとへば、「新仏《しんぼとけ》」、「仏様《ほとけさま》になつた」等の語にあらはれたる乃至その他一般の Necrolatry《死者》

7、特に人生国家に功績ありしものの死したるを神とする思想、たとへば軍神広瀬中佐、その他、権化、権現等。

8、神を霊界の主たるのみならず特に人間界の王、主、師、親等とみるもの、たとへば、リグヴエダの因陀羅《インダラ》、法華経の主師親三徳偈《げ》の釈迦等。

9、霊魂を神とみるもの、荒魂和魂《あらみたまにぎみたま》、エヂプトの Ba《バー》, Ka《カー》, Khu《クー》, バビロニヤの Zi

の如き。
10、神を人類の道徳的要請とみるもの、たとへば、カントの実践理性批判の如き。
11、観念学的原理を神とみるもの、たとへば、孔子の天等。
12、神は世界の原因にして同時に創造者、且つ常一主宰者とみるもの、たとへば、梵《ブラフマン》、基督教のゴッド、Marduk《マルドゥーク》の如き。
13、神は全智全能なりとするもの、たとへば、基督教又、アッシリアのAssur《アッシュール》等。
14、神は無始無終の久遠《くおん》実在者で常に此世界にあつて衆生を護念するものとするもの、たとへば、法華経の本仏思想。
15、神を血族的なるものとするもの、たとへば祖先崇拝。
16、神を宇宙の秩序とみるもの、たとへば印度のリタ神の如き。
17、神を統一者と認めつつ然も猶神も服従すべき原理ありとするもの、たとへば、ギリシヤの宗教に於ける「運命」の如き。
18、神を唯一神とするもの、たとへば、「申命記」七ノ九に於けるヱホバの如き。
19、神は真善美のみの所有者とみるもの、たとへば基督教。
20、神は真偽善悪美醜の属性を有するも、ただ価値的にのみ動くとするもの、たとへば天台の性善性悪説。
21、神は善のみならず悪としても動くとするもの、たとへば、「列王記略」のヤーヴエーの如き。
22、神を国民的にのみ認むるもの、たとへば、古代のエヂプト、ギリシヤ、ペルシヤ其他の如き。
23、神を世界的に認むるもの、たとへば、基督教、仏教。
24、神を部族的にのみ認むるもの、たとへば、劣等自然教。
25、神は宇宙に遍満せりとみるもの、たとへば、いくたの汎神論思想の如き。
26、神は自然史的法則以外とみるもの、基教の神、又はアルラーの如き。
以上は、ほんの心に浮んだままに、列記したものであるが、これらの夥しき神観念に共通するものは何であらうか。これに就て、かつて、有名なる宗教学者チーレは、その豊富なる宗教史的知識を背景として、これらの夥しい雑多なる神観念に一つの共通性を見出して、

「人類の歴史の中に相次で起り、今日でも猶多くの差別のある神に関する種々な概念の中に表示されてゐる此永久的本質的要素は何であるか……其は本

質的不可離的に神の観念を構成して居る一要素を云ふので、宗教研究の達した結論は『神は超人的なり』といふにある。此は単なる先天的観念でなくて、精密に多方面から比較した歴史的研究の結果である……神格に関する在らゆる概念の中にある根本観念は力である。此力がどんな風に考へられてゐるにせよ（肉体的に考へるか理性的に考へるか、或は仁慈的力と考へるか悪意的力と考へるか）又どんな風に記述せられ定義せられて居るにせよ（賢く正しく神聖な力とか、或は総ての人を引きつけ世界の道徳的秩序を展開する愛の力とか、或は不可抗的恩寵の力とかいふ様に）、兎に角力の観念は恒久不変の要素である、故に力のない神は全く神たることは出来ない云々」（鈴木宗忠、早船慧雲両氏述『チ氏宗教学原論』三一二頁以下取要）

と論じた。勿論、これだけで、各種の神観の永久的不変的本質的共通性なるものを、完全に表現し得てゐるかどうかに就ては、斯学専門家の間に、おのづから賛否があるであらうが、すくなくも、共通性の最も顕著なるものの一をよく表明したものとはいへるであらう。この点に関し、ジエボンスの如きも、神観念起生の内在的原因にふれつつ、ほぼ、チーレと同断に達してゐるものといはなければならぬ。

これらの神観念の中には、単なる恐怖の如き幼稚素朴な動機から成立してゐるものもあるが、神を何等か実利の極致に観念化したものがすくなくない事は注意しておくべき事である。いづれにしても、恐しいから神としてまつるとか、重恩があるから神として尊崇するとかいふことは、東西古今に通じた神観念の重要なる観察点でなければならぬ。

然らば我が国語に「かみ」といふはいかなる意味かといふことに就ては、古来、諸学者の間に論争のあつたところであるが、帝国学士院第一部論文集の邦文第二号に、穂積陳重《のぶしげ》博士は「諱に関する疑」を発表し、その中に、「かみ」の語義説を十二大別して居られる。

一、「かみ」は「かむがむ」（要覧）の義なり。忌部正通（『神代口訣』）
二、「かみ」は「かがみ」（鏡）の義なり。山崎闇斎、度会延佳、僧契沖（『円珠庵雑記』）
三、「かみ」は「かがみ」（赫見）の義なり。谷川士清《ことすが》（『和訓栞』『日本書紀通証』）
四、「かみ」は「あかみ」（明見）の義なり。谷川士清（『和訓栞』）
五、「かみ」は「かむ」（噛、醸）と同意義なり。大国隆正（『古伝通解』）
六、「かみ」は「かみ」（上）の義なり。新井白石（『東雅』、『古史通』）貝原益軒、賀茂真淵、伊勢貞丈（『貞丈雑記』）
七、「かみ」は「かしこみ」（畏）の略なり。荒木田久老（『槻の落葉』）
八、「かみ」は「くしび」（奇霊）なり、黒川真頼（『日本上古史詳論』）
九、「かみ」は「かみ」（彼霊）にて牙の義なり。平田篤胤（『古史伝』）
一〇、「かみ」は「かくりみ」（隠身）の略なり。斎藤彦麿（『傍廂』）
一一、「かみ」は「かくりみ」（隠霊）の義なり。八田知紀
一二、「かみ」は「かくれ」（隠奇）「みつる」（満）の義なり。堀秀成（『加微二言考』）

尤もこれには本居宣長の説が出てゐないけれども、それは、たぶん宣長の説が、「迦微と申す名ノ義《こころ》は未タレ思ヒ得ず、（旧く説ることども皆あたらず）」（『古事記伝』三、（全二）一三五頁）といふ態度であるからであらう。されど、本居宣長の学説は、大体に於て神秘なるものを「かみ」といへる事は、左の文によつてうかがひ得る。

「さて凡て迦微とは、古御典等《いにしへのみふみども》に見えたる天地の諸の神たちを始めて、其を祀れる社に坐《ス》御霊《みたま》をも申し、又人はさらにも云《ハ》ず、鳥獣木草のたぐひ海山など、其余《ほか》何にまれ、尋常ならずすぐれたる徳のありて可畏《かしこ》き物を迦微とは云なり」

（『古事記伝』三、全一、一三五）

之に対して穂積博士の説は、「上《かみ》」を以て最も妥当なる見と主張して居られるが、加藤玄智博士又これに賛して居られる。（同氏『改訂増補神道の宗教学的新研究』三一三頁）右に引用した宣長の学説は、言語学的定義はしばらく別とし、内容からいへば、よく日本の一般的神観念を説き得たものとみるべきであらう。

吾等も又、大体に於て「かみ」とは上、勝れたるもの up, superior, top 等の義と見んと欲するものである。然し、それは、従来の学説の如く、いくたの概念を併列しておいて、その中の「上」の義を取るといふのではない。「かみ」の語の起源は、おそらく、今日の、上《かみ》、髪《かみ》、くしび、かがみ、あかみ等幾多の概念に分岐すべき原始体があつたものと思ふ。その原始観念態から、かくの如き種々の概念を生んだものとすれば、日本の「かみ」なる語には、その本源に於ては、これらの観念を総合するものがあつたであらうと推測することは可能である。

然しながら、かかる神の概念が出てくるのは、突如としてであるかといふと、さうではない。我が皇室を、「かみ」と称したに就ては、その称する迄に、「かみ」の観念を導き出すに足るだけの実際的功徳が積まれたものとみる外ないのである。然らずんば、思想は何等「物的根拠」なくして生じてきたものといふ非科学的見解におちゐるからである。これは単に、言語学的研究だけでは不十分であるから、日本には、いかなる神々がその神話に物語られてゐるか、そしてその神々の性質や機能は何であるかをみておかねばならぬ。

今、日本の神話乃至古典にあらはれた神の諸例を左に列ねてみよう。

一、造化神（天御中主神《あめのみなかぬしのかみ》、高皇産霊神《たかみむすびのかみ》、神皇産霊神《かみむすびのかみ》）

二、国土経営神（伊弉諾神《いざなぎ》、伊弉冉神《いざなみ》、等）

三、日　神（大日孁尊《おおひるめ》）

四、月　神（月読尊《つくよみのみこと》）

五、星　神（天香々背男）

以上三種は天体神

六、風　神（級長津彦命《しなつひこみこと》、級長戸辺命《しなとべのみこと》）

七、雨　神（高龗神《たかおかみ》、闇神《くらがみ》）

以上二種は気象神

八、火　神（火産霊神《ほむすび》）

九、水　神（罔象女神《みづはのめ》、水分神《みくまり》）
一〇、木　神（句々廼馳神《くくのち》）
一一、金　神（金山彦神、金山姫神）
一二、土　神（埴山姫神）
以上五種は五行神
一三、山　神（大山祇神《つみ》）
一四、野　神（草野姫神《かやぬ》）
一五、海　神（大綿津見神）
一六、河　神（河神、その名不詳なれど、『書紀』一系一ノ八、一ノ一九七、一ノ四一〇頁参
照。水分神などこれに属するか）
一七、草　神（草野姫神）
一八、食　神（保食神《うけもち》、大宜都比売神《けつ》）
以上五種は地物神
一九、酒　神（少彦名命、豊宇賀能売命）
以上二種は食物神

二〇、井　神（御井神）
二一、家屋神（屋船《やふね》久々能遅命、屋船豊宇気姫命）
二二、御倉神（宇賀之御魂神）
二三、竈　神（奥津日子神、奥津日売神、今木神、古開神、久度神《くどがみ》等）
二四、門　神（櫛石窓《くしいはまど》神、豊石窓神）
二五、医薬神（大己貴神、少彦名神）
以上六種は住居神
二六、航海神（表筒男神、中筒男神、底筒男神）
二七、旅行神（阿須波神、波比祇神）
二八、道祖神（岐神）
二九、直日神（神直日神、大直日神）
三〇、禍日神（八十枉津日神、大枉津日神）
以上三種は交通神
三一、障　神（八衢《やちまた》日古神、久那斗神）
三二、祓所神（瀬織津比咩《せおりつひめ》神、速開都《はやあきつ》比咩神、気吹戸主《いぶきどぬし》神、速佐須良比咩神）

三三、農業神（和久産霊《むすび》神等）
三四、工業神（天津彦根命、天目一筒《あめのまひとくの》神其他）
三五、商業神（神大市《かむおほいち》、比売神）
上の三種は産業神
三六、智慧神（思兼命）
三七、蕃　神（外国より来れる客神）
三八、兎　神（大穴牟遅神の故事によつて祀られたる白兎の神）
三九、亀　神（太詔戸《ふとのりと》命）
四〇、鳥　神（八咫烏、建角身《たけつぬみ》命、武夷鳥《たけひなとりの》命、日本武尊皇子の霊の白鳥《ちどり》）
四一、其他の動物神（神之正身《マサザネ》たる白猪（【日本武尊の伊吹山にてあへる。古事記】）狼、虎等の威神《かしこきかみ》（【書紀、欽明天皇】）
上の四種は動物神
四二、生殖神（幸神、御歳神、金精権現等々）
四三、石《いは》神《かみ》（多岐都比古命）
四四、玉　神（御倉板挙之神）

四五、現人神（代々の天皇）

四六、人　神（たとへば靖国神社に合祀されし神の如き）等々

以上は、日本書紀、古事記、古語拾遺、風土記其他の諸書に散見する若干例をあげて一般を大観するの便に備へたものである。而して、これを、更に性質的に考察するならば、チーレの所謂超人的力は、日本の各種の神観念の中にも、例外なく発見する事が出来る。されどここにいふ超人的といふことは、云ふ迄もなく宗教学上の超越神のことではない。超越神たると内在神たるとを問はず、一般に神の観念を分析して得たる一属性であつて、神とは何等かの意味で、普通凡人より超勝してゐるといふことである。回々教《イスラム》のアルラー、猶太教《ユダヤ》のヤーヴエー等の如き神人懸隔教に於ける超越神はもとより、大乗仏教等の内在神に於ても、その内在神の顕現せざる一般の人間、即ち凡夫に対して、霊格のあらはれた境界を聖或は覚者等と呼ぶのは、矢張り、神に何等か超人間理想境、超人的力を認めるからである。即ちこの点に於ては、日本の神も諸外国諸民族の神も等しく同じ属性を与へてゐるといはねばならぬ。最も幼稚なる劣等自然教にあつても、天然物崇拝或は庶物崇拝の対象として選ばるる各種の物象は、皆各々人間以上の存在として認められその信仰が漸次向

上進歩するに従つて、神も又漸次に霊力を加へ来るもの、而して更に漸次其の民族の特性に応じて変化発達し、遂に、恐怖の神となり、嫉妬の神となり、恩恵の神となり、食物の神となり、或は生殖の神、智慧の神等となつて、神としての各種の個性を具へて来るのである。漢字の「神」の字をみても、神道、神変、入神、神速、等といひ、孟子の所謂「聖にして不可知なる之を神と謂ふ」といひ、易の「陰陽測られざる之を神と謂ふ」（繋辞上伝）といふ等、何れも超人的力を意味する。

日本の「かみ」に就てみるも、狼、虎、兎等の動物、三輪山の如き山岳、その他の自然に「かみ」の名を用ひて「かしこきもの」とみたのも同じ意味である。すでに実例を示した通り、古事記、日本書紀等をみると、その中には幾多の幼稚なる自然教的神格の存在したことがわかる。神話生成の順序よりいへば、物語の順序は却つて生成の順序に反するものが多いものであつて、造化三神以下神代七代の神々には単に、抽象的な観念をば神格化したものも少くはない。即ち以てその生成の新しく且つ人為的であることを知るべきであるが、この自然教的神格の痕跡は、民族神話の中枢部たる天照大神を中心とする物語の前後に最も密集して存在してゐること に注意したい。日本の神話中にマクスミユーラーの所々 Agentism が存在した事は、

「復《タ》有《リ》二草木咸《ナ》能《ク》言語一」（『日本書紀』巻二）の一句にみるもわかることである。天然物或はその有する霊異なる力に対して崇拝を持つてゐた事は、「古事記伝」に宣長の古く指摘せる処であるから今更詳論するにも及ぶまい。海神の綿津見神、風神の科戸彦神、山神の大山津見神等々が、この天然崇拝の一進歩であることは疑ふべくもない。十種神宝の蛇の比礼《ひれ》、蜂の比礼、海神伝来の潮満玉、潮干玉等は呪物崇拝、「産霊」の名は神話学的に考へれば、生殖力の神化である事、日子、日女などの語より考へれば、太陽を以て皇室及び全民族のトーテムとしたものではなかつたかといふ事、一々に論及することは、本論文の主眼点でないから一切省略しておく。

然しながら、ここに特に注意しておかねばならぬ事は、これらの「かみ」と称せられるものがおほくは、この世界の創造とか天体とか、気象とか、五行とか、或は地物とか、その他、住居、食物、交通、産業等、いはゆる民福民利に関係ある実生活の反映とみるべきものであるといふ点である。従来の宗教学者は、この種の研究にあまり進んでゐないが、実生活の利害関係の反映としての「神」の概念に着眼しなければ、神といふもの、神聖といふ概念は、徹底的にわからないものだと予は確信ずるのである。かくてこそ、従来は、ともすれば、あいまいな神秘思想として認められてゐた神の科学的正体を知る事が出来るといふものである。

少しく、この書の性質としては深入りし過ぎるかも知れないが、序に、これらの神々の組織をみよう。

個々の神々を考察してゐる限りに於ては、各種の神が、みなそれぞれ独立的特色を有して存在してゐるとしても、それが、統一的方面をみると、我が神界組織は、まさに一神中心的汎神相と名付くべきものである。これは、確に、我国の国家組織の反映であるに違ひないが、試に、天照大神の磐戸がくれの話をみると、よく一神中心的な神界組織がわかる。書紀の文にいふ。

是ノ時、天照大神驚《おどろ》動キタマヒテ、梭《ひ》ヲ以テ身ヲ傷マシム。此ニ由テ発慍《いか》リマシテ、乃チ天ノ石窟ニ入リマシテ、磐戸ヲ閉シテ幽居《こも》リマシヌ。故レ六合ノ内常闇ニシテ昼夜ノ相ヒ代ルヲ知ラズ。時ニ八十《やそ》万ノ神タチ天ノ安河ノ辺ニ会合《かむつど》ヒテ、其ノ祷ル可キ方《さま》ヲ計ラフ。

又、「古事記」をみると。

「故《か》レ、高御産巣日神、天照大神ノ命以テ、天ノ安ノ河原ニ八百万ノ神ヲ神集ヘニ集ヘテ、思金神ニ思ハシメテ詔リタマハク、此ノ葦原ノ中国ハ我カ御子ノ知ラサム国ト言依サシ賜ヘル国ナリ。故レ此国ニ道速振荒振ル国ツ神ドモノ多ナルトオモホスハ、何レノ神ヲ使ハシテカ言ムケマシトノリタマヒキ」

とあるのをみても、一神中心的多神の組織が明瞭である。故に、吾人は曾て此点に就て卑見を左の如く述べたのである。

「以上述べた所謂自然教的信仰の対象たる各種の神の存在は必ずしも日本神話の特色とするに足りない。是は世界各民族の神話伝説の中にも、余りに多くの例証が存在してゐる。日本神話も又其の一般的な傾向から免がれないで、何時の時代にか、さういふ神を崇拝した時代のあつた事を、神話の中に種々に変形して語り伝へたものである。然るに其の自然教的神、それは全く多神教的或は万有神教的傾向を有するものであるが、その神話系統の中に天照大神が導入される事によつて、この多神教的神界は、統一を与へられた。所謂人格的理想境としての天照大神が、諸神中に未だ曾てなき「霊異」なるものと認められ、聖の極致として考へられると同時に、実に天照大神は神界なる高天原の主宰者の地位を定められた。そして天照大神が神界の主宰者たりし動因は、希臘神話に於て其の神界の主宰者たるツオイスが生父たるタイタン族の王クロノスをば、電光雷火を以て攻撃し、遂に之を鉄鎖に繋ぎて幽府の獄に投じ、以て神界の主となれりといふ残忍暴逆なる行為にあらず、巨魔イーミルを殺して殺戮闘伐の中に神界の主たりし北欧神話のオーヂンの如くならず、全く平和の裏に自ら主宰者の分に定められたりといふ、この神話の示す所、仮令希臘《ギリシャ》独逸《ドイツ》のそれがある自然現象に対する擬人的解説であるにせよ、其処にその神話生成時代の民族の実質が反映してゐる事を否定する事は出来ない。天照大神が平和裏に而して先天的に神界天の主宰者に定められたといふ神話は、即ち其の当時既に日本民族の主宰者が平和裏に而して先的にその地位を定められたものと信ぜられてゐた事を物語る。又異民族との接触を物語る国譲りの談判の如き、又一部の意見の如く、素盞嗚尊が所謂出雲系神話の創造神であるとして解しても、それが高天原即ち天照大神の主宰する神界に於て取扱はれてゐる待遇の如き、其処には何等武力を振りかざして侵略し或は理を曲げて弱者を虐げるといふが如き事を是認した反映を見出さない。素盞嗚尊《すさのおのみこと》月読尊《つくよみのみこと》以下其名を挙げる事さへ容易でないかの夥しき神々の系図は実に諸の部曲《かきべ》の民を統率し給へる民族の大宗家たる皇室の威儀を物語るものでなくて何であらう。あらゆる偏局、散乱、多岐、雑多な、そして各種の幼稚なる自然教的性質を帯びた八百万の神々が、人格的理想境たる天照大神に、百官万民が天皇を仰ぎ奉るが如く、統率され代表されてゐるといふ、是が日本神話の神界の特色である。」（拙著『日本国体学概論』一三〇―一三二頁）

かく、建国説話の体系を観察するとき、建国の規範事実としての神とは即ち天照大神であつて他の神々は、一切この天照大神をば点出せんがため、又は、現皇室の太祖としての天照大神をば設定せんとする為の方便的存在に過ぎなくなつてしまふのである。勿論、今日の国体主義学者やその他の人々の中には、古事記や日本書紀に書かれてゐる神々を、史的実在者だと思つてゐる人も多々あるが、それらは、科学としての歴史学の前には何の権威もない観念的信仰に過ぎぬ事は今日最早や否定し得ない事に属する。

すでに、一般的神観念、又、日本に於ける一般的それに就て、大要を述べたから、今や、我国に於ける神観念の中枢たる天照大神に就て考察を進める段取りとなつた。天照大神の研究に於ても、種々なる立場があり方法があり、従つて学説内容を異にするもののあることだけは、改めて述べるまでもない程、誰しも知つてゐる。今、本書に於ては、極めて簡略にそれらの学説を一瞥し、然る後、吾人の見解を示す事にする。

天照大神に関する学説は、学者各自の立場から様々に論ぜられてゐて、未だ必ずしも統一を得てゐるとは言ひ得ない状態である。

最も古いものでは、天照大神の実在性及び其神格の記述に就て記紀の記載の通り、何等の疑を挟まなかつた。例へば神皇正統記の如きそのよき一例で、伝統が如何に怪奇でも、之に疑の眼を以て解剖を試み、又は其の不合理を調和せしめるために特にある種の解釈を加へるといふ事はしなかつた。即ち天照大神は日向の橘の小門《をど》の檍原《あはき》の禊の際に伊弉諾尊の左の御目から生れ給うた女神で、現に天空にかかつてゐる日輪が即ちそれで、その日輪たる天照大神は同時に伊勢の神宮なり、宮中の賢所なりに顕現あらせられ、又代々の天皇の御魂に入り替らせ給ふと、この通りに文字通りに信じて、何等の疑をも挿まなかつたのである。然るに漸次国民の理智が発達して来るに従つて、是等の素朴なる信仰に対して疑が発生し、その疑を解決するために、種々なる学説が生ずるに至つた。其結果として、実在性の上からは、古伝説其ままを実事として認承せんとする者と、之を比喩其他の仮構と見るものとの間に論争が行はれ、其普遍性の上からは、仏教学徒の本地垂迹《ほんぢすいじやく》説、儒教学徒の陰陽説等と、国学者の反対説とが交論され、又太陽と天照大神との同一非同一の論、天照大神の男神女神の論、天照大神と呉泰伯との同一非同一の論、其他の信仰的欲求と理知的欲求との葛藤が種々の論議を生むに至つた。例へば本居宣長の如きは、橘守部、上田秋成、片山蟠桃などの疑惑と反対し、あくまで記紀記載の通りを信ずべしと主張する。

此より前には、月日坐ことなし、然るを世の識者、月日は天地の初発より自然ある物とし、天照大御神月読命をば、別なりとして、説を立るは、何の書に見えたるぞ、古い漢籍の理に溺れたる己か私ごとにて、甚古伝に背けり、若月日本より坐々《ましまさ》ば、今茲成出坐るは何の神とかせむ、日神とあるなどをば、なほ日とは別なりと説曲ぐとも、書紀に、日月既生などともあるをば如何とかせむ、ひたぶるに外国の書の理説にのみ泥て、如此《かくのごとく》さだかに、成出《なりいで》坐る始を記されたる、御国の正しき古伝を信ざるは、いみじき邪説に非や、又漢人のいはゆる陰陽の理を以て万を説は、みな誤なりと云と、首巻にも悉く云り、若実に陰陽と云ことあらませば、今此大御神は、左御目より成坐て、日神に坐々ば、必男神に坐べきに、女神に坐々て、返て右御目より成坐る月神しも、男神に坐は如何ぞや、………ここに伊勢人龍氏が云らく、日神月神者、有《シ》二人之貌一身《ヲ》帯《ブル》二光明《ヲ》一者、非《ズ》二外典説陰陽之精者《ニ》一、仏経説曰天子月天子者也、日月二天子、人二其形一、来二臨《ス》仏会《ニ》一、而《シテ》聴《ク》二説法《ヲ》一、今時説《ケル》二神書一者《ニ》、日神月神、与二懸空日月一、為二各別解一、未《ダ》レ聞《カ》三古人為《ステ》二其説《ケル》一、孰《いずれか》信レ之哉と云り、この説、仏書に溺《おぼれ》て、日天子月天子と云、来二臨《ス》仏会《ニ》一など云るは、同誤にて、云にも足ざれども、世人の漢籍に溺たる誤をば、能弁へたり、（『古事記伝』巻六、全集、一、三一〇―一）

其他『伊勢二宮さき竹の弁』『玉くしげ』『呵刈葭』『葛衣』等何れも同一の態度を示したものであるが、彼も又不知不識の間に、記紀の記載以上に、自らの宗教的欲求に従つて、大神の神性を変更してゐる事は、村岡典嗣教授が『玉勝間』を引いて説明して居る通りである。

「然るに一方には、彼は、万物を神意の発現と解し、その神意に対して絶対的に帰依信頼の情を捧げるといふ一層高等な敬虔的信仰を有してゐた。前者の自然宗教的信仰が彼に於いて真面目な信仰であつたと同様に、後者もまた彼が切実に経験してゐた宗教意識であつた。」（『本居宣長』四九八—四九九頁）

その「玉勝間」の本文は、十四巻の「神の恵み」であつて、

「世にありとある諸々のこと、みな神のみたまにあらずといふことなし」（全、第八、四三九頁）

とある。かういふ点からいへば、宣長には、一種の神学説 Theological view もあつた事がわかる。それは、天照大神を以て太陽を統治する神とみた「古史徴」の平田篤胤の学説の根拠ともみなすべき、服部中庸の「三大考」に掲げた宣長の跋に参照してもわかる。服部中庸は、宣長の弟子であるが、然も、其師の太陽説とは反対に、

「日ぞ即高天原なりける。されば日は天照大御神には非ず、其所知看御国にして大御神は日の中に坐ます神なり、日の光と見ゆるは実は日の光にあらず、天照大御神の御光にぞありける」

と曰つてゐる。かかる学説を吐いた「三大考」に対し、宣長は

「はとりの中つねが、此あめ、つち、よみのかむかへはも、さとり深く物よくかむかふなる西の国々の人どももも、いにしへよりいまだえかむがへ出ざりし事

をし、めづらかにも考へ出たるかも、くすしくも考出たるかも。かくてこそ高天原も夜之食国もいぶかしきくまなくあからひぬれ云々」

といふ跋文を書いてゐるのである。

次に仏教学説をみると、これは、仏教々義の仏身観を天照大神の上に運想したものであつて、一面からみれば両立しつつありし二つの信仰を調和融合せんとしたものであり、他面からみれば我国の天照大神意識が外来信仰を統一する本質的なものがあり且つ大乗仏教の仏身観としてもその教義の本質的発展として天照大神に結合したものである。それらの学説の個々の説き方には、可成り牽強付会のあとがある。けれども、仏教の教理そのものには元来、天照大神と仏陀とを融合し得べき思想的根拠がある。これは、早く漠然たる形ではあるが、霊亀元年に藤原武智麿の神宮寺建立に端を発し、漸次に学説的建築が出来あがつて、つひに本地垂迹説となつた。「元亨釈書」（第十八、『大日本仏教全書本』三五二頁）に、聖武天皇の東大寺建立に関し、行基に託した本地垂迹説があらはれてゐる事は、すでに皆人の知る処である。かくてこの学風は、仏教の盛になるにつれて次第に勃興し、天台学派の山王一実神道、真言学派の両部神道、日蓮学派の法華神道など、続々と唱導されたのである。

北畠親房にしても一条兼良にしても大なり小なり仏教学説に影響されたものは頗る多い。吉田神道なども又その例に漏れない事はいふ迄もないことであらう。これらの仏教学説は要するに、仏身観に立脚して、或は天照大神を以て大日如来の垂迹《すいじゃく》と為し、そこから更に大日本国とは、大日（如来）の本国といふ様なコヂツケ説をさへ生じたり、或は、「延暦寺護国縁起」の如く、法華経譬喩品《ひゆほん》の今此三界皆是我有の三徳偈を根拠として、日吉大比叡明神の本地を釈迦とする説が生れたりしたものである。今試みに、橘三喜の『神道庚申縁起』に載引したる「名号観口伝」なるものを引いてみよう。

「天照大神と音にとなふる時は、顕露教にひかるる故に、穢不浄を忌事あるべし、阿麻弖羅須巣売袁保牟賀弥《あまてらすすめおほむがみ》と唱る時は、隠幽の教たる故、全く穢れ不浄をいまざるものなり」（『神道叢説』一五七頁）

これ明かに真言密教の金剛胎蔵観の応用であることはいふまでもあるまい。

次に神道学説をみよう。神道と一口にいつても、それには両部神道といはれるものがありその中にすらいくつかの分派があるし、又、荷田春満に出発して賀茂真淵に伝承し、本居、平田に至つて大成した古学研究派或は国学派の復古神道もあり、更に、惟一神道、朱子学と宗源神道とから新に生まれた山崎闇斎の垂加神道等もある。又、別に神社神道と呼ばれるものもあれば、更に井上正鉄《まさかね》の禊教以下、黒住教、天理教、金光教等各派を包含する宗派神道もある。従つて、一律にはいへないが、(たとへば、宗派神道の一たる大社教の如きは、その至上神格は大国主神であるが如き) たいていは、その宗教の至上神格として天照大神を仰いでゐる。現代に於ける神道学派の人々といへどこの点は同じ事で、その近き一例として、筧克彦博士の所説を例示しておかう。

「天照大御神様は人間の御祖先、人間の本質の神様であらせられ、皇室は此の貴い天照大御神様の御本系であらせられ、日本民族は其の嫡出子でございます。嫡出子中の御本系は皇室であらせられます。…………天照大御神様は和魂の神様に在はして唯天照大御神と申し上ぐれば和魂《にぎみたま》の本源たる神様の義でございます。然も尚荒魂《あらみたま》をお欠き遊ばす次第ではございませぬ。但し天照大御神様が荒魂をお持ち遊ばす事は容易に窺ふ事の出来ませぬのみならず、荒魂の神様としては、其の御名をも撞賢木厳之御魂天疎向津姫命《つきさかきいつのみたまあまさかるむかつひめのみこと》と申し上げます。…………伊勢神宮の内宮様の御本宮には天照大御神様即ち和魂の神様を御祀り申し上げ、別宮様の荒祭宮に撞賢木厳之御魂天疎向津姫命様をお祀り申し上げてございます、宮中の賢所は応神天皇様の御時から、天照大神様として和魂のみを御祀り申し上げ之に応じ給ふ荒魂は摂津の官幣大社広田神社に御祀り申し上げてあると言ひ伝へて居ります」（『神ながらの道』一八六―一九六取要）

要するに、伝説の絶対的承認の上に立つ教義学的見解が、神道学説の光彩であるといへる。

又熊沢蕃山の著と称せられる『三輪物語』の如きは、各種の解釈を羅列し、殊に呉泰伯説を支持してゐる点に於て特色あるものでもあるが、是等の例証は挙げる必要の無い事と思ふ。

今日にあつては、天照大神は、或は宗教学上から、或は民俗学上から、或は神話学上から、種々な解釈が施されてゐる。神道、仏教、儒教等の教義上の内面統一を計る為めの解釈は、今茲には必要はない。又右の諸の近世科学的解釈も、本研究の上からは絶対的に必要なものではない。

勿論《もちろん》、或は宗教学的研究の結果や、或は民俗学的研究の結果なども、参考として役立つことはあり得るが、それらの学問の取扱つてゐる限りの天照大神は、直接、

国体研究の対象ではない。国体研究としては、それらの諸研究を、一般的立場に於
て承認する丈けの事である。たとへば、天照大神が、太陽そのものであつたか、太
陽を統治する神であつたか、或は、沼田順義の曰ふが如く、太陽の徳の如き神であ
つたから日神と崇めたのであるか、といふ風な研究は、国体研究の直接対象ではな
いと信ずるのである。故に、この種の問題に就ては、たとへば、
「だから日神を皇祖神とする最初の企図が、民間信仰に於いて日を最高の神と
してゐたからだと見ることは困難であらう。それよりも寧ろ日が天にあつて此
の国土を照すといふ自然界の現象と、皇室が此の国を統御せられるといふ政治
上の事実との間に並行を認め、此の二つを結びつけて皇室を日に擬したとすべ
きではあるまいか」（『神代史の研究』一一三頁）

と云ふ津田左右吉教授の意見に敬意を表しておいてよいのである。すくなくとも、
たとへ国体研究の消極的方面に於て、一般的学の立場に立つて、これらの諸学説に
賛意を表し又は否定することがあつても、その積極的方面に於ては、それ等の研討
外にあるべきである。いひかへれば、天照大神が実在せる御方なりや否やの研究は、
国体研究の直接問題でない。

然らば我等の立場からは天照大神を如何に解釈するか。これはすでに拙著『国体認識学』に述べておいた事ではあるが、第一に、それは一般民衆が教へられてゐる様に、一個の史的実在人を意味するものではない。日本社会に於ける天照大神は、一面には皇室の御祖先として認められる。皇室の御祖先である限り、そこには血統上の実在人格のましまま事は否定出来ない。然し単にそれだけならば、皇室の御祖先は、ただ天照大神の御名によつて表はされた一実在人格のみに止まらず、その以前又は以後の数多くの御祖先をも意味しなければならない。何が故に是を天照大神御一人に限るのか、少くとも記紀の記載からいつても、一層前代に溯る事が許されさうなものであるのに、皇室祖先たる神の認識は、天照大神に限られてゐる。即ち皇室の御祖先たる意味に於て、それを天照大神と名くるにせよ、又は伊弉諾尊と名くるにせよ、茲に実在人格のましました事は否定出来ない。けれどもこれを特に天照大神なる御名で表はす時、その実在性に於ての意味は、全く皇室の代表的御祖先として認められる。即ち天照大神は、個人的なる実在性には論なく、遠く皇室の無限の先祖を代表せしめた神格であるといふ事が出来る。予は之を代表祖先説の名を以て呼ばんとするものである。

第二に、天照大神は、国家統治の先天的意志主体として表現された人格である。これは或は国家結成以後の、或は建国当時の、民俗的信念欲求に過ぎなかつたかも知れない。此事は反対に天照大神を国家統治の先天的意志主体とする事は少くとも建国当時に於ける、民族の信念欲求であつた、といふ風に表現する事が出来る。この性質は、天照大神が日神であらうとなからうと血統上皇室の御祖先であらうとなからうと、否定し去る事の出来ない性質である。即ち、天照大神は、単に民族の信念欲求から仮想的に造り上げられた観念的神格であつても、猶且つ、建国当時の民族意識として、国家統治の先天的意志主体の存在が肯定された事、その意志主体が天照大神の御名を以て表現されたものであるといふ事だけは否定出来ない。

天照大神には、以上二面の性質が備はつてゐるのであるが、しかもこの二条件は、各別に分離すべきものでなく、皇室の血統上の御祖先が即ち国家統治の先天的意志主体であると見てゐる事は、各種の資料の明示する所で、今更論議する迄もない。之を要説すれば、天照大神は、皇室の御祖先としての実在性と、目的論的意志主体としての、民族の信念欲求との二つの基礎を有せられ、従つて純粋なる客観的実在人格にもあらず、又単純なる想像人格にもあらず、日本民族の社会生活に於ける統制的行動形態の求源的欲求を満す人格の理念であるといふ事が出来る。

其他は今論ずる要はないが、天照大神の観念形態に就て、もう一つ注意すべき点がある。それは何であるかといふと、我が天照大神にあつては、総合的統一の包容力がその神性の中核となつてゐることである。これは、やがて、日本民族の宗教的意識の反映とみられるけれども、とにかく、天照大神の神格は、一切の仏、菩薩、神等を総合的に包容して、これに一大統一を与へ得る現実的性質があることを見逃すことは出来ない。高天原に於ける神々の統一に終ることなく、凡そ日本に交渉を持つ一切の神格を統一する可能性がその神格に内在してゐる。基督教の神は、それ自身に於て絶対でも、範疇の異る世界を支配する事は出来ない。たとへば、仏教に於ける仏陀、菩薩、儒教に於ける聖人、これらのものを統一する何等の内包がない。その点では、仏教の神観念の方が、遥に統一性がある。例之《たとえば》、法華経寿量品《じゅりょうほん》の本仏思想の如き、理論的には一切の仏菩薩でも神々でも統一し得る大規模をもつてゐる。

「我レ成仏シテヨリ已来《このかた》復タ此ニ過グルコト、百千万億那由佗阿僧祇劫《なゆたあそうぎこう》ナリ。是レヨリ来《このか》タ我レ常ニ此娑婆《このしゃば》世界ニ在テ説法教化ス。又余処ノ百千万億那由佗阿僧祇ノ国ニ於テモ衆生ヲ導利ス。……処々ニ自ラ名字ノ不同年紀ノ大小ヲ説

ク……或《ある》ハ己身ヲ説キ或ハ他身ヲ説キ或ハ己身ヲ示シ或ハ他身ヲ示シ或ハ己事ヲ示シ或ハ他事ヲ示ス」（法華経如来寿量品）

といふに至つては、ありとしあらゆる神観念を統一したる一大神格なりといはねばならぬ。勿論かかる仏陀観は、仏教に於ても、唯、法華経に限られたのではあるが、その基礎となるもの、又かくまでに完成してはゐなくてもほぼ同一傾向の思想は、幾多の経典に説かれてゐる。かの両部神道の如きも、畢竟《ひっきょう》するに、かかる仏教そのものの教理的根拠が、ある程度迄意識的に動いた結果とみてさしつかへない。乃ち教理的には、仏教は、日本国をも仏国土として、天照大神をも、仏陀の化身として、又は分身として包容し得たのである。理論的観念的にはまさに然《そ》うであつた。然るに、事実的現実的には、釈迦も大日も孔子も皆、天照大神の一大神格によつて統一せられたのである。妙楽の引用せる「清浄法行経」によれば、

「月光《がっこう》菩薩彼《かし》コニ顔回ト称シ、光浄菩薩彼コニ仲尼ト称ス、迦葉《かしょう》菩薩彼コニ老子ト称ス」（『摩訶止観輔行伝弘決』六）

とある。儒教道教等に於ける最高聖位にある孔子老子等にすら、菩薩の称号を許したに過ぎないが、我国に於ては、天照大神に対し仏教の至上人格を以て擬しない限

り、到底認容されなかつた事は、注目すべき点である。然し、それは未だ観念の問題であるが、仏教にしても儒教にしても乃至基督教にしても、それが日本の国家内に、即ち天照大神の神格によつて統一されてゐる日本国家内に生存する以上、それらのいかなる宗教観念を以てしても、微塵も天照大神の位置を動かし得ないのみでなく、むしろ逆に国家によつて保護されてゐるといふ一事、これ実に、国家の代表祖先たる天照大神によつて、すべての観念的神格が現実的に統制されてゐるに外ならない。而してその根拠は即ち天照大神の御子孫としての万世一系の皇室の統治下にある我が日本の生活的要求にあるとみる事は決して単純な臆断ではなからうと思ふ。与へつつ然も自然に奪つてゐるのは、天照大神の神性が単なる観念形態でなく、日本国家といふ民族的社会生活の現実的社会性の上に支持されてゐる神格だからではないか。大神がかの斎庭の穂を以てまかせたまふといひ、歴代の天皇みな大嘗を以て第一の大典としたまひし等の事は、悉く、民命を保護し、活計を監護したまひたる現実的社会性を意味するものである。然もこの現実的社会性はかの浅薄なる唯物思想とは又おのづから趣を異にし、神の崇敬の中に現実を止揚し、現実の解決の中に遥に高く神の思想に通ふところ、けだしこれ日本国体の根本的精華と称すべきものである。

吾人は、神の観念や、天照大神に関する信仰観念の諸形態を、余りに詳論し過ぎたかも知れないが、それは、我国に於ける天照大神観念が決して、単なる形而上的信仰によつて以心伝心的に維持されてゐるものでなく、もつぱらその現実社会性の実力的背景によつて、かくも長年月、厳然として尊崇の対象たり得た事を明かにせん為の文献的用意に過ぎない。そこで、現今以後の問題としては、単に、有難い過去の神様として宗教的信仰によつてのみこの神観念を維持するか、或は刻々に現実的に社会的生活の実果として維持されるといふ事である。

かくて、さきに中断せし、天皇神聖論は、その以下を引用すべき時となつた。

> 日本の歴史でもこの各国に比類なき長年月の間には、汚点の数ふべきもののある事は認めざるを得ない。吾人は日本歴史を全美なるものと偽り歴史美即国体と一概に主張せんとするものではない事は、既に旧著「国体に対する疑惑」に於ても述べておいた通りである。日本書紀の武烈天皇紀、雄略天皇紀、清寧天皇紀、神功皇后紀、古事記の垂仁天皇記、允恭天皇記等に散見する様な忌はしき事もあつた。又、道鏡の覬覦、藤原氏の横暴、保元、平治、承久、元弘の

諸乱、徳川幕府の皇家圧迫等の厭《いと》ふべき事件もあつた。かく皇族間の争闘もあつたし臣下の下剋上もあつたけれども、茲に注意すべき一事は、諸の下剋上は、みなある特定の権力階級がおのれの権利地位等を確保する為に皇家を圧迫し、或は反逆したものであつて、外国に於ける幾多の事例、即ち王朝の無慈悲に対して国民が結束して反抗したのとは性質が根本的に異るといふ事である。

西洋の王朝革命には、国民の憤怒によるものが多いにも拘らず、日本には権臣が下剋上をした例はあつても、国民が皇室をうらんで謀反した歴史はない。これ頗る注目すべき要点である。その辺を理解しないで、二三の汚点をあげ、以て日本歴史の無価値を立証せんとするが如きはまるで転倒した量見である。かくの如き皇室を国家的には君主として戴き、血族関係的には宗親《そうしん》として戴いてゐる以上、そこに現人神の思想、「天子様は有難い」といふ情操が成立するは、むしろ当然といはねばならぬ。即ち、天業の当位者たる天皇に対する国民の神聖感は彼等が祖先代々蒙り来れる国家的生活の実利に根底せる信頼感謝報恩の念、血族関係の自覚に根ざせる感激、景仰、名誉の念とが両々相寄つて凝結しつひに神秘化された実感である。「人」に対する神聖感はさうたやすく湧きあがるものではなく、ながき功徳の伝統あればこそ自然に湧きあがるのである。所謂源遠ければ流れ長しの格だ。いくら、皇帝みづから、或は侍臣たち、或は憲法上の法文が、「皇帝は神聖」なりとした処で、出来星のにはか神聖では、国民の実感の中に生きてゐない。伊太利の憲法には、皇帝神聖が明記してあるが、形式上はとにかく、伊太利国民の実感になつて動いてゐるだらうか。英国にも欧州一の古い王朝がある。「キングは立派な紳士である」といふ様な讃辞は、著者滞英中何度も聞いた事があるが、皇帝神聖なりとする実感など到底英人の持ち得ざる処であらう。真宗の頑迷信者の眼に大谷句仏が神聖視される事は可能であつても、西洋の皇帝などがその国民に神聖視される事は先づ無いといつてよい。即ち彼等に於ける憲法上の皇帝神聖こそ即ち純然たる法律上の意味以外何ものもないのである。

然るに日本に於ける天皇神聖は、単なる憲法上の方便的規定ではなく、万世一系の天皇に約していへば、天皇が神聖であるか否かは、皇統の天壌無窮か否かを決定する本質的問題であり、国民に約していへば天皇神聖は古来の伝統的実感そのものである。故に憲法の条文もこれを無視する事は不可能である。天皇が本質的に神聖であるかないかといふ事は、実に日本の国家が皇統国家としての運命を決定する大問題だ。

かくてこの神聖観念を憲法の意味から除外しようとする法律学説などはもう到底一日たりとも存在の価値なき愚説である事がわかる。

然るに、現人神の信仰家は、いつしか、かかる神聖のよつて来る原因を忘れて了つて、単に結果としての神聖観念に膠着《こうちゃく》してゐるのである。而して一層重大なる問題は、「神聖」といふ固定観念が、超時間的に又超空間的に存在してゐるのではなく、それは、社会の行動によつて織り為してゆく時代の形態に応じた天皇の御統治の事実が意識的に民衆に把握せられてゆくものだといふ事である。然も、天皇の統治は、総攬の君意と扶翼の民意と抱合するところでなければならぬのが、日本の君民於道一致の国体であるから、人民の側からいへば、天皇の神聖は全国民協力一致、責任的に皇運扶翼するところに確保されるものだ。人民の皇運扶翼を内含しない天皇神聖は無いのである。この皇運扶翼は全国民の責任ではあるが、就中、その重きに従つていへば、政治家官吏等である。故に、これらの人々にして、社会の行動形態の変化に対し、公平無私の洞察を有して所謂神武天皇の大人立制義必随時的に、皇運を扶翼し天業を恢弘し奉らないならば、自然天皇神聖を冒涜する事となり、従って、国民の一部には、天皇神聖を否定する様な者も出てくるのである。然るに、かくの如く、時代、社会の行動形態を看破する事なく、従って、その社会に適切なる皇運扶翼を試みない処に責任を痛感することなく、単に、過去の神聖理由を以て現在の信仰としてゆくのは、これ、天皇神聖を観念的に化石化するものだ。然し又、天皇神聖を否定するものも浅見にして、神聖を単なる信仰観念だと迷信してゐるのである。天皇は人民から孤立して自然に神聖であり、而して、人民は天皇神聖とは無関係で勝手な熱を吹いてゐてよいなどといふ馬鹿な道理はあり得ないではないか。肯定する者も否定する者も、共に深く考へなければならぬ事は、天皇神聖は恒《つね》に、君民協力一致してゆく実生活の過程の中に実証すべきものだといふ一事である。即ち、日本の国民の中に、一人でも、天皇神聖に対して邪想をいだく者があれば、それは国民全体の大責任であつて、どこかに、社会的欠陥があるのではあるまいかと反省し、以て日に新にして又日々に新なる無窮の皇運を創造しようと考へなければならん。この要諦《ようてい》を忘れていかに古文書や古歌などを引証して天皇神聖論を試みても、これみな去年の暦、昨日の食に過ぎない。国民は、もう一日も早く、恐るべき観念論の中毒から解放されなければならぬ。業火は三界に紅蓮の焔を吐いてゐる。マゴマゴしてゐる時ではあるまい。

七　古来の忠義論とそれの現代的無力

1、古来の忠論の概要

忠義といふと、今では日本道徳の骨目を為してゐて、我国の独得なる道徳の如く思はれるが、文字が支那のものである丈けに、道徳論としては可成《かな》り、支那思想に影響されてゐるところがある。

支那に於ける忠義観念といつても、細密に分類すれば種々なる思想系統がある事は勿論であるが、「忠」なる文字に就て、まづ二三の字典をみるに、説文に云く

忠ハ敬也、

玉篇に云く

忠ハ敬也、直也

康熙字典に云く、

忠ハ敬也、無私也、直也、厚也、……内ニ其心ヲ尽シテ欺《あざむ》カザル也

等とある。而してその用例をみるに、忠信（『論語』述而）、忠恕（『論語』里仁篇、『中庸』）、忠徳（『左伝』文公元年）、忠義（『三国魏志』斉王紀）、忠勤（『孔叢子』）、忠厚（『詩経』大雅）、忠節（『漢書』師丹伝）、忠賢（『漢書』元帝紀）等の熟語がある。忠といふ字が、中心を尽し偽りのないといふ合意文字であることは論ずる迄もないが、その使用例は頗る多端であつて、一概に定義が下せないこと、右の諸熟語をみてもわかる。故に一般的には『白氏文集』の「諷諭」に所謂以直為忠といふ様な、まこと、無私、正直などの義を忠といつたものであらう。「忠義」といふことを、心理的に分析してゆけば、無私とか、正直とかいふことになるのは、必ずしも支那のみではなく、印度思想に於ても、又、西洋思想に於ても乃至、日本思想に於ても共通する事実である。

『続日本紀』巻一をみると、宣命の中に、

天皇朝廷《すめらみかどの》敷賜《しきたまひ》行賜幣留《おこなひたまへる》国法乎《くにののりを》過犯事無久《あやまちおかすことなく》明支《あかき》浄支《きよき》直支《なほき》誠之心以而《まことのこころをもちて》、弥称称而《いやすすみすすみて》、緩怠事無久《たゆみおこたることなく》務結而《つとめしまりて》仕奉止《つかへまつれと》詔《のりたまふ》

とある。この外、天平十五年の聖武紀には明浄心とあり（『続日本紀』）、淳仁天皇紀其他にも明浄心、明貞心などとあつて、いづれも臣民が天皇に対する忠を意味せし

めてある。『古事記』をみると、須佐之男命上天のところに

ウルハシキ心ナラジ

とある。又、須佐之男命が天照大神に申しあげる言葉の中に

アハキタナキ心ナシ

とあり、大神の御言葉に

ミマシノココロノアカキコト

とある。日本書紀の神代巻には、「忠」字を用ゐて、

高皇産霊尊、賜天稚彦ニ鹿児弓及神羽々矢ヲ賜ヒ、以テ之ヲ遣ハス、此神モ又

忠誠ナラズ

とある。これらは、いづれも、我国に於ける忠のいかなるものなるかを原始的な形であらはしてゐるものとみてよい。明浄心、あかき心、うるはしき心、これらの暗示するところは、単に語義からいへば漢字や、西洋語に於ける観念と、共通のものもあるといはねばならぬ。然し、忠の主観的心理は共通であつても、忠の対象が、漠然たる他人であるか、或は事物であるかによつて、実際問題としては相違が生じて来るのである。我国に於ける忠の本義は、天皇に対する忠といふことであつて、

かの万葉集の十八に大伴宿禰家持の、「陸奥国より金を出せる詔書を賀ぐ歌」として左の如きものがある。

葦原の　瑞穂の国を　天降り　しらしめしける　天皇《すめみま》の　神の命の　御代重ね　天《あめ》の日嗣《ひつぎ》と　しらし来る　君の御代御代　敷きませる　四方《よも》の国には　山河を　広み淳みと　奉る　御調宝《みつぎたから》は　数へ得ず　尽しも兼ねつ　然れども　吾大王の　諸人を　誘《いざな》ひ給ひ　善き事を　始め給ひて　金《くがね》かも　楽しけくあらむと　思ほして　下悩ますに　鶏が鳴く　東の国の　陸奥《みちのく》の　小田なる山に　金ありと　奏し賜へれ　御心を　明らめ給ひ　天地の　神相納受ひ　皇御祖の　御霊助けて　遠き代に　かかりし事を　朕《あ》が御世に　顕してあれば　食国《おすくに》は　栄えむものと　神ながら　思ほし召して　もののふの　八十伴《やそとも》の雄をまつろへの　むけのまにまに　老人《おいびと》も　女童児も其が願ふ　心足ひに撫で給ひ　治め給へば　此をしも　あやに貴み　嬉しけく　愈《いよよ》思ひて　大伴の　遠つ神祖の　其の名をば　大来目主と　負ひ持ちて　仕へし官　海行かば　水漬く屍　山行かば　草生す屍　大皇の　辺にこそ死なめ　顧みは　為じと言立て　丈夫の　清き彼の名を古よ　今の現に　流さへる　親の子等ぞ

大伴と　佐伯の氏は　人の祖の　立つる言立　人の子は　祖《みおや》の名絶たず　大君に　奉仕ふものと　言ひ継げる　言の職ぞ　梓弓　手に取り持ちて　剣太刀　腰に取り佩き　朝守り　夕の守りに　大王の　御門の守護　我をおきて　また人はあらじと　弥立て　思ひし増る　大皇の　御言の幸の　聞けば　貴み（万葉集下巻）

大伴氏は名家であるが、続日本紀三十には、称徳天皇の詔の中に、

是東人波常爾云久《これあづまびとはつねにいはく》。額爾波箭波立止毛背波箭方不立止云天《ひたひにはやはたつともせはやはたじといひて》。君乎一《きみをひとつ》心乎以天護物曾《こころをもちてまもるものぞ》

とあり、又、万葉集二十に

大君の命《みこと》かしこみ磯に触り海原渡る父母を置きて
今日よりは顧みなくて大君の醜《しこ》の御楯と出で立つ吾は

等とあるをみれば、庶民に至る迄、天皇に対する忠の観念の旺盛であつた事がわかる。而して、平安朝中期迄は、忠の対象は即ちただ、上一君であつた事は、各種の文献なり、社会事情なりに徴して判然たる事であるが、平安中期以後、漸次、変化を生じた。

上代王政時代の忠は、氏族制度に立脚し、然も、一方盛に同化せられつつあつた諸民族と天孫民族との間に、殆ど何の人種差別も行はれず、最も自然に然も感激の高潮せる中に行はれて居つたから、忠の事実はあつても忠に関する学説といふ様なもののなかつたのは当然である。天平時代を絶頂として、皇室の権威が衰へかけて後、藤原氏を経て武家の興起するに及び、忠の対象人格が、種々なる因縁や利害関係によつて下移した結果、天皇に対する忠は、将軍とか執権とか、或は各国主の問題であつて一般武士や庶民は、忠の対象人格をそれぞれの国主或は将軍等に見出す様な社会事情となつて以後の忠義観念は、我国本来の忠とは根本に於て別個のものとなつた。仏教や儒教の学的背景を以て、忠の理論的基礎づけが行はれる様になつてから、漸次に、忠論は思想化し学説化したが、猶極めて稀なる例を除いては、皇室への忠観念を論ずるもの多く大義名分論即忠義論であり、家族制度を潜在意識とする忠義論であつた。況んや各自利害関係や乃至それに類似の因縁を以て主従の関係を結んだ武士階級の間に於ては、養はれてゐるから忠義をつくすといふ観念を中心としたものである事はいふ迄もない。ここに至つては、忠論は、たいてい支那思想を以て理論づけられ、殆ど識別し難きものがある。源頼朝の朝廷に対する忠、或

は、実朝の忠心、或は「東鑑」「承久記」等に出てゐる

勅なれば身をばよせてき物部の八十宇治川の瀬には立たねど

の歌にみえる僧侶の忠観念、又、この歌を詠みしため、死罪を許した泰時の忠観念等、封建時代に於ても認むべきものあるはいふ迄もないが、これらは、みな情操そのものであつて、忠の思想的表現ではない。

北条氏の末期、後醍醐天皇の建武中興を中心にして、朝廷に対する忠義観念は一部の国民を奮起せしめたが、当時九州の豪族菊地武茂の阿蘇大明神への起請文中に（延元三年）

朝家に仕ふる身たる間、天道に応じて正直の理を以て家の名をあげ、朝恩に浴して身を立せんことは、三宝の御ゆるされをかうぶるべく候。其外私の名聞己欲のために義をわすれ恥をかへりみず、当世にへつらへる武士の心をながく離るべく候（肥後玉名郡広福寺真跡所蔵）

とある。又、北畠親房の『神皇正統記』には

中にも鏡を本とし、宗廟の正体と仰がれ給ふ。鏡は明を形とせり。心性明なれば、慈悲決断は其の中にあり。又正しく御影を模し給ひしかば、深き御心を留

め給ひけむかし。天にある物日月より明なるはなし。仍《よ》りて文字を制するにも日月を明とすといへり。我神大日の霊に座せば、明徳を以て照臨し給ふ事陰陽に於て測り難し。冥顕に就きて頼あり、君も臣も神明の光胤を受け、或は正しく勅を受けし神達の苗裔《びょうえい》なり。誰か是を仰ぎ奉らざるべき。此の理を悟り、其の道に違はずば、内外典の学問も、茲に極まるべきにこそ。然れど此の道の弘まるべき事は、内外典流布の力なりと言ひつべし。魚を得る事は、網の一目に依るなれど、衆目の力なければ、是を得る事難《かた》きが如し

と曰つてゐる。この辺に至つてはやや学説化し思想化してきたものといふ事が出来る。かかる大勢をみて、さかのぼつて文永八年、日蓮が

久シク大忠ヲ懐イテ未ダ微望ヲ達セズ………世ヲ安ンジ国ヲ安ンズルヲ忠ト為シ孝ト為ス（『一昨日御書』）

といへる思想をみる時、頗る注目に値するものがあると思ふ。これはおそらく、当時の忠論としては、全く空谷《くうこく》の跫音《あしおと》といふべきものであらう。

我国史上、忠義論の最も旺盛を極めたのは、徳川時代であるが、徳川幕府はその封建制度の確立の為、忠孝を奨励し、臣下に忠節を誓はせる起請文をとつたりして、

奮励これ努めた結果、忠義論は孝行論と相俟《ま》っていよいよ旺盛となつた。「東照宮御遺訓」の中に充ち満ちた忠孝論は、徳川幕府の根底を築いたけれども、忠孝論が理論的に発達するにつれて、実は所謂忠義の対象は、徳川将軍でなく、天皇であるといふ大義名分論が起らざるを得なくなつてきたのである。忠義論の発達史を述べるのはこの研究の範囲外であるから省略するが、今徳川時代に於ける代表的忠論を二三の例によつて大観しておかう。名分論は、徳川光圀の修史事業にその端を発したものとは諸家の見解のおほむね一致するところであるが、事実、水戸学派の忠論は、理論的によりも、名分論を以て一貫してゐるといつてよからう。而して、その理論的なるものとしては、忠孝一致、忠孝一源といふ風な思想の流れてゐる事である。藤田幽谷の「正名論」は名分主義の代表著作の一とみるを得べく、会沢正志斎の「新論国体」は、忠孝一致論の代表著作の一とみるべきであらう。その忠孝一致論は、次の通りであるが、引用文が少し長いから、読者の御便宜を思ひ、原文を和訳しておく。

天祖既に此二者を以て人紀を建て、訓《おしえ》を万世に垂る。夫《そ》れ君臣父子たるや、天倫の最も大なる者、而して至恩、内に隆《さか》んにして、大義外に明かなり。忠孝立ち、而して天人の大道昭昭乎として其れ著る。忠以て貴を貴とし、孝以て親を親とす。億兆の能く心を一にし、上下の能く相親しむ、良にゆゑ有る也。若し夫れ至の教不言に存し、百姓日に用ひて、而して知らざる者は此れ其故何ぞや。天祖天に在し、下土を照臨し、天孫、誠敬を下に尽し以て天祖に報ず。祭政維《こ》れ一、治むる所の天職、代はる所の天工、一も天祖に事ふる所以に非ざるは無し。祖を尊び、民に臨む。既に天と一なり。故に天と悠久を同じうす。又、其の勢の宜しく然るべき也。故に列聖の大孝を申ぶるや、山陵を秩し、祀典を崇ぶ。其の誠敬を尽す所以は礼制大に備はりて、而して其の本に報じ、祖を尊ぶの義、大嘗に至りて、極まる。夫れ嘗は始めて新穀を嘗め、而して天神に饗する也。天祖嘉神の種を得て、以為《おも》へらく、以て蒼生を生活す可しと。乃ち之を御田に種う。又口繭を含み、而して始めて蚕を養ふの道有り。是れ万民衣食の原と為す。天下を皇孫に伝ふるに及び、特に之を授けて斎庭の穂を以て、民命を重んじ、而して嘉穀を貴ぶ所以の者又見る可き也。故に大嘗の祭、新神を烹熟《ほうじゅく》し、以て之を殷薦《いんせん》す。其の幣は則ち絵服荒服、蓋し皆本に報ずる所以也。御禊に潔を致す所以也。天皇徒《と》跣《せん》警《けい》蹕《ひつ》せざるは、敬の至れる也。日《ひ》陰《かげ》鬘《かづら》帛御衣は、至敬文り無き也。天祖位を伝ふるの日に当り、天《あま》の児屋《こやね》をして、帝命を出納せしむ。天の太玉百事を供奉《ぐぶ》す。児屋の後を中臣氏と為す。太玉の後を斎部《いんべ》氏と為す。故に祭の日、中臣天神の寿詞《よごと》を奏し、斎部神璽の鏡剣を奉ず。累世奕葉《えきよう》、必ず当初の儀に仍る。猶ほ新に命を天祖に受るが如し。其の他凡百の具を供する、又斎部の掌《つかさど》る所に非るは莫《な》し。而して百執事者に至つても、又皆其の職を世々にす。奕世《えきせい》墜さず、駿奔《しゅんぽん》事を承く、毫も天祖祚を伝ふるの日に異る無し。而して君臣皆其の初めを忘るるを得ざる也。夫れ天祖の遺体を以て、而して天祖の事に膺《あた》る。粛然僾然《あいぜん》たり。当初の儀容を今日に見れば、則ち君臣観感し、洋々乎として、天祖の左右に在すが如し。而して群臣の天孫を視る。又、猶天祖を視るが如し。其の情の自然に発する者、豈已《あにや》むを得ん哉。而して群臣は、又皆神明の冑《ちすじ》、其の先世の祖天孫に事へ、民に功徳有るは、列して祀典に在り。而して宗子族人を糾緝《きゅうしゅう》し、以て其の祭を主とる。入りては以て其の祖を追孝し、出でては以て大祭を供奉す。又各々其の祖先の遺体を以て、祖先の事を行なふ。惻然慄然《りつぜん》として乃祖乃父皇祖天神に敬事する所以の者を念ふ。豈其の祖を忘れ其の君に背くに忍びん哉。是に於てか孝敬の心、父は以て子に伝へ、子は以て孫に伝へ、志を継ぎ、事を述ぶ、千百世と雖も猶ほ一日の如し。孝以て忠を君に称し、忠以て其の先志を奉ず。忠孝一に出づ。教訓俗を正し、言はずして、化す。祭り、以て政を為し、政以て教を為す。教は政と未だ嘗て分れて二と為らず。故に民は唯天祖を敬し、天胤を奉ずるを知る。郷ふ所一定し、異物を見ず。是を以て民志一にして、天人合す。此れ帝王恃《たの》んで以て四海を保つ所にして、而して祖宗、国を建て、基を開く所以の大体也。夫れ万物は天に原《もと》づき、人は祖に本《もと》づき、体を父祖に承け、気を天地に稟《う》く。故に言苟《いやしく》も天地鬼神に及べば、愚夫愚婦と雖《いえど》も、其の心に悚動《しょうどう》する無き能はず。而して政教禁令一に天に奉じ、祖に報ずるの義に出づ。則はち民心安んぞ一為らざるを得ん乎。人は天地の心、心専らなれば則ち気壮んなり。故に億兆一心なれば、則ち天地の心専にして、而して其気以て壮んなり。則ち人元気を稟くる所以は、其の全を得る也。天下の人、生れて而して皆全気を稟《う》く。則はち国の風気頼つて以て厚し。是を天人の合と謂ふ也。是を以て民古を忘れず。而して其の俗淳厚、能く其の本に報じ、其の始めに反る。久しうして変ぜず。

かくの如く彼は忠孝一致報本反始を国体の中心とする理論を構成したが、次で藤

田東湖は、水戸斉昭の『弘道館記』の「忠孝無二」を注して

人道五倫ヨリ急ナルハ無シ、五倫ハ君父ヨリ重キハ莫《な》シ、然レバ則チ忠孝ハ名教ノ根本、臣子ノ大節ナリ、而モ忠ト孝ト途ヲ異ニシテ帰ヲ同ジウス、父ニ於テハ孝ト曰ヒ、君ニ於テハ忠ト曰フ、吾ガ誠ヲ尽ス所以ニ至テハ則チ一……是ニ由テ之ヲ観レバ、忠孝ノ二無キヤ又明ケシ矣

と、又忠孝一致一源論を唱へてゐる。

朱子学に於ては、林羅山の如き、

臣ノ君ニ事ヘテ其身ヲ致ス之ヲ忠ト謂ヒ、務テ已マザル、之ヲ勤ト謂フ、然レバ則チ忠勤ハ臣ノ職分也、古人云ヘルコト有リ、中心ヲ忠ト為スト、中心トハ心中也、我ガ心ノ実ヲ尽シテ以テ能ク其ノ上ニ事《つか》フレバ、則チ上又之ヲ接スルニ礼ヲ以テス、君臣ニ於テ各之ヲ勤ム、又嘉《か》ナラズヤ（『羅山文集』五八）

と唱へ、忠そのものの学説に至つては殆ど支那の忠論の範囲を出てゐない。祇園南海はいふ。

凡君臣父子は、人間五常の内にても、大綱とて夫婦兄弟朋友も、皆君臣父子より出たる者故是れを網の大綱に例《たとうれば》、網の目千万ありても、皆大綱にひかるる

が如し。然れば君には忠を尽し、親には孝を尽す。忠孝の道は、人間第一の大道とす。故に忠孝虧《かい》ては、外の行跡いかほど宜しくても、人間には非ず。しかるに父子はもとより、骨肉の恩愛ある者故、をのづから親を親事は、禽獣までも知る事なり。君臣は義を以て合たる者ゆへ、忠の道を忘れ易、務難し。然れどもたとい親に孝をなしても、忠の道かけては、親を辱しめ、名を下し、義に負、或は身を失ひ、家を喪す。是れ即不孝なり。故に忠の道かけては、孝の道も立ざるを以て、これを見れば、忠は孝よりも、重き事を知るべし。………忠にも又大あり、小あり。あらはれ見ゆる忠あり、隠て見へざる忠あり。天下国家の政をとり行ひ、民を治め、君を正すは公卿の忠なり。其官職をよく勤め、身を正くするは、大夫士の忠なり。それより段々力者は健にかけ走り、門番は能《よく》守る類、大小貴賤はかはれ雖、如在無く務る、忠に至りては皆一なり。是れを尽己とは云へり。………士たる者、出でて勤仕する時は勿論、たとい家に居り、途を行、寝たる間も、物食ふ間も、君恩を忘れず、忠心を励むべきこと、第一の心得肝要の義なり。況や厚く君恩を蒙り、親しく昵近《じっこん》する者は、尤以須臾《すゆ》の間も、君恩を忘るまじき事なり。

君恩を忘れざること、右に云ふとをり、忠臣第一の肝要ながら、惟《ただ》これを忘れぬのみにては非ず。これを忘れざるは、其恩に報せんが為めなり。恩を受て報せざれば、恩を偸《ぬす》むに同じ。………凡そ天地の間、何事にても、かへし報ふ事非ずと云ふ事無し。寒暑風雨如きも、寒のあとは、又暑にかへり、暑さきわまりて、又寒にかへる。西へ行たる雲は、東へかへり南より吹たる風は、北よりかへす。善人には福あり、悪人には禍来る。万事万物、負て居ること無く、皆それぞれにかへす。是れ天地自然の道理、違ふこと無し。故に人たる者、主君の恩を受ては、必ずこれに報ずるに、忠を以てすること、必然の義なり。こゝを以て、忠臣は須臾の間も、君恩を忘れず、是に報ぜんことを思ふ。恩を報ずること、人間は勿論、鬼神鳥獣虫魚まで、古今、其ためし多し。君に事ふる者、此の理をよくよく弁知べし。…………君恩を重んじ、忠義を、励べき事、右に云ふとをりなり。然るに我人恩をわすれ、奉公を怠り、不忠になり易い。如何なるぞや。誠にはづかしく恐るべきことなるを、かくをこたり易き其本を尋れば、只是私と云一念よりをこる者なり。其私とは、都て我身の為にすることを云ふなり。或は知行立身を願ひ、或は妻子の養を思い、或は酒食遊楽を好み、或は金銭財宝を貪り、或は気ままをなし、懶《らん》をかまへ、或は人と争を好むたぐひ、都て己が勝手によからんことを思ふは、皆私なり、云々。故に奉公人は、高も卑も、私の念少もをこすまじき者なり。賈誼《かぎ》が言にも、忠臣は君のみを思て、身を忘れ、国のみを思ふて、家を忘ると云へり。…………

大義名分思想にはふれてゐないが、忠の社会学的意味を論明したものとして認むべきであらう。即ち一面に於て支那思想の影響をうけてはゐるが、忠を以て唯に唯心的観念論としなかつたのは一隻眼《せきがん》ありといふべきである。貝原益軒は、

およそ人は恩を知るべし。恩を知るを以て人とす。恩を知らざれば、鳥獣に同じ。君に忠し、親に孝するも、君父の恩を報ずるの道なり。此故に恩を知れる人は、必ず親に孝あり。君に忠あり恩を知らざる人は、忠孝なし、忠孝なければ人たるの道を失ふ。（『初学訓』）

と述べてゐる。

陽明学派に至つては、中江藤樹は

父子の親は万化の源、天叙の本なり。君臣の義は立極の大義、明倫の主本なり。（『翁問答』）

といひ、父子の父は天性で君臣の義を包むから、孝は重くて忠は軽しといふ説を立てた。古学派の山鹿素行は、

尽《シ》レ己《ヲ》究《メ》レ物《ヲ》、到《ルヲ》二天地之中《ニ》一、曰《フ》レ忠《ト》也。（『弁忠佞』）

といひ又、

凡そ君臣の恩、其初めを云ふ時は、我父母の養育に逢て、養を豊にいたされし事、父の君に事へて、禄を得るによるなれば、出生する所より已に君恩に浴す。君臣の間は、他人と他人の出合にして其本に愛恵すべきゆえんあらざれども、一時の約束、一旦の恩入を以て、其禄を与へ、其養を全からしむ。これに因て父母を養ひ、妻子をはごくみ従類を扶助し、智育を助長せしむること、併せて君恩にあらずと云ふことなし。」（『語類』臣道）

といひ、報恩を以て忠論を構成して居る。吉田松陰は士規七則に於て

凡《ソ》生《レ》二皇国《ニ》一、宜《シク》レ知《ル》四吾所三以《ヲ》尊《キ》二於宇内《ニ》一、蓋《シ》皇朝万葉一統、邦国之士大夫、世二襲《シ》禄位《ヲ》一、人君養《ヒ》レ民《ヲ》、以《テ》続《ケ》二祖業《ヲ》一、臣民忠《ニシテ》レ君《ニ》、以継《グ》二父志《ヲ》一、君臣一体、忠孝一致、唯吾国為《ス》レ然《リト》。

といつて居る。折衷学派の細井平洲は、『嚶鳴館遺草』巻三に於て一種の国家有機

体説を立て、「一身の主たる頭に随ふありさま、一人の君に、下群臣の奉公するにことなる事無之候」といつてゐる。独立学派の三浦梅園も又、『贅語』に於て、細井平洲の如き有機体説をとつてゐる。中林成昌は、君臣を本とし君臣道正しくして万理明なり、父子夫婦兄弟の義、みなこれより出づるもの、その教は三種神器なりと論じ（『学範神道』）、天地の始めまづ君あり、その後に臣民あり、君は世々君の御遺体、臣は世々是に事へ奉りし臣の遺体（『学範解縛』君臣）と論じた。

転じて国学者の忠論二三を観察せば、まづ本居宣長は、その『玉くしげ』に於て左の如く言つてゐる。

本朝は異国とはその根本の大に異るところあり。その子細は、外国は永く定まれるまことの君なければ、ただ時々に、世人をよくなびかせしたがへる者、誰にても王となる国俗なる故に、その道と立るところの趣も、その国俗によりて立たる物にて、君を殺して国を簒《うば》へる賊をさへ、道にかなへる聖人と仰ぐなり。然るに皇国の朝廷は天、地の限を、とこしなへに照しまします、天照大御神の御皇統にして、すなはちその大御神の神勅によりて、定まらせたまへるところなれば、万々代の末の世といへども、日月の天にましますかぎり、天地のかはらざる限りは、いづくまでも、これを大君主と戴き奉りて、畏み敬ひ奉らでは、天照大御神の大御心に、かなひがたく、この大御神の大御心に背き奉りては、一日片時も、立つこと能はざればなり………今の世の人はただ今の世の上の御掟を、よくつつしみ守りて、己が私のかしこだての異なる行ひをなさず。今の世におこなふべきほどの事を、行ふより外あるべからず。これぞすなはち、神代よりのまことの道のおもむきなりける。（『全集』六巻一三頁）

平田篤胤は、『古道大意』に於て

誰も誰も生れながらにして、神と君と親は尊く、妻子のかはいいと云ことは、人の教を借らんでも、みことに知て居る。人の道に関ること、言もて行はば、多端のやうなれども、実はこれから割出したやうなもので、先日も申すとほり、其元は、皇産霊神の御霊に因て出来る人ぢやに依て、其真の情も、直ち産霊神の御賦なされた物で、夫故に、是を性と云でござる。

といひ、『大道或問』で、

神国の神国たる御国体を知り、神の成置玉へる事を、習ひ学びて、正しき人の道を行ひ候を実の神道と称し候。すべて世の忠臣孝子、其外人の道に外れざる者は、皆真の神道にて候。

といつてゐる。

神道家の説としては、重に、名分論であるが、又、彼等の所謂国体の事実認識より来つてゐるものが多い。多門正玄の『神道或問』に

我国の道は、唯君臣の中を尊し、日神より今上皇帝まで常盤堅盤に、天地と共に不変……

といひ大山為起の

日神ノ血肉ヲ継グハ我神国ノミ、故ニ君臣ノ道又明ケシ。（『唯一論』）

といふ等はみなこれである。岡田盤斎は、一種の社会秩序論よりして左の如くいふ。

儒は孝を以て、五倫の第一とし侍る。吾国は忠を五倫の第一とし侍れば、君道を人道の最上と教へ給ふがゆゑに、忠義を以て五倫の本とし侍る。君の為に親を捨るの道はあれども親の為に、君を捨るの道なし。如斯《かくのごと》く忠義を重する時は、君臣の道正しくして、臣として君をしのぎ犯さず、君臣の道正しき時は、人道おのづから序ありて乱れず。（『神学承伝記』）

長谷川昭道は、

宝祚綿々、天日と共に隆盛に坐《まし》まし、天下泰平にして万世徳沢に浴する所以のものは、一に是れ、皆上世、神皇の天日に継ぎ、極を立て、統を垂れ玉へるの盛徳大業に由らざる者有ること無し。君臣父子、兄弟、長幼、朋友の道、仁、勇、義、智、礼、信の徳は、人の人たる所以の大道にして、即ち神皇の立定し玉へる所の皇極也。天下の人民は、即ち神皇の愛育し玉へる所の赤子也。其拠る所の地は、即ち神皇の開定し玉へる所の国土也。其食ふ所の米穀は即ち神皇の種させ玉へる所の嘉穀也。其服する所の衣衾《いきん》は、即ち神皇の蚕養姙織《にんしょく》せさせ玉へる所の布絹也。其室屋貨財、日用の器物諸品も又、皆神皇の拮据《きっきょ》経営し玉へる所に出でざる者あること無し。是を以て生を皇国に受るの人は、貴賎賢愚老若男女を言はず、謹んで唯唯一意に、神皇を尊崇し、皇国を敬重し、皇道を遵奉し、皇法を恭承し、人倫を明にし、風俗を諄うし、其職を慎み、其分を守り、其心力を尽し、其事業を修め、上下心を一にし、億兆志を同じくし、共に、天皇を尊戴し、共に皇国を衛護し、死に至つて変ぜず。……大に皇威を盛大にし、大に国勢を振張し、天日の照す所、大地載す所、四夷百蛮をして、共に皇道を敬奉し、皇法を恭戴し、天皇を宇内万国の皇大君と瞻仰《せんごう》せしめ、皇統益々悠久にして、日地と共に愈々隆盛に坐まさんことを、朝暮に深く之を願ひ、以て皇恩の万一を報ぜん………」（『皇道述義含処』上上）

といつてゐるが、其時代のものとしては要領を得た説といふべきである。

次に現代に於ける二三の学説をみるに、筧博士はその『古神道大義』に於て左の如く曰ふ。

下が下たるが故に其地位に居つて上を愛するの真情が忠である。此忠も儒教でいふ忠と同一文字であるが、其意味は甚だ異なつて居る。孝と並べていふ忠ではない、況んや先づ差別独立に立つて有する忠ではない。…………支那流に自他の区別を以て先づ対立し、各々の自己を先づ眼中に置きながら忠を尽さねばならぬ、仁を施さねばならぬなどといふ風の仁や忠や孝は尚個人の義務心や責任心のみの下に在るものである。「なさねばならぬ」などといふ域を超脱し、心の順当に自然と行ふことが知らず識らず皆一心同体及び各自の貴重なる分を発揮することに協ふて居るといふのが一層尊いのである。古神道に基く道徳は此高級の道徳であることが最も特色である（二二七—二三五頁取要）

清原貞雄氏はその『日本道徳論』に於て曰ふ。

第一は国家の成立上、我国社会の性質、又我国体に於て君民の関係上、国民が天皇に対して忠を尽すは自然であり、当然であると云ふ事、第二は道徳上から来たもの、換言すれば報恩である、…………第三は我国家を維持して行く必要上から来たもの。(三八四頁)

であると。大川周明氏は曰く、

忠とは決して西洋人の忠実などと云ふ道徳ではなく、孝と同じく宗教的旨趣を帯びたるもの即ち天皇を通じて神に随順することに外ならないのであります。この忠君の本質が把握されないために、いろいろ不徹底な説明が世に行はれて居ります。例へば忠君と愛国とは全く同一なものだと云ふやうな説明がそれでありります。日本の国家を隆んならしめれば、それが取りも直さず天皇陛下への忠義になる、軍人が武を練るのも、納豆売りが納豆を売るのも、学者が本を読むのも、画家が画を描くのも、一生懸命にやれば皆忠君だと云ふのは一応尤ものやうに聴えるけれど、実は非常なる牽強付会であります。忠君の本質は天皇に於て生命の本源を認める一個の宗教たる点に存します。この一点を看過しては忠君の本義は断じて分りませぬ。(『日本及日本人の道』)

補永茂助氏は云く、

高天原即ち伝説上の天上に於て、天照大神を中心として諸神が之に奉仕する形式は、これ地上に於て天皇を中心として群臣の君に奉仕するものの原型である。吾等が太古の歴史を繙く時は、其祖先が君に対する忠の心は、君に対する宗教的奉仕となつて現れたことを認めなければならぬ。（『日本倫理思想の系統』）

哲学大辞書「忠」の項に云く、

日本に於ける皇室と臣民との関係は、国家の創初より万古不易の事実にして、その関係は恰も親子の如く、又一大家族の如き状態なれば、忠は最上最大の道徳にして、且つその概念は動揺することなし。…………抑も忠孝に広狭二義あり。今この両者の関係を広義に見る時は忠中孝あり、孝中忠あり、二者融即するを見る。即ち真に孝をなさんものは、そが即ち忠君なり、又真に忠君たるものは、そが即ち孝親なり。…………抑も忠と云ひ孝と云ふは、共にこれ動機なり、動機は一面より見れば動機なれども、一面より見れば標準概念なり。故に忠と云へば第一に主とする所は君に在り、又孝と云へばその主とする所は親に在り、かくしてこれを忠と孝との概念の主要なる区別とするものなり。而して忠と孝との調和は、この各概念の拡充によつてのみなし得らるべきものにして、忠の為め孝をなすと云ひ、孝の為め忠をなすと云ふ如きは、その概念の内容曖昧にして且つ誤解なり。…………忠は国家を維持する上に於て最も必要なるものなり…………又（忠は）社会心意の権威が有する一要求にして又称讃なり。即ち社会心意はその有する権威によつて社会的結合を要求す。而して忠は社会的結合の最も顕著なる現象にして、社会はこれによつて強固なる結合をなすものなり、………社会心意はこの種の行為に対し、名誉、徳望、満足を与へて賞讃し、以てその結合及び生活を維持せんとするものなり、忠は即ちこの社会的生活必然の結果によつて起る。（一九四五―一九四六頁取要）

徳富蘇峰氏は云く、

皇室中心主義の帰着する所は忠君也。日本中心主義の帰着する所は愛国也。忠君愛国は偶然に生ずるものにあらず、必ず其の淵源なかるべからず。吾人は之を一に祖宗の宏謨に溯りて求むるを以て最も確実に且つ根拠ある断定と認む。然も此の忠君や日本帝国を一家とし、皇室を家長として然る也。此の愛国や、世界を大観し、日本を其の原動力として然る也。中心点として然る也。（『国民小訓』）

遠藤隆吉博士は云く、

此れ一大社会力なり。此社会力を中心として活動するは平和を得る所の唯一の方法なり。然るに忠の解釈は時代と共に変ぜざるを得ず。但近来青年の間稍《やや》もすれば之を疑ふ者あり。然れども此れ本論屡々《るる》論述せし所の、日本は氏族制のままにして政治的訓練を経ざる国なることを理解せざるの致す所なり。兎に角忠は最大の社会力の一なりと謂ふべし。（『国体論』）

松本重敏氏は云く、

日本に於ける忠君思想は支那の伝来説を表するものにして忠君の意義は支那思想と同じく臣の君に対する赤心誠心の表示たるものに外ならざるなり……忠君とは臣民が君主の統治権に服従し統治の目的を輔成する本務なり、斯の如く忠君は臣民が君主の統治権に服従し統治の目的を輔成する本務なるが故に、君主の統治権に対する臣民の本務なり。統治は道徳を励行することなるが故に、臣民が君主の統治権に服従するは其道徳の励行を遵守することなり。君が非道徳行為を強《し》ふることの統治に反するは勿論仮令《たとい》道徳行為たりと雖も統治に必要なきことを強ふるは統治なりと言ふことを得ず。其故に臣民は君主の統治行為を輔成して善良なる統治あることを願ふべき本務を負ふものなり。（忠君論）

2、過去の忠義論の現代的無能

以上、各種の忠観念を列挙して大体の傾向を示したが、これらは、個人心理に忠の本質をみるもの、社会心理の要求としてみるもの、有機体説、国家及社会の秩序説、宗教心理説、君主を道徳の淵源及び経済生活の根拠とみての報恩説、民族の宗親なる故となす人性説、心の自然発現が即ちおのづから忠なりとする説等に大別することが出来るであらう。更に、忠と他の道徳との関係論に於ては、名分主義、若くは唯理主義より来る忠第一説、孝第一忠第二とする人情主義的自然説、忠孝一源説、忠孝一致説、忠君と愛国との分離説、忠君愛国一致説等となり、方法論としては、服従説、服従及輔翼説等となる。

忠義を極めて一般的に論ずれば、凡そ地上に君主制度を有した民族ならば、何等かの程度傾向に於て忠義観念の発生するのが当然であり、日本も又君主国であるとすれば、その点に於ては何等か共通な忠義観念がある筈である。即ち、忠の主観的要素たる観念の一部として、最も原始的状態たる忠信といふ様なものに於ては、日本の忠も、その他の忠も心理傾向としては共通であり得る筈である。その心理状態が、ある忠の対象に移されて発揚した場合、忠実、忠敬といふ態度があらはれるとすれば、然してそれが忠の世界的通念であるとすれば、日本の忠も又その点に於て同じものがある筈だ。

　されど、猶進んで考へてみると、たとへ、忠義の心理がいかなるものであるにもせよ、又、忠孝一源であるにもせよ、忠孝一致であるにもせよ、忠は国家を維持するに最も必要なものであるにもせよ、忠第一孝第二であるにもせよ、乃至は国家最大の道徳であるにもせよ、かかる忠義の道徳学的定義によつて、真実、国民を忠化し得るであらうか。凡そ、我が国に於て、特に現代に於て、「忠」の道徳哲学ほど国民教育に重要性を付与されてゐるものはない。殆ど教育の方針は、ここにその主力を置いてゐるものといつても差支へない。然るに、たとひ、夫婦相和し相愛しても、必ずしも忠ならざる者が少くないのは何故だ。学を修め業を習ひ以て智能を啓発せる有為の士にして、忠義を封建的乃至は資本主義的道徳なりと断じ、身命を賭して、この道徳観念に抗争しつつある者が激増しつつあるのは何故だ。大山郁夫が一指をあげれば、夥しき民衆が動く。然し、大山郁夫は、所謂忠義の道徳を奉じてゐるか。河上肇の行くところ渇仰者がむらがる。されど、河上肇は日本道徳の精髄たる忠義の実行者であるか。無論、古来の忠義論で満足してゐる人もあるに違ひない、然し、それをまるで問題にしてゐない人も今日に於ては、決して百人千人ではない。最も光輝ある皇朝史上に、大逆事件出で、数次の共産党事件勃発し、また、その未だ行為として勃発せざるも思想として醸成されつつある反逆は、日を追うて増加しつつあるのは何故だ。

一国の総理大臣、文部大臣を始め、堂々たる官公私立の大学の国民道徳学教授先生、高僧智識、あらゆる中小学校何十万の教育家先生達が、声をかぎりに忠君愛国を絶叫しつつある足許から、遠慮会釈もなく非忠思想と行動との踵《きびす》を接して発生するのは抑々《そもそも》どういふわけか。これ実に古来現代の忠義論が、それ丈けでは最早や、現代の国民生活のすべてに亘つて権威を維持し得なくなつた生きた証拠ではないか。大臣、教授、高僧、教育家の忠義論にして既にかくの如く無能であるとすれば、況んや浪花節の忠義論をやといふ事になる。然るに、官学思想の人々は、とかくよい方面ばかり見て、悪い方面にかけては頗る鈍感である。即ち、彼等の忠義論の維持されてゐる方面をみて安堵の思ひを為し、その反対の悪い方面の厳然たる存在に対して、あまりに無感覚である。これが忠義論の進歩しない一の大きな原因だ。

支那古代の死んだ忠義論と、日本の忠義論との概念的比較など試みる事を忠義研究の要諦ででもあるかの如く考へてゐる社会盲先生の説く忠義論などに何の現代的意義があり得よう。犠牲観念としての忠義論ばかり骨張してゐる様な封建的思想こそ、実に現代の獅子身中の虫である。犠牲仁侠といふよりは、観念としては一般に説き示さねばならぬが、事実之を行ひ得る者は、東西古今のあらゆる人間社会に於て唯だ極めて少数の人々のみであつた。この僅少の偉人にのみ行はれて一般人に実行せられ難い犠牲的忠義を一般人に求めようとするところに、忠義の現代錯誤が存するのである。又、犠牲といふ事は、価値の認識によつて生ずるものであるから、若しも忠義の対象に、何等か反価値を認めてゐる人々に対すれば、百千万言の忠義論も何の効目のない事はいふ迄もない。

更に、いかに服従の美徳なるを説いてきかせても、命これ従ふといふ服従では、事実上成立しない。一時的には権力その他のものを以て成立させるも、一度び利害相反する事となれば、やがて、服従は反抗となる。現代の社会に於けるブルジョアジーとプロレタリアートとの甚しき経済的利害の背反の如きは、この点から、よく考察されなければならぬ重大問題だ。然るに、忠義論者をみよ、その頭の古さ加減、或は三千年一日の如き忠義観念を、そつくりそのまま伝承してゐる人や、新しい処でロイスあたりのくだらぬ横文字忠義論を引つぱつてくる人や、或は、観念哲学の理屈を付加して、極めて簡単にわかる筈の忠義を、大学でも卒業する頃にならなければわからない位むづかしく説明してゐる人やで、満ち満ちてゐる。社会科学の学徒から見れば、殆ど狂気の沙汰としか思はれないのである。要するに、忠義論が、くだらなく煩雑なばかりで、すこしも国民の実生活のうるほひにも、滋養分にもなつてゐない。殊に最もみぢめなのは、これらの忠義論が、その方法論を持たない点である。どうすれば忠義といふ事実を確実にあらはし得るかといふ方法に就ては全く無研究で、ただ独断的に結論のみに示してゐるのには驚く外はない。かかる忠義論は、全く一部の日本思想史学者の研究にまかせておく丈けで十分である。吾等は、現代の社会に呼吸してゐるのであるから、この現実に忠義が必要なりや否や、而して若し必要なりとすれば、その方法如何といふ事を知らねばならぬ。

八　社会主義的思想と国体

1、社会主義的思想は我国より駆逐し得るや

「社会主義とは危険思想なり」「社会主義とは国難思想なり」「社会主義とは悪思想なり」などといふ概念を独断的に構成して、確固不動の真理の如く考へてゐる人々の頗る多き日本ではあるが、然し、我国から、果して社会主義思想を駆逐し撲滅し得るものであらうか。否、それは絶対不可能に属する。何故であるか。凡そ、一方の人は働かずに資本を以て、他方の人を働かせその果実を享楽して生きてゐる事実の存する限り、又これに不正を感ずる人間がゐる限り、決して滅び得ない思想である。かつて、独逸に於ては、人の知る如く、鉄血宰相ビスマルクが、厳烈極まる社会主義鎮圧法《ゾチアーリアテンケゼッツ》を制定し、弾圧どころか徹底的殲滅《せんめつ》を期した。即ち、一切の結社を禁じ、出版物刊行を禁止し、集会の自由を剥奪し、寄付金募集を厳禁する等大小三十箇条より成立する厳酷なる法令を以て臨んだけれども、いかんせん、つひに社会主義を撲滅する事は出来なかつた。思想といふものは、発生する理由があつて発生するのであるから、発生してしまつた結果だけを撲滅しようとしても無効なので

ある。便所に蛆虫《うじむし》が発生した場合に、その蛆虫の一つ一つをひねり殺しても、発生の母胎を化学的に消毒してしまはない限り、あとからあとからと新しき蛆虫は遠慮会釈なく発生するのと同じ様なものである。故に社会主義的思想及び運動が起るにはそれ相当の社会的原因があるから起るのであつて、決して、火の無き処に煙があがつたわけではないのである。してみれば、現在日本の社会主義的諸思想、従つて又その運動の発生した原因に就て十分の反省を促し、後来再び、斯かる思想や運動の起る余地のない様に消毒してしまはない限り、その阻止は不可能である。然るに、日本の政治家や富豪や貴族や思想善導家は、この見易い道理にすら考へ及ばない者が多くて、法律や官憲の力や思想善導の力ばかりで、一切の社会主義を討伐してしまふつもりでゐるのだから、空いた口がふさがらないのである。

　偽らざる過去の歴史を凝視するがよい。明治三十年前後から抬頭し来つた我国の社会主義運動は、資本主義が旺盛してきてゐるからではないか。いかなる弾圧にも屈せず社会主義運動は燎原の火の如く燃えひろがつてきてゐるではないか。特に資本主義制度が完成されたといはれる大正八年以後の社会主義運動は、もはや到底撲滅し得ざる強固なる地盤を完成に近く築いて了つたのである。国家総動員であらうが、教化総化員であらうが、現在のままではとにかく滅ぼし得ざる牢固たる勢力を扶植してしまつたのが社会主義である。今日に於て、果して何人が、我日本から社会主義を絶滅してみせる事を請負ひ得よう。確信などといふアヤフヤな観念なら誰でも持ち得るだらうが、科学的正確さを以てその計画をいかなる思想善導の大家が示し得るであらうか。それは全く不可能である。

2、社会主義を国体化せよ

社会主義は、かくの如く、最早やいかなる弾圧を以て臨むとも、決して我国から絶滅せしめ得るものではない。然らばどうするか。ただそれを国体によつて摂取し消化して了ふの外に道はない。曾ては仏教が、日本の国体の異端の様に斥けられた時代もあつたが、つひに之を国体化するに及んで、それは日本の滋養分にされてしまつた。儒教、基督教、デモクラシー比々皆然りである。ここに於て吾人の考慮すべきは、国体主義は永久に社会主義の正体を知らずに之と無名にちかい闘争をつづけてゆくか、或はこれを日本国体の中に完全に消化してしまふか二者一を選ぶの外に執るべき道のないといふ一事である。果して二者いづれを選ぶべきかはいふ迄もなく後者だ。ここに於て、国民は、社会主義に対する一切の先入見を去つて、公平に、その実体を認識せねばならぬ。抑々、社会主義とは何だ。それは、文字そのものからいへば、個人主義に対立したものであつて、個人主義原理に立脚せる資本主義社会の弁証法的発展として必要的に発生せる思想である。即ち、この社会に、労働する人と労働しない人とがあつて、労働しない人が、労働した人から生活の果実をもぎとる関係を廃絶して、万人悉く労働に従事しその労働の結果を正しく享楽せんとする思想と行為とである。然らば、何故、働かない人が働いた人の齎《もたら》す果実を収納し得るかといへば、それは、働かない人の生産機関（資本）を私有してゐるからである。故に、この生産機関を公有にせねばならぬといふ思想及び行為が広義の社会主義だ。

すべての社会主義的思想の共通点はかくの如きものである。然るに、その目的を実現する過程の方法に関して種々なる相違が出てくるのである。或者は合法手段をとり、或者は無産労働者の独裁による革命的方法をとる。資本主義の搾取制度が実在する限り、社会主義思想は金輪際滅亡するものではないとすれば、これを斬捨てしまへといふのが既に歴史といふものを理解してゐない証拠である。歴史は曾て封建社会の矛盾から脱れて資本主義時代を創造せるが如く、今や、資本主義社会の矛盾の中から、社会主義運動を産み出してきたのである。最早や社会主義的思想を、それに反動せる単なる思想を以て駆除する事は出来ない。問題はまさにいかに社会主義を認容し、いかに資本主義を清算すべきかにある。ロシアに於ける革命は、実に社会主義運動の世界的先駆であつて、彼の失敗は吾人に最も尊きものを教訓してゐるのである。即ち、吾人は、社会主義に於て、厳正なる批判の眼を以てその取るべきを取り捨つべきを捨つるの外ない。

よきを取り悪しきを捨てて外国に
　劣らぬ国となすよしもがな

といふ明治天皇の御教訓は、今この場合に、全日本の最も適切なる暗示である。社会主義の全部が悪思想でもなければ無論危険思想でもなく、それは無産階級の生活の要求としてその動機に於ては現社会制度の不正を鳴らした正義なのである。かくて帰するところは、その目的を実現する方法如何となる。たとへ、いかにその目的に於て正義であつても、その実現の方法が醜悪であれば、その方法の関する限りそれはやはり、醜悪である。吾国に於て社会主義が民衆に何となしに悪思想として印象されたのは、実にその目的実現の過程に於て、或は日本国家の本質を誤解し、或は皇室を邪解し、而して実行方法の妥当ならざるものを採用した事が与《あずか》つて大きな原因となつてゐる。

ある仏教関係の講習会の席上で、予が、マルキシズムと日本国体とを仏教教理に比較解説して「一般の哲学だの道徳だのは、円教とした処で、せいぜい般若経あたりの円である、マルキシズムは、別教とすれば華厳、若し円教とするならば法華経の迹門《しやくもん》の円に近いものであり、而して、日本国体は実に本門の円である云々」といふ事を述べた事がある。然るに聴講者の中のドンドコ法華的一信者が、

苟《いやし》くもマルクス輩を以て法華経迹門に配するなどといふに至つては、里見先生は邪道におちてゐる

と曰つた者があつた。「社会主義は全部的に否定すべきものではなく、その根本の要求は正義として認むべきだ」などと聞いたら、その後の「但し、方法を誤れるものはいかにその根本の要求が正しくても反つて邪道となる」といふ説明などは耳にも入らないで、カンカンに怒る人も、決してない事はあるまい。さりながら、国を亡ぼすのは「無智」と「愚かさ」とである。日本を尊崇するのは結構だが、「悪し

く敬はば国亡ぶべし」である。

予は断然叫ぶ。社会主義を日本国体化せよと。毒魚河豚《ふぐ》ですらも、これが毒素を除去すれば、膳に賞味すべき佳肴となるではないか。一社会主義を消毒利用し得ざるが如き無力なるものにして何の万邦無比の国体であらう。

第三章　国体観念の革命と国体の現実社会的把握

「国体」とは、社会生活そのものであり、その軌範である。
その意味において、万邦無比の「国体」は
単なる過去の事実ではない。
資本家も労働者も自己の権利ばかりを
主張するのを止めよ！
現代社会において、人格的共存共栄態としての
「国体」を実現することこそ肝要だ！

一　国体の科学的定義

従来の国体論者による国体の定義は千差万別である。大島正徳氏の

普通の見方を以てすれば日本の国体は万世一系の天皇が天壌無窮此《この》日本国を知食《しろしめ》すといふことより外に何等付加すべき事も無く、又差引くべき事も無し。（『予の国体観と国家人格論』）

などといふ定義があるかと思へば、又、

国体とは即ち国柄なり、国家の習慣制度行政等一切を総合し以て国家の風を組成す、之を国体といふ、（『社会学、国体研究録』）

との遠藤隆吉氏の定義の如きものもある。又、黒板勝美氏は

国体なるものは国家組織の上に現れてゐる形態でこれを大きく分くれば統治者と被統治者とである。（『国体新論』）

といひ、吉田熊次氏は

国体といふ言葉に二つの用ゐ方あり、一は主権の所在に関する点に於ての特性、二は一般民族の道徳観念の上に於ての特性之なり。（『我国体の社会的基礎』）

といふ。その他、一々にあげつらへば、実に夥《おびただ》しき定義がある。然るに、これらの定義は、その方法が、殆《ほとん》ど皆独断的であつて、何故に、さういふ定義が可能であるかを示したものは、皆無といつてもよい。即ち、「自分はかう思ふ」といふ丈《だ》けである。吾人は、曾《かつ》て、拙著『国体認識学』二六九頁以下二十五頁を費して、従来の学者の試みた諸定義を分類し、且つ吾人の科学的定義に就て詳述した。由つて、ここに再びそれを繰返す事を省いて、ただ、研究の結論としての定義に就て説述するに止めるから、委細は同書を参照して頂きたい。予は国体なる文字の有する義理の分析と、古来の用法とを研究した結果とを帰納して、

国体とは日本国家の社会的構成形態及び行動とそれの軌範的把握とであると言つておかう。即ちこれを、より通俗的に具体的に云ふと、日本の国体とは万世一系の天皇を主師親として有機的に結成された社会生活そのものと、その中に把握した生活の軌範即ち法則（或は道）

といふ事になる。これは、決して、予が単に独断的に定義したものではなく、正確なる学術的根拠がある。即ち、第一に、今日迄の無数の使用例からみた「国体」観念は夥しく分裂してゐるが然も、それらをよく研究してみると、そこには一脈の共

通点がある見極めがついたので、「国体」なる語に表現されてゐる実体の論理的本質を究め、第二に、「国体」なる語の言語上の正当なる義理を探求した結果、到達した定義であるといふ事を念告しておく。

この定義を導き出してきた予は、茲《ここ》に、従来の、或は形式的定義、或は採長的定義、或は印象主義的定義等を、それぞれ単独には承認しないのである。それはみな国体の一部分をいひあらはしたものであつて、国体を包括的に統一的に定義し得たものではない。勿論、全然見当違ひの説であるといふのではないが、例へば、万世一系でも、例へば、忠君愛国でも、その他、忠孝一致歴史の成果、皇室の仁慈、建国の理想、国の個性、国柄、君主国体等々の説でも、国体の一部を見たものである事は確実である。故に全然まちがつてゐるといふのではないが、一面的の定義たるを免れないのである。吾等は日本国家の自然的基礎の上に築かれた社会構成とその行動と及びその中に生じ来る軌範的意識とを総合的に観察せねば、決して正当なる国体の定義は為しあたはぬものであると信じてゐる。

二　物質生活を卑《いや》しむ勿《なか》れ

「武士は食はねど高楊子」、「食色の徒は卑しとなす」などと宣伝してゐる者は、たいてい食ふに困らぬ人達である。今夜の米にも事をかいてゐる人達は、いかに努力するも、生きた人間である限り、高楊子をくはへて満腹の芝居をしてはゐられない。精神主義の講師も、腹がへると講演ができなくなるのは事実らしい。観念哲学者も思想は思想、生活は生活で、米飯もタラフク食ふし貯金もするし、物見遊山もしないではない。いかなる観念論者も、自分の腹のすくのを無感覚でゐたためしもないらしいし、自分の子供の飢に泣くのを冷静に放任してゐた事もない様である。つまり、人間は、物質的資源なしには生きられないといふ事実に過ぎぬ。いかに、高尚高遠なる道義観念の持主でも絶食してゐては死ぬ外ない。人間が死んでしまふと道義観念も自然消滅だ。食ふ事に人格的徹底をした時、はじめてそこには、真の道義、従つてその観念も樹立されるのである。然し、人といふものは、とかく、自分が満腹だと、他人の空腹に考へ及ばない。食色の徒を卑しと為すといつてゐる精神主義の大家も、一度五六日絶食してみると、存外、現代の思想問題、社会問題の真髄にふれ得るかも知れない。名誉を有し地位を確保し、収入に必ずしも事かかぬ今の思想善導大家や国体学者が、真に、思想の奥義を究め得るまでには、思へば前途遼遠である。世の中の浅薄なる御用学者らは、マルキシストのみを、唯物的だ、生物学的だ、感覚的だといつて、まるで、動物ででもあるかの様に評するが、資本主義家の宗派心は、かうまで人間の理性を闇黒化するものかと驚かされる。実はマルキシスト等こそ、現在に於ける理想主義者であつて、ブルジョア連こそ実に、感覚的、生物学的、唯物的、利己的の甚しきものである。物質に捉へられてはいけないといふ事が、若しも人生の真理であるならば、それは、まさにブルジョア共に逆説して聞かすべき好題目である。

精神主義者らの如く、自己生活の安定に立脚しつつ、無産者の物質獲得運動を異端視するのは全く不都合千万だ。自己の物質生活の安定に於ては、物質は尊むべきものであり、無産者運動の場合に於ては、それは卑しむべきものといふ極めて便利な論理と信仰とである。物質に捉はれる事のよくないのは、現代ブルジョアが実践的に示してゐる通りであるが、無産者が生活の物資を得んとする場合には、物質を卑しめたがる精神主義者らは、全く正気の沙汰ではない。人間が精神的に生きる事の出来るのは、物質のおかげである。いかなる哲学も、宗教も、芸術も、道徳も、物質生活なきところには、あり得ようがない。人間をして、真に雄大、公正、快適、厳粛なる精神の保持者としてつくりあげようとするならば、まづ、その基礎としての物質生活を安定せしめねばならん。物質生活の安定によつて、精神生活を生じ、而してこの精神生活は逆に、人間を浅薄なる唯物主義から救済するのである。これ丈け位の常識が今の精神主義の大家にはどうしてわからないのであらう。それともわかつてゐても知らぬふりして貧乏人を悪教化してゐるのであらうか……?

昭和四年八月の「宇宙」といふ雑誌に、宗教家数氏の「マルクス主義と宗教」と総題した諸論篇が掲げられてゐたが、境野黄洋氏の如きは、明らかに、「人間は経済生活が本だとは考へられない」と言つて居る。「経済生活が人間の全部ではあるとは考へられない」といふならば、それは極めて正しい考であるが、「経済生活が本だとは考へられ」ても「られなく」ても、経済生活が人間を活かしておく第一次的根本事実である事は、考へるといふ様な思弁で決定される事柄ではなく、あきらかに、何人と雖も認識せざるを得ない経験的事実である。人間が動物と異るのはこの物質的生活に止まるか或は物質生活の中から神々しい精神文化を創造するかによつて決定されるのであつて、精神文化の物理的基礎は経済生活である。然るに、宗教家や哲学者や道徳学者は、この点を理解する事が頗《すこぶ》る鈍い。それ故、思想なり信仰の力なりを以て現代社会を救済し得るものだと軽信してしまふのである。然るに、尖鋭なる唯物史観に立脚する社会科学の学徒すらしばしば、苦しい時の神だのみにも似て、官憲の弾圧に対しては敢然として「思想は思想を以て取締れ」、「理論闘争に従事せよ」と叫ぶ。思想善導家の思想を以て思想を善導し得るものと為すのと好一対であるが、社会科学学徒の方が唯物論を知りながら、かかる言辞を弄《ろう》する丈け瞞着の罪がある。

思想を思想で取締るといふ事は、全く無意義である。思想を思想で善導しようとする事も、局部的、個人的であつて、決して全体的社会的効果はない。況んや思想が信仰的である場合には、善思想で悪思想を社会的に絶滅しようといふ事は到底不可能である。又、社会の欠陥そのものに対する生活上の苦痛から叫ばれてゐる思想の如きは、その思想の発生せる原因に着眼しないで、どうして善導し得ようか。

国体を尊崇しこれを宣伝するはよい。然し、超然国体では駄目だ。全民衆の物質生活と没交渉であり、若しくはこれを第二義、第三義のものとして卑賎視する様な国体論は、いかにもがいてみても、社会を善化し得るものではない。清浄なる白木造りの神殿や、金ピカの仏壇に納まつてゐる国体論は、不潔な社会の実相を遥に眼下に見下して、天上界の理想談ばかり試みてゐるから下界の、貧しい民衆の生活の必要とならないのである。物質、肉体の外に精神界があるかの如く考へてゐる思想では到底現代の社会を救ひ得ない。国体論を主張せんとする人々は、その理想が高く、教が高ければ高いほど、その手をつけるところは低くなければならぬ。

教いよいよ実にして位いよいよひくしといふのはそれだ。和光同塵《わこうどうじん》といふのもそれである。精神の理想が高いほど、それだけ徹底して低い物質生活の中に指導の方針を確立せねばならん。予は敢て断言して憚《はばか》らない、国体論が、社会の経済的生活を、何より親切に徹底して取扱ひ、その具体的方策を樹立して、民衆を経済的不正義の苦痛から救つてやらなければ、つひには、思想史上一片観念の浮雲として葬り去られてしまふであらうと。

三　現実生活を見ざる国体論を拒否せよ

「有難い観念」と「有難い事実」と、民衆はいづれを必要とするかに就て正確なる判断を下し得る程のものは、まづ、現代に跳梁しつつある観念的通俗国体論を拒否すべきである。勿体らしく敬虔らしく説き立てるところの巧妙を極めた国体論は、まさに人間観念の精華ではあるが、それは畢竟、他の哲学や宗義学と同様、人間の脳髄の余剰活動の結果に過ぎない。高天原の観念地理学を説明してゐる時、地上に飢ゑたる者は泣いてゐる。絶対平和主義の大道徳学の講義が、地上の集会で為されてゐる時、同じ地上のいづこかに階級闘争の憎悪戦が行はれてゐる。国体論が、国民の生活と、否、もつと適切にいへば、国民の三度の食物と無関係なものであるかぎり、それは全く三文の価値なき空論だ。すべての人間を、皆、国体学者にする必要はないが、国体がすべての人の生活の原理として把握される必要はある。今日迄の国体論の如きは、この意味に於て、現代の社会生活に妥当しなくなつたのである。その妥当せざる国体論を無理に押しつけようとするとき、プロレタリアの生活と国体とは矛盾を生じ闘争をかもすの外ないのである。空想的観念的国体論を拒否せよ。而してなまなましき生活の中に原理としての国体を把握せよ。

四　如何なる事実が万邦無比の国体か

総じては日本国民、別しては右傾諸思想家、就中《なかんずく》国体論者の口ぐせの様にいふのは「万邦無比の国体」といふことである。然し、万邦無比の国体といふのは一体如何なる事実か。黒板勝美博士曰く、

第一我が国体が万国に比類なき所以はいふまでもなく、万世一系の天皇を主権者とすることである云々（『国体新論』）

と。果してさうであらうか。尤もこの思想は、黒板博士の独創的見解ではなく、古来、さう考へてゐる者は非常に多い。勿論、皇統の万世一系にして、歴朝聖徳の宏大なりしは、確かに日本国体の万邦無比なる所以の重大なる一理由には相違ないが、単に、皇統の連綿の事実を以て万邦無比を決定するなどは、実は、そこに直ちに一の現量相違が生ずるのである。それはさきにもいへるが如く、アフリカの小国アビシニヤ（注・エチオピアの旧名）に於ても三千年来今日に到る迄の一系の王統連綿として君臨してゐるといふことである。さうすると、日本の皇統連綿も、非常に珍しいけれども万邦無比だとはいへない訳だ。又、いかに珍しい或は仮りに無比の皇統

連綿だとしても、日本の皇位皇統は、他に類例のない珍しいものだから、今日に於てもその価値を認め且つこれを擁護せねばならぬといふならば、それは実に驚くべき浅薄な思想である。日本天皇の皇統は、全国民乃至全人類の人格的共存共栄の中心統制の為に必要であるといふ点に着眼しない皇統連綿論などは、むしろあはれむべき骨董心理ではないか。

かくて単に万世一系を以て万邦無比の国体なりとする説は成立してはならぬ。そこで井上哲次郎博士の『我が国体と国民道徳』といふ本をみると、

世の論者が能く皇統一系が即ち我国体であると斯う云ふけれども、単に血統の継続のみを以て我国体とするならば、それは浅薄な見方である。血統の継続と共に精神の継続がある。即ち王道主義の一貫である。是れが我国体の神髄骨子をなして居る。

とある。所論は前論者に比して一歩を進めた観があるが、これ又、皇統連綿プラス王道主義イクオール国体といふ論で、換言すれば、いはゆる観念論であり、殊に皇室即国体といふ誤れる見解に陥つてゐる。天皇の王道（支那のそれとは違ふが）が、たとひどのやうな立派な御精神として歴代に伝承されても、その御心持で万邦無比

の国体が、全的に成立するのではなく、実に、その大御心と、それを奉戴する臣民の皇運扶翼、天業恢弘と相まち相合して、はじめて万邦無比の国体は創造されるのである。然し、今日の社会に果してそれが行はれてゐるか？　天皇の王道、無為にして化す理想を、今の日本の大臣の政治家の、資本家の教育家の誰が扶翼し得てゐるか？　国に階級闘争の騒動絶えず、皇室に対し奉りて不敬の言動を為す者すら少なからざる事実はどうだ。反対の事実の前にすぐに弁解難に陥る様な、国体論などは、頭の中で学者や信仰家が、勝手にでつちあげた空論以外のなにものでもない。

最も奇抜な論者になると、吾人が地理説と名づけたことのあるもの即ち、日本の自然的環境や地理によつて万邦無比の国体論を構成するものさへある。温寒中和だとか五穀豊饒だとか世界の中心だとか、日の本だとか、日本の面積の狭小なのは、あたかも人体に於ける頭首の如しだとか大八洲だけが諾冊《だくさつ》二尊の本当に造られた国であつて其の他外国は、潮の泡で出来たとかいふ、箸にも棒にもかからない無比論もある。

又、我国民性の美点を列挙して、万邦無比の国体論を構成しようと努力してゐる人もあるし、或は道義論から、万国に冠絶した国体だといふことを立論してゐる者もある。特に、忠孝一本だの、君民一致だの、君民一体だのといふ立場から、極めて熱心に、古来の文献をあげてまで、万邦無比の国体を証明せんとする国体論者もあるが、今日果して君民一致等といふことは、全部的に承認される事実であらうか。共産主義者や、その他の左傾団体の者共の不一致的行動はどう解釈するのか。又、右傾の者共にしても、果してよく君民一致の実をあげつつあるのだらうか。或は又、日本は神国であるといふ様な形而上的信仰をもつて、国体の万邦無比なる所以を説かんとする者もあるが、斯様な考方は、今日、国民の誰にでも承認されるものではあるまい。或人は神国だと信じても、或人は神国どころか最悪の資本主義国家だと信じてゐる事実はどうする事も出来ない。更に又、我国史を援引して万邦無比の国体論を為すものもあるが、これも異論百出すべきは火をみるよりも明かである。たとひ過去にどれ丈け万邦無比の国体であつても、現代にさうでなかつたら仕方がないといふ議論も当然起り得るわけである。

然るに世の国体論者の通弊として、万邦無比の国体を、徒らに過去に於て決定され成就されたものの如くに考へてゐる。吾等の見解はこれと異り、万邦無比の国体は、恒久に創造さるべきものだ、即ち、つねに万世一系の天皇を中心にして、国民の協力により、人格的共存共栄の社会を維持し経営し創造する大事業の中に、真に万邦無比の国体は宿つてゐるのだ。

夫《そ》レ大人ノ制ヲ立ツルヤ義必ズ時ニ随フ、苟《いやし》クモ民ニ利アラバ何ゾ聖《ひじり》ノ造《わざ》ヲサマタゲン（『日本書紀』）

といふ不断の意識的努力が継続される中に、日本国体の無限の尊さを見得るのである。万邦無比の国体は決して単なる過去の事実ではない。過去に於ける万邦無比の国体は、その時代の社会の創造せる国体であつて、必ずしも吾人の創造ではない。いはゆる祖先の遺風である。吾等の創造すべき無比の国体は、刻々の現実に存せねばならぬ。若しもこの現実に創造すべき何の国体もなくただ過去の伝統と光栄とを保守してゐる丈けなら、国体は、社会の進化と共に、人間生活の行動の変遷と共に無意味にならざるを得ないではないか。国体は永遠に吾人の行動の中に把握されねばならぬ。刻々に変化しゆく高速度テンポの社会に、つねに清新なる人格的共存共栄の実をあげてゆく人格的創造の中に、仰いでつきず、望んで涯しなき日本国体の真の栄光は輝くのだ。吾人は今日にあつて、徒らに過去の国体美を懐古主義的に讃嘆してゐるのが能ではない。現代の社会に、いかにせば万邦無比の国体を実現し支持し得べきかといふ事こそ、吾等の生活の中に要求せられつつある実際問題だ。神国といふも、過去の神国観念では駄目である。いかに現実社会が神国的であるかが必要だ。世にこれほど明瞭な国体論は無い筈だのに、群盲、象を探るの概あるは、皇国の為め切に憂ふべきことである。

世に類ひ稀なる万世一系も、又宇内《うだい》に冠絶せる皇徳も、克忠克孝も、みな、万邦無比の国体の一断面であつて、それぞれに独立して、それ一つで万邦無比の国体なのではない。古来の民俗その他の伝統も、国家秩序の組織も、皇室も臣民も、思想も生活も、その悉くが、総合され協力冥合して、人格的共存共栄態を実現しようとする無限の意志と努力との中に、万邦無比の国体の胎生もあり又その生長、完成も期して待ち得るのである。既掲の

よきをとりあしきを捨てて外国《とつくに》に劣らぬ国となすよしもがな

といふ明治天皇の御製でも

世の中の人のかがみとなる人のおほく出でなむわが日の本に

といふ昭憲皇太后の御歌でも、この万邦無比の国体の不断なる創造と完成行への大御歌と拝してこそ真の意味を把握する事が出来るのである。

従来の学者や教育家や政治家は、あまりにも多く国体を過去の完成と見誤つてゐた。それ故に国体主義、皇室中心主義、日本主義などといはれるものの驚くべき頑迷性と保守性とが産出されたのである。然しながら、「五箇条の御誓文」にある

旧来ノ陋習ヲ破リ、天地ノ公道ニ基クベシ

の精神と

夫レ大人ノ制ヲ立ツルヤ義必ズ時ニ随フ、苟クモ民ニ利アラバ何ゾ聖ノ造ヲサマタゲン

の精神とを比照して我国体を考ふる時、それは決して保守性のものであつてはならぬといふ指導意識の確在を看取し得る。開発進取を生命としない国体は、アナクロニズムだ。非生活原理だ。国体が生きてゐる社会人にとつて必要欠くべからざる指導原理として把握されないうちは、百千の思想善導も要するに売薬ほどの効目もあらはし得ないのである。従つて、国体擁護といふ言葉もそれを、過去の伝統、現在の事情の擁護といふ意味にのみ解してはならん。国体論者といふと頑迷なる旧式思想家だと思はれ、国体論といへば、かびの生えた御用哲学だといふ悪想像を喚起するのは、全く、従来の国体論者従つてその国体論がくだらないものだつたからで、

いはば自業自得である。然し、今や、社会の一角に、清新溌剌の国体科学、科学的国体主義が勃興しつつある事を、世人は、極度に注意せねばならぬ。アメリカやイギリスやドイツの思想家の観念哲学などを二年や三年遅れて学んでも何の差支へないが、国体科学の新提唱には、一日も早く、全日本国民が耳を貸し、その完成に協力せねばならぬ事である。

五　正義人道のはきちがへ

日本国体の精髄は、道であるといふ見解が、古来頗《すこぶ》る多く、「かむながらの道」などと称し、それを、神の意志の伝承されたものとしてゐる。伊勢外宮の出口延佳は、その『神宮続秘伝問答』に

「問曰、神道の二字は易の観卦より始て出たれば、日本の神道も易より出たるならんと云人あり、如何、答曰、甚ダ以テ不可也、今世儒学の輩、心引方に執して、吾国をも忘れ、如レ此《かくのごとく》云也。神代より相伝の神道は、何ぞ周易より出たるならんや、仏家の両部習合は嫌ながら、儒家に又易より出たる日本の神道と云は、

易習合也、但し自然と符合の所を捨よとにもあらず、神道と云《いう》漢字の連綿は始て易より出たれども、加美乃美知《かみのみち》と云倭訓《わくん》は、神代よりの相伝也、能可《ク》レ弁《シズ》レ之《ヲ》」（『神道叢説』一三〇―一三一頁）

といつてゐる。又、平田篤胤は、「古道大意」上に、

「此方の学風を古学と云ひ、学ぶ道を古道と申す故は、古へ儒仏の道、いまだ御国へ渡り来らざる以前の、純粋なる古の意と、古の言とを以て天地の初よりの事実を、すなほに説き考へその事実の上に、真の道の具である事を明らむる学問である故に、古道学と申すでござる」（『国民道徳叢書』三二一頁）

と、自己の古道学を説きつつ自然に、「道」の我国本来固有のものであることをいつてゐる。これらの文献は一々に列挙することは余りに煩《わずら》はしいほど同趣であるが、ここに注意すべきは、道そのものに対する、概念的であるが、先づ徳川時代乃至それ以前の古人の説の代表的なもの四五を検してみよう。「神道」の語が、日本書紀の用明天皇紀にはじめて出てゐる事はいふ迄もないが、平田篤胤の『俗神道大意』をみると次の如き説がある。

「用明天皇ノ御巻ノ始メニ、天皇信《ジ》二仏法《ヲ》一尊《ブ》二神道《ヲ》一ト見エタル神道ハ右申シタ

ル神道トハ訳が違ツテ神ヲ祭リ、神ヲ祷《いの》リ、マタ祓《はらう》ナドノ類、スベテ神ニ仕ヘ奉ルノワザトナル、宏ク申タモノデ、謂ハユル神事ノコトヂヤ。尤《もっと》モソノ神事《かんながら》モ云ヒモテ行ケバ神道ノワザナガラ、事ト道トハ身木ト枝葉ノ如クデ右申タル惟神ナル道トハ大キニ本末ノ差別アルコトデ仏法ト相対《くら》ベテ神道ト有レバトテ後世神道者ノ云如ク教ノ道ト心得ルハ非ヂヤ」

彼の説は、祭祀祈祷等の神事を神道と称した原始的なもののあつた事の説明になつてゐる。即ち用明紀に使用されてゐる神道の意味である。ところが、書紀の孝徳紀をみると、

「仏法ヲ尊ビ神道ヲ軽ンズ」（巻二五）

とあり、更に、三年夏四月の詔に

「惟神」

とあつて、その割注に、

「惟神者、神ノ道ニ随フヲ謂フ、又自ラ神道有ル也」

とある。この神の道とは何かといふことを本居宣長は、「古事記伝直毘霊」に解して

「神道に随ふとは天下治め賜ふ御しわざは、ただ神代より有こしまにまに物し賜ひて、いささかもさかしらを加へ給ふことなきをいふ、さてしか神代のまにまに、大らかに所知看《しろしめ》せば、おのづから神の道はたらひて他にもとむべきことなきを有神道とはいふなりけり」（『全集』第一五三頁）

ここに来ると、神の道とは、統治、即ち政治を意味することになる。平田篤胤の説くところは、もう一層立ち入つて

「神道トイヘバトテ、外ニ何モ人ニ異ツタル行ヒノ有デハナイ。即チコノ御文面ニ随神道トモ自有神道トモアル如ク、天皇ノ御祖神ノ御依シノ通リニ、御オキテ遊バス、御法令ヲ畏マリ奉リ、扨《さて》吾々モ神ノ産霊《むすび》ノ御霊ニ依テ、生レ出タル物故ニ、各々某々ニオノヅカラ神ノ道ガ有テ、ソレハ神ト君ト親ヲ敬ヒ、妻子ヲ恵ムナドヲ始メ、儒者ノイハユル五倫五常ノ道ハ、生レナガラニ異ツテアル故、ソレナリニ曲ゲズユガメズ随ヒ行クヲ、神道ニ随フトハ云フヂヤ、サテ天皇ハ此ノ道ニ随ヒ遊バシテ天ノ下ヲ御治メアソバシ、下々ハ其御心ヲ心トシテ、コノ道ニ従ヒ行クベキ当然ノコト故、アリト有ル人ノ限リ、儒者モ坊主モコノ神道ニ洩ルト云フハナラヌ事ヂヤ。モシ此道ヲカレコレ云ハウトナラバ、

此国ニハ居ヌガヨロシイ」（『俗神道大意』）

と曰つてゐる。而して更に、宣長の説に立ちかへつてみると左の如くある。

「故皇国の古は、さる言痛き教も何もなかりしかど、下が下までみだるることなく、天下は穏に治まりて、天津日嗣いや遠長に伝はり来坐り、さればかの異国の名にならひていはば是ぞ上もなき優たる大き道にして、実は道あるが故に道てふ言なく、道てふことなけれど、道ありしなりけり」（『全集』第一、五五頁）

次に、現代の学者は、この「道」について、いかなる説を為すかを二三の例によつてうかがふ事にしよう。先づ古神道の筧博士は左の如く説く。

「神ながらの道は心の道でございます。人間として人間を超越し、日本人として日本人を超越しつつ有する心の道でございます。即ち天地と一致したる人間、人間其の儘の日本人として有する理想信仰でございます」（『神ながらの道』二―三頁）

井篦《いへら》節三氏は云く、

「万世の皇室を戴き奉る日本の国体が貴いのは何故といへば、人情の自然に従つて血族の関係を重んじ、親子の関係を以て君臣の関係と為すが故である。

………人情の自然のままに君臣父子夫婦の道を重んずることの最も厚い神道こそは最も自由な博大な思想である」（世界大思想全集『日本思想篇』一〇頁及二五頁取要）

故藤岡博士の説に云く、

「わが国本来の宗教ありとすれば即ち神道なり、この道の経典といへば即ち日本書紀なり。………思ふに未だこれを以て高尚なる宗教といふべからず。またその経典とするところも、救世の大教主の伝記にもあらず、言行録にもあらずして、太古の伝説のみ、神異談のみ、………神道の名、古くよりあるにあらず。その普通に用ひらるるに至りしは、仏教に対していへるなり、その以前は殊更にかかる道あるにあらず、ただ祈祷祭祀の事実ありしのみ、この敬神も思想はわが国民あるより即ちあるべく、宗教の開祖が説法を待つて始めて起りしが如きものにあらず。」（『東圃遺稿』巻二）

以上の諸引例によつて、古来の学人達が神道の道をいかに解してゐたかがほぼ想像出来るであらう。然しながら吾等現代人はこれに就て再考せねばならぬ。

今でもたいていの観念的国体論者は、口を開けば、東方正義の健男児だの、正義人道の国だのといふが、一体、正義人道とは何ものだ。今日の観念的国体主義者の意識内容となつてゐる正義とは果して何ものだらうかといふ疑は、彼等が喋々として正義論を高唱すればするほど、深くならざるを得ない。「道徳国家日本」などと称して国体の根本でも説き尽したかの如く自信してゐる人もあるが、そもそも道徳といふのは何か。「道の国日本の完成」などといふその道とは何を意味するのであるか。「神武天皇は養正と仰せられた」にしても、正とか正義とかいふ概念は、いかなる事実に相応するものかが、はつきり再認識されなければ、現代社会に於ては空理空論とさへなる。之を更に近代の国民道徳論又は倫理学に徴する為め東京高等師範学校の亘理章三郎氏の『建国の本義と国民道徳』（文部省編纂国体講演録第一篇）の一節を引く。

> 建国とは国家価値の創造といふことである。建国といふことは唯自然科学的に事実を単に事実として見るべきではない。国家は価値として創造されるのである。これは恰も個人の生きるといふは、単に生理的事実として生きてゐるのでなく、精神的に価値として生き甲斐ある生活を為すことを意味するが如くである。国家の興隆といふのも、要するに国家価値の盛んに行はれて行くことをい

ふのである。此処に「建国の本義」といふ場合の本義とは、国家価値の創造の原理をいふ。いかなる原理によりて国家価値が創造せられたか、又創造せられつつあるかをいふのである。しかし此処に原理といふのは単純な知的なものとして考へ出されるものを指すのではない。根本の力——建国の根本の力となつて居るものをいふのである。即ち国家価値を創造する根本の力を原理といふのである。本義の内容は結局「力」である。知識ばかりでなく、意志も感情も、建国の原動力となるすべての力をいふのである。なほ注意して置くべきことは建国の根本の力となるものは、国性そのものの中に宿つて居るといふことである。それが作用して国家を創造するので、其の具体的にあらはれて根本の体系的組織を成してゐるものが即ち国体である。国民道徳とは「建国の本義にもとづいた道徳」である。換言すれば「建国の本義にもとづいた国民の全生活の自律的創造」が即ち国民道徳である。すべて道徳とは最高価値としての自我の創造をいふのである。従つて国民道徳は国民の全生活を最高価値として創造するものである。此処に道と徳とを分けて説明するならば、国民の全生活を最高価値として創造する規範が即ち「国民の道である。その国民の行ふべき道は、国民の自己規定である。他よりして斯く為すべしと強いられるのではない国性にもとづいて自ら創造してゆくのである。これが法律などと異るところである。他律的な者でなくて全く自律的の規範である。自己が自己の意志により行ふ道である。この道を行ふ能力を徳といふ。道徳と一語にすれば「善」を意味するのであるけれども、分解していへば、道は行ふべき規範、徳はそれを行ふ能力をいふのである。要するに其の建国の本義にもとづいて国家の全価値を創造するものが国民道徳であるといふのである。

吾々は、この論文を読んで、国民道徳そのものをつかみ得るかといふと何ものもつかみ得ない。そこには、建国の本義だの、自律だの他律だの、道とは自律的規範だの、徳とは能力だのといふ概念の分析を見る丈けで、結局、何が国民道徳の実際であるかを見出し得ない。国民道徳といふものは、その名前を聞いただけでも、よほど適切に全国民に実践されねばならぬものの様に、吾々素人の耳には響くのであるが、一体何を如何に実践すればよいのか、右の様な説明では、とんと了解し得ないのである。予は最早や、気の毒なる国民道徳学者達の学説を一々ここに引用して反駁する意志を有しないが、とにかく、今まで、道徳といふことが、多く、人間の気分、教養等によつて維持される観念的原理及び、社会の人倫秩序に関する法を意味してきた。従つて、倫理学といふ倫理学は、良心の研究だとか、意志論だとかいふ問題に浮身をやつしてきたのである。国民道徳となれば、忠孝論の研究に焦点をしぼつてゐたのである。勿論、社会が統制的秩序を必要とする限り、いはゆる人倫関係を正しくするといふことは、正義でもあり道徳でもあるに相違ない。又、他人に対して親切にするとか、公徳をまもるとか質実勤勉に服業するとかいふ事も、正義であり道徳である事も論じ立てるまでもない。然し、正義とか道徳とかいはれるものは単にそれだけに止まるものであらうか。人格を修養する前に、社会に尽す前に、人間は経済生活即ち飯をたべて生きなければならぬ。生きるに絶対必要なる形而下問題を道徳や正義と範疇でも異るかの如くに考へてゐるのは、人間の高尚病である。『哲学大辞書』中、東京帝国大学の大島正徳氏の執筆になる「道徳」の項をみると左の如くある。

道徳とは通常人と人との間の関係を謂ふと解釈せらる。されど、人と人との関係といふも、単に血族関係若しくは地理関係といふが如きにあらず、彼我の情意的関係を指すものなり。されば、単に血縁ありとも、近く住すとも、又某所に人の居ることを認むるとも、彼我の間に何等の情意的関係を起さず、好意をも悪意をも、彼我何れかのためにすることをも、即ち一切の痛痒《つうよう》をも同感することなくんば、いまだ道徳的関係ありと謂ふべからず。故に厳密には、道徳とは人と人との間の情意的関係なりと定義すべく、此の関係を意識することが、則ち道徳的意識なり。されど吾人の日常の行為にして、殊に此等の意識を有することもなくて殆ど機械的に行動し、而かも道徳的行為と目せらるるものあり、是等を習慣的道徳といふ云云

何とビールの気のぬけた様な道徳ではないか。又、深作安文博士執筆の同辞典「国民道徳」の項をみる。

国民道徳とは或る国民の特に長ぜる道徳なり。凡そ道徳の根本原理は各国民に共通なれども其の特殊の方面は等しく各国民に遵守せらるるにあらず。或る国民は経済に関する道徳に長じ、或る国民は武勇に関する道徳に長じ、或る国民は独立自由の観念に富み、或る国民は孝悌従順の思想に富む。各国民が斯く特殊の道徳に長ずるに至る原因は其の国民の先天的性能及び其の国民の生存せる国土の地勢、気候、地味等に依属すること多し。而して一国の社会組織が其

の国民の道徳に及ぼす影響は又頗る大なり。今試みに我が国について云へば国民道徳の基礎は其の社会組織に在ることを知る。而して其の社会組織は祖先崇拝にあり。孝悌従順の思想、所謂武士道の観念等、凡そ国民道徳と見做さるべきものは祖先の崇拝の思想に淵源せざるはなし。殊に我が国民道徳の精華とも称すべき忠孝一本の思想の如きは実に我が一大族父制をなせるに由る。而して忠孝の念に富める我が国民は能く此の族父制を維持発展せしめ、以て忠孝が我が国民道徳の骨髄として実行せらるることを得しめたり。忠孝一本の思想の如きは支那にも古来是れありと雖、其の社会組織が数々破壊せられたるが為め、其の思想は遂に実行せられず、甚しきに至つては革命を是認して怪しまざるものあるに至れり。我邦に於ても近時西洋の文明を採用せる結果として、其の個人主義をも採用するものあるに至りしを以て、家族主義を基礎とせる我が国民道徳は之が為に著しき影響を受くるに至れり。将来我が国民道徳に起るべき変化は吾人の最も注意すべきことなり。

とあるが吾等には到底全的賛同を表し能はざる幽遠なる道徳観である。就中《なかんずく》この博士の社会組織論に至つては現代珍中の珍とするに足りるであらう。祖先崇拝の国民道徳をいかばかり骨張してみても、墓参りが盛になり、仏壇に香華がたむけられるだけで、現実の社会そのもの、社会組織そのものがよくなければ仕方がないではないか。尤も、深作博士の定義の様に、社会組織は即ち祖先崇拝なりなどといふ珍無類の学説が通過する時はこの限りにあらずだ。

日本の国体は、祖先崇拝によつてのみ維持される国民道徳や、人と人との情意的関係たる道徳などによつて、その優秀が保たれてゐるほど情けないものだとは、流《さす》石《が》の予も、今の今まで思ひ及ばなかつた事である。かういふ道徳論が、時を得顔にはびこつてゐては、道徳と生活とは基礎的には永久に無関係であり、衣食足りてゐる人間のみ礼節を知るに過ぎないといふことになる。人間の高次行動形態に伴ふ道徳は、微細な部門にも岐《わか》れ得るであらう。従つて、武勇に関する道徳だとか、商業に関する道徳だとか、それぞれに分類され得るが、さういふ特殊化した道徳の一方面一形態よりも、すべての基礎となる道徳がなければならぬ筈だ。それは、人間の人格的共存共栄の倫理道徳である。生きる事に関する最も基礎的な道徳が、すべての部門道徳の根原でなければならぬ。共存片栄の社会を守護せんとするが如き従来の、もろもろの階級的道徳に対する鋭き批判はここに是非とも起り来るべきである。

口や文章でいかに共存共栄といふ言葉や文字を唱へ又は書いても、共存共栄の社会事実を正確に認識し、そしてこれが根本的改造を誘起しないならば、それはいはゆる口耳《こうじ》三寸のたはごとだ。現代のおほくの国民道徳学者や国体論者は、果してかかる特権階級の代弁者、支配階級の用心棒でないであらうか。

道を行ふとか、仁義に親しむとか、正義をとつて進むとかいふことは、是非とも従来の人倫関係等の範疇のみならず、人間が生きる事に関する基礎にまで直接にその領域をひろげなければならん。食ふことに関する事象は、道徳問題でない様な顔をしてゐる道徳や倫理を、吾々は断じて拒否すべきである。倫理といふも道徳といふも、それの文字の解釈などに捉へられて居るべきではない。倫理といひ道徳といふ以上、それは必ず切実に、社会に於ける人格的共存共栄の倫理であり、道徳でなければならん。然らずんば、どこに道徳があり得るか。一方の人間は多数の人間を搾取して不義にして富み且つ貴く、他方無産階級は、稼いでも猶追つく貧乏神にたたられてゐる社会に於て、腹のくちくなつた人間にのみ要求し得られるに過ぎない極めてのんきな徳目などを並べたててゐて、それで、よくも倫理で候、道徳で御座候といへたものではないか。

人類にとつて、一同協力、正しく、安く、楽しく生活すること以上に基礎的な正義や道徳はない。すべての文化も、この基礎の上に光被してこそ、真に霊肉一致の生活は実現されるのである。社会制度の欠陥によつて悲痛なる生活苦に沈吟苦闘しつつある多数の同胞あるを冷やかに見下しながら、概念正義、概念道徳の講義をしてゐて、それが何になる？　それでも倫理の名に値し、道徳の威厳を保持し得るとならば、これまさに、泥坊にも三の理屈を許容するに等しい。日本国体が、もしも、観念的国体論者の力説するが如く、倫理の常体であり、最高道徳であるとするならば、国体は当然、如上の現実的社会問題に直面してその威光をかがやかすものでなければならぬ。吾人の把握せる国体は、実に、人倫秩序の大義と社会生活の正義とを抱合含蓄せる、全人格的生活の事実軌範である。国体は、君臣道の人倫と万民共存共栄協働創造との完全なる一致によつて発揮されるのである。そこに、道徳の名に、正義の名に値する日本国体を把握しないならば何を以て、正義道徳の実となし、抑々《そもそも》又何を以て、日本国体の正義道徳となし得るか。

空想じみた正義、空論じみた道徳、それらは、今や、生活の名と必要とに於て根本的に一掃さるべきである。「一本のたばこも二人わけてのむ」真の共存共栄態に人類を生活づける中から、高らかに浄らかに叫び出される道徳、それこそそわれらにとつて天の楽音ではないか。それが日本国体であるとなつてこそ、国体擁護、即人道であり正義であり倫理である事になるのである。世の倫理学者や国民道徳学者は、人間が食物を摂取して生きてゐる者だといふことを、余りに奇跡的に失念してゐる。仏教には思食といふこともあるが、このお目出度き倫理学者らは、人間はすべて思食で生活してゐるとでも思つてゐるのか。観念を食つて生きてゐるとでも考へてゐるのであらうか。観念道徳、観念倫理、観念国体、みな、いまや根本的に否定せられる時に遭遇したのである。「食色の徒は卑しと為す」といふことを誤解し悪解するところに、観念論者の失敗の因がひそんでゐるのである。

以上はほんの二三の例に過ぎないが、総じて、道を解するに主として観念的態度を以てし、人倫関係、乃至、人倫関係にのぞむ統治を以て道としてゐる事がわかる。然るに、会沢正志斎の如きは、その『新論』の「国体上」に於て、まづ、君臣父子の人倫大義を論じ、祭政一致を論じ、つひに、大嘗の義に及んで左の如くいつてゐる。（この文はさきにも引いたが、必要につき重出をいとはず掲げる）

天祖嘉穀の種を得ておもへらく、以て蒼生を生活すべしと。乃ち之を御田に種ゆ。………民命を重んじ嘉穀を貴ぶ所以のもの見るべきなり。

又、同書の『国体下』に、

古は天子嘉穀を天神に受け、以て民物を生養す。其の富は即ち天地の富に因る。後世に至りて則ち天下の富稍々分散し、一転して、武人に移り、又転じて市人に帰す。而して天下其の弊を受くる所以の者枚挙に勝へず。請ふ試みに其の説を竟《の》べん。古は大嘗の祭、天下と其の誠敬を共にす。新穀已に熟すれば、必ず用ひて以て天神に報じ、然して後天下之を嘗《な》む、而して天下皆食ふ所の粟は即ち是れ天神頒《わか》つ所の種なるを知る。是に於てか天命を畏れて地力を尽す。人心天地と一にして、同じく其の富を受く。天地と間なき所以なり。

と曰つてゐる。又、蒲生秀実の「今書」にも、

王道の衰へたるより班田廃し、制民均しからず。

とある。

観念論者は、かういふ思想に対して、功利主義だといつて冷かなる酷評を送り易い。勿論、国体論が単に、食ふ事だけに終末をつげるものならば、それは余りに浅薄な現実主義であつて、人生を立体的に解し得てゐないものである。然しながら、

ややともすれば、観念を重視するのあまり、物質的方面を軽視してしまひ易い国体論者の立場にのみ止まらず、進んで人々の社会生活そのものに、天祖の道を関係せしめて見たるものといふべく徳川時代としては誠に鋭い見識といつてよからう。

これらの文献を多くあげ立てる事は今、さまで重要な事ではないが、思ふに、社会の一大要素たる道徳を、単に普通の倫理学的対象たる範囲の人倫関係の規定とのみ見るか、或は他の意味を進んで否定しないまでも少なくともその点に重点をおくか、或は、道を以て吾人の人倫関係及び社会的経済生活乃至政治等の生活をも包含する全一的生活への指導原理とみるかといふ事は、まことに、重大なる問題である。いづれにしても、現代の如く、社会主義的唯物思想の人生を動かしつつある時にあたつては、この点一大反省を要する。換言すれば、「道」即ち吾人が先きに定義せる国体が、現代社会の経済生活を意識的に包容するだけの余地のない観念的なものであるとするならば、今日以後の社会に於て、国体の必然性を骨張することが不合理になるといふこと丈けは十二分に考慮の中に入れる必要がある。

六　天皇と地主及び資本家的豪族

地主や、資本家的豪族、従つて今日の資本家等が天皇と庶民との中間階級的存在として、物質的勢力を壟断する事が、元来反国体的であるといふ予の主張が、若しも予一家の私見であると思ふならば、予は、冷静に次の文献を提示せねばならぬ。文献とは、わが万世一系の天皇の諸勅語である。予の説が、資本家の私利に好都合でないといふ所以をもつて、危険思想視せんとする、「忠良なる臣民」は、よろしくまづ、左の諸勅語――それはいふ迄もなく、天皇の大御心だ――を熟読味解するがよい。その上で、予の説が反国体的であるといふなら、一つ堂々と反駁してほしい。予は敢て逃げかくれする訳ではないから、いつでも応戦する準備が出来てゐる。まづ第一に、孝徳天皇の大化改新の大詔を掲げ、我が万世一系の天皇の御意志のあるところをみようではないか。

古ヨリ以降、天皇ノ時毎《みよ》ニ、代《みよ》ノ民ヲ置標《あはら》シテ、名ヲ後ニ垂ル。其ノ臣連《おみむらじ》等、伴造《とものみやつこ》国造《くにのみやつこ》、各己ガ民ヲ置キ、情ヲ恣《ほしいまま》ニシテ駈使ス（豪族が支配階級として良民を奴隷化する事である）。又、国県ノ山海林野池田ヲ割キテ、以テ己ガ財ト為シ、争ヒ戦フコト已マズ、或ハ数万頃ノ田ヲ兼ネ並セ、或ハ全ク針ヲ容ルルノ少地モナシ（豪族が、天下の土地を占領私有して大地主となり、資本家化したのだ）。調賦ヲ進ムル時ニ及ビ其ノ臣連伴造等、先ヅ自ラ収斂シテ然ル後分チテ進メ（財貨を皇室国家に奉納するに先立つて豪族等が私有欲によつて家財を増殖し、或は不正収受を計る）、宮殿ヲ修治シ、園陵ヲ築造スルニ各己ガ民ヲ率ヰテ事ニ随ツテ作ル（皇室国家の公務労働に従事するにも、奴隷的私民を率ゐて臆面もなく来る）易ニ曰ク、上ヲ損シテ下ヲ益スト。節スルニ制度ヲ以テシ、財ヲ傷《やぶ》リ、民ヲ害セザレ。方今百姓猶ホ乏シ、而ルニ勢アル者、水陸ヲ分割シテ、以テ私地ト為シ、百姓ニ売リ与ヘテ年々其価ヲ索《もと》ム（地代、利潤、小作料等をしきりに搾取する）。今ヨリ以後、地ヲ売ルヲ得ジ、妄《みだ》リニ主トナリテ劣弱ヲ兼ネ并《あわ》スコト勿レ（今後断じて、公領たるべき土地を売つたり、又、みづから主人となつて良民を奴隷化する事はならぬ）

又、その翌年の大化改新の詔の「其一」に曰く、

昔在《むかし》、天皇等ノ立テ給ヘル子代《みこしろ》ノ民、処々ノ屯倉《みやけ》、及ビ別、臣、連、伴造、国造、村首ガ所有セル部曲《かきべ》ノ民、処々ノ田庄ヲ罷《や》メヨ。ヨリテ食封ヲ大夫以上ニ賜フコト、各差アリ。降リテハ布帛ヲ以テ官人百姓ニ賜フコト差アリ。又曰ク、大夫ハ民ヲ治メシムル所ナリ。能ク其ノ治ヲ尽ストキハ則チ民之ニ頼ル。故ニ

其ノ禄ヲ重クスルコトハ、民ノ為ニスル所以ナリ。

勿論、ここに反映してゐるものは、農業時代の社会相であるが、その原則は、確かに日本国体の生命として、今日の資本主義社会にも適用されねばならぬ。又、大化の改新が、事実上、立派な成功を収めなかつた事を以て、その原則を否定してはならん。大化の改新が不成功に終つたのは、その主義の不正なるが為ではなく、遺憾ながらその方法上の欠陥にあつたのだ。一君万民共存共栄の社会を創造する事は、断じて否定すべからざる日本国体の尊厳なる使命だ。観念だけで「草も木も大君のおんもの」と思つても、事実が、「草も木も、何でもかでもみな自分のもの」となつてゐれば、如何なる立派な観念でも糞の役にも立たない事を知るべきだ。土地山野の私有壟断を戒飭《かいちょく》されたのは単に孝徳天皇のみではない。文武天皇も又左の如き詔をしておいでになる。

軒冕《けんめん》ノ群ハ代耕ノ禄ヲ受ケ、有秩ノ類ハ民ノ農ヲ妨グル無シ。………頃者、王公諸臣、多ク山沢ヲ占メ、耕種ヲ事トセズ、競ヒテ貪婪《どんらん》ヲ懐《いだ》キ、空シク地ノ利ヲ妨グ。若シ百姓ニシテ柴草ヲ採ル者アレバ、仍リテ其ノ器ヲ奪ヒ、大ニ辛苦セシム。シカノミナラズ賜ハルノ地、実ニ止《ただ》一二畝《うね》ヲ有《たも》ツノミ。是ニ由ツテ峰ヲ踰《こ》エ谷ニ跨《またが》リ、浪《みだ》リニ境界ヲ為ス。今ヨリ以後、更ニ然ルヲ得ザレ。但シ氏々ノ祖墓及ビ百姓ノ宅ノ辺ハ、樹ヲ栽《う》ヱテ林ト為シ、並ニ周リ二三十許歩ハ禁ノ限リニ在ラズ。

元明天皇も又、富豪の多く山野を独占するを禁じて

親王以下及ビ豪強ノ家、多ク山野ヲ占メ、百姓《おおみたから》ノ業ヲ妨グ。今ヨリ以来、厳ニ禁断ヲ加フ。但シ空閑ノ地ヲ墾開スベキ者アラバ、宜シク国司ヲ経テ然ル後、官ノ処分ヲ聴クベシ。

といふ勅語を下されてある。くだつて桓武天皇は、延暦三年十一月、国司の私営田及び私墾闢《こんびゃく》を禁じたまひ

民ハ惟《こ》レ邦ノ本ナリ。本固ケレバ国寧《やす》シ。民の資《うく》ル所ノモノ、農桑是レ切ナリ。コノゴロ諸国司等、ソノ政、僻多クシテ撫道ノ方ニ乖《そむ》クヲ愧《は》ヂズ。唯侵漁ノ未ダ功ナラザルヲ恐ル、或ハ広ク林野ヲ占メテ蒼生ノ便要ヲ奪ヒ、或ハ多ク田園ヲ営ミテ黔黎《きんれい》ノ産業ヲ妨グ。百姓ノ凋弊スル職トシテ此ニ之レ由ル。宜シク禁制ヲ加ヘ、貪濁ヲ懲革スベシ。今ヨリ以後国司等公廨田ノ外更ニ水田ヲ営ムヲ得ズ。又私ニ墾闢ヲ貪リ百姓ノ農桑ノ地ヲ侵スヲ得ズ。如シ違犯スルコト有ル

者ハ、収獲ノ実、墾闢ノ田、並ニ皆没官シ、即チ見任ヲ解キ違勅ノ罪ニ科セヨ夫ノ同僚並ニ郡司等、相知リテ容隠セバ、又与《とも》ニ同罪トセヨ。若シ人ノ糺告《きゅうごう》スルコト有ル者ハ、其苗子ヲ以テ糺告人ニ与ヘヨ。

と詔ひ、同年十二月更に、王臣諸司等山沢の利を専らにするを禁ずる左の如き詔を下された。

山川藪沢ノ利ハ公私之ヲ共ニスト。具ニ令文有リ。聞クナラク、此来、或ハ王臣家及ビ諸司寺家山林ヲ包《か》ネ並セ、独リ其ノ利ヲ専ニスト。是ヲシモ禁ゼズンバ百姓何ゾスクハン。（下略）

後又、文徳天皇も、山野江河池沼等を豪族等の妄りに私有化せるを破折遊ばされた。

思ふに、国土、山川池沼、地下の埋蔵物等は一として私人の有とすべき性質のものでなく、まさに万民共存共栄の物的基礎なるが為であつて、我国創建以来、一国一家親愛の生活の職由するところなるが為である。即ち、以上の諸詔、悉く、土地は公有といふ日本国体の眼目を提示訓戒したまへるものばかりである。土地といふものは、いふ迄もなく、何人の力によつてでも人造したものといふわけではないから、元来、私有させるのがまちがひなのである。我国の法制に於ても、大体に於て土地の私有を禁じてゐたのであつて、稀に、墾田の三世一身に伝へるを許したりした事もあつたが、その私有権は決して絶対的のものではなかつた。土地の売買の如きも、たとへば、徳川時代の如く、土地私有厳禁の下にあつても、売ると称して質入したり、永代売が行はれたり、殊に元禄以後頼納売などといふ名義不変更のままに転売された事もあるが、それは、みな法網をくぐつた行為で、決して国家公認の下に行はれたのではない。現代の土地私有権の確立などは、実に、明治五年二月土地永代売解禁以来の現象であつて、むかしから、日本の国体として擁護されてゐたものでないのである。

かく、我国は、古来一部豪族等の土地の私有を認めなかつたのみならず、又、歴代の天皇は、今日の言葉でいへば資本家的豪族等の不当な搾取に対しては、恒に、敢然正義の王道をとつてのぞませたまふたのであつた、その一例を左の光仁天皇の詔に仰がう。

頃年《としごろ》百姓、競ウテ利潤ヲ求メ、或ハ少銭ヲ挙ゲテ多利ヲ貪得シ、或は重契ヲ期シテ、強ヒテ質財ヲ責ム。未ダ幾月ヲ経ザルニ、忽然トシテ一倍ス。窮民酬償シテ弥《いよいよ》門ヲ滅スヲ致ス。今ヨリ以後、宜シク令条《りょうじょう》ニ拠リ以テ一倍ノ利ニ過グルヲ得ザラシムベシ。若シ心ヲ悛《あらた》メズ、倍スル者ハ、陰贖《おんしょく》ヲ論ゼズ、違勅ノ罪に科シ、即チ其ノ贓《ぞう》ヲ奪ヒ以テ告ゲタル人ニ賜へ、物主ニ対スルニアラザル売質モ又同ジ。

これより、更に古き一例としては、

諸国ノ大税、三年賑貸《しんたい》スルモノハ、本百姓ノ窮乏ヲ恤《あはれ》ミ済《すく》ハンガ為ナリ。今国郡司及ビ里長等、此恩借ニ縁《よ》リ妄《みだ》リニ方便ヲ生ズ。政ヲ害シ民ヲ蠹《と》スルコト斯ヨリ甚シキハ莫シ。如シ身ヲ潤スヲ顧ミ、曲ゲテ利ヲ収ル者ハ重ヲ以テ之ヲ論ゼヨ、罪赦サザルニ在リ。

といふ元明天皇の例もある。桓武天皇の如きは、貧富均済の勅を発して詔ふ。

去年登《みの》ラズ、民業絶乏セリ。富賎《ふせん》ノ輩ノミ唯余儲アリ。糴《せり》スレバ則チ要《もと》ムルニ貴価ヲ以テシ借レバ則チ之ニ大利ヲ責ム。茲ニ因テ貧民ハ弥貧シク、富家ハ逾《いよいよ》富ム。均済ノ道、良《まこと》ニ然ルベカラズ。宜シク使ヲ大和ノ国ニ遣シテ、有余ノ貯ヲ割折シ、不足ノ徒ニ仮貸シ、収約ノ時先ヅ之ニ報イシムベシ。若シ凶年ニ遭ヒ、未納ノ者アラバ、賜フニ正税ヲ以テシ、後、負人ニ徴セヨ。

まことに、有産階級、今日の所謂資本家的階級等の搾取貪婪《どんらん》、目前にみるが如く、然も敢然としてふるひたまへる王者の正力、涙のこぼれるほど有難いではないか。それから二年後の延暦二十四年、天皇は、正税貸与の詔勅を下して居られるが、その中にも、

其ノ情愛憎ニ渉リ、弱ヲ退ケ強ヲ進メ、及ビ未納ヲ補填《ほてん》シ、兼ネテ私債ヲ収ムル者ハ発覚ノ日必ズ重科ニ処セヨ。

と、あく迄、虐げられたるものを保護し鬼畜の如き悪魔を抑へておいでになる。然も又、第五十四代仁明天皇の如きは、

夫レ富豪ノ貯ル所ハ是レ貧窶《ひんる》ノ資ナリ。聞クナラク、先来行フ所、吏其人ニ非ズ、只借用ヲ事トシテ、返給ニ意ナシ。斯ノ如キハ貧富倶ニ弊《つか》ルル所以ナリ。急ヲ周《すく》ヒ絶ヲ憐ミ、宜シク秋収ニ至リ、特ニ使者ヲ遣シテ悉ク返給セシムベシ。

と、悪官吏をいましめ、正当に富豪を保護したまひあはせてその財は天下蒼生の為に用ゐらるべきを訓へたまうた。実に公明正大なる大御心である。我皇朝史上下約三千年、その間、ただの一度でも、今日に翻訳すれば所謂資本主義的な、土地私有的な制度を根本的に是認した例は皆無なのである。たまたま私有化傾向の生じて弊害を来すや、恒に、これを更改して、一君万民一国一家族的共存共栄態にまで是正

せんとしたものが、実に我が皇室を中心とせる日本歴史である。これが日本国体本来の面目である。この面目は、今日に於ては、一層適切に輝き出さねばならぬ。我国は、明治維新にあたつて、当時の国際的状況から、存在せんが為にはただ資本主義制度の採用によつて富国強兵を企画するの外に道がなかつた。而して、資本主義制度の輸入によつて、よかれあしかれ、現代日本の国際的位置を確保することが出来たのである。

　然しながら、資本主義制度は、最早や、必要の過程から弊害の過程に進んでゐる。歴史の過程に於ける資本主義社会は、今や大なる一大矛盾に到達した。吾等はその清算による新しき社会の建設に向つて意志的行動を起さねばならぬ。生活軌範の理念として把握されたる日本国体は、あきらかに、この運動の促進を暗示してゐるのである。

　　夫レ大人ノ制ヲ立ツルヤ義必ズ時ニ随フ、苟クモ民ニ利有ラバ何ゾ聖ノ造ヲ妨ゲン。且ツ当ニ山林ヲ披キ払ヒ宮室ヲ経営シテ忝シク宝位ニ臨ミ以テ元々《おおみたから》ヲ鎮ムベシ。上ハ則チ乾霊《あまつかみ》国《くに》ヲ授ケタマフノ徳ニ答ヘ、下ハ則チ皇孫正シキヲ養フノ心ヲ弘メ、然ル後六合ヲ兼ネテ都ヲ開キ八紘ヲ掩フテ宇ト為サンコト又可《よ》カラズヤ。

といふ神武天皇建国の大詔は、古代日本の社会に於て、あまりに驚くべき進歩した意識だ。時に随つて立制するを原則とする以上、聖造即ち旧来の制度なればとて何の墨守せねばならぬ必要があらう。孝謙天皇の勅語に

時ニ随テ制ヲ立ツルハ国ヲ有《タモ》ツノ通規

とあるのも、矢張りこの進歩的意識の表現である。

若シ国家ヲ利シ、百姓ヲ寛《ユタカ》ニスル術有ル者ハ、闕《みかど》ニ詣リテ親シク申セ。則チ詞《ことば》体理《ことわり》ニ合ハバ立テテ法則ト為サン。

これは天武天皇の勅語であるが、これに類似した歴代の天皇の聖詔はただに一二にして止まらない。かくてこそ、万邦無比の国体は、無窮に創造せられ、涯しなき栄光にかがやき得るのである。然るにみよ、現時の資本家、地主、有産階級には、資本主義的我利々々制度を死守せんが為には、かかる一部特権階級の利便制度が、建国以来の国体ででもあるかの如く言ひふらして、鷺《さぎ》を烏《からす》と言ひくるめ様としてゐるではないか。

神聖なる万世一系の天皇は、金持をのみ赤子とみそなはすのではない。華族をの

み保護せられるのではない。その大御心は実に、万民一人も漏れなく、慈愛したまふのである。明治天皇の

　　ちよろづの民とともにも楽しむに
　　　ますたのしみはあらじとぞ思ふ

と仰せられたその千万の民悉くを赤子とみそなはすのだ。この大御心を吾等はいかにして現代社会に実現するか、その実践が即ち吾等の社会生活の最大のテーマでなければならぬ。

七　プロレタリアと天皇

1、国民としてのプロレタリア

プロレタリアートは皆人間であつて、決して牛馬でない事は、たぶん、いかなるブルジヨアもわかつてはゐるのであらうと思ふが、わかつてゐるにしても、猶一層よく、徹底して、公平に、いかなるプロレタリアも悉く人間であるといふ事をわかつて貰ひたい。単に、人間だといふ丈けではなく日本国民であるといふ事に就て、

猶更ら痛切な認識をして貰はなければならぬ。つまりもつと強く耳に響く様に言へば、プロレタリアも、天皇の臣民だといふ事を、少しはまじめに考へてみろといふのである。ブルジヨアだけが楽しい生活をする為に、所謂無産階級に属してゐる人間達、否、天皇の臣民、即ちおほみたからを搾取しぬく事が、正しい事であるか邪まな事であるか、又、善事であるか悪事であるかを、日本の全ブルジヨアジーは、命がけで考へなほすべきだ。政府の役人も、資本家の便利にばかりなる悪政の夢から醒《さ》めなければならぬ。天皇陛下の一視同仁の大御心は、つねに、いかなる無産貧困の者にも海よりも深く及んでゐるのである。然るに、この大御心を、途中で遮つてしまふ様な政治、若しくは誤り解してゐる教育等は、悉く、反国体的政治なり教育なりだ。ブルジヨアジーとその政治家達は、抑々何の権利があつて、あはれむべき無産階級を搾取し弾圧するのか。

2、稼ぐに先越す貧乏あり

予は曾て、磐城地方の講演に赴いて湯本の温泉に一泊した事がある。炭坑の関係上、浅野総一郎翁がよく泊る宿屋とかで、予の部屋には翁の鮮かなる筆が額として大切に掲げられてあつた。みると、「稼ぐに追ひつく貧乏なし」と書いてある。氏は会社で時々社員達に訓示をするとの事だが、矢張りしばしば、同一の趣旨を述べる由である。又、ある時、予は某中将から晩餐の招待を受けた時、酒宴の席上、将軍が、右と同一趣旨の意見の持主である事を知つた。かういふ考の人は、現代に沢山ある。「稼ぐに追ひつく貧乏なし」の格言宣伝で無産階級運動を食ひ止めようとするが如き、又は批評せんとするが如き暴虎《ぼうこ》馮河《ひょうが》の勇者には、まつたく恐れをなさざるを得ぬ。封建社会の崩壊から資本主義社会の創建に従事した人達の経験を以て、資本主義社会の金城鉄壁完成時代の貧乏人にあてはめようといふのだから、実に驚嘆時を久しうするの外ない。ところが、現代は、稼ぐに追付く貧乏よりも、稼ぐに先越す貧乏があるので、鼻糞ほどの労資協調や慈善バザーのおつつけ仕事では、金輪際ラチがあかなくなつてしまつたのである。稼いでも稼いでも貧乏が家に待つてゐる様な人達が夥《おびただ》しくゐる国家に、明るい、楽しい共存共栄の生活があり得るだらうか。プロレタリアなどは餓死してしまつてもかまはぬとでもいふのが、ブルジヨア達の心持なのであらうか?

若しも、稼ぐに追ひつく貧乏がないものとしたなら、そんな有難い社会は無い。

まじめに、正しく働きさへすれば、貧困に苦しむ必要がなく、貧乏なのはみな怠慢の自業自得だとすれば、それはまことに正当な社会である。ところが、今の社会の実際はどうかといふと、まさにその正反対である。一日に十時間も十二時間も働いて、ヘトヘトになる迄仕事をしつづけても、決して十分なる生活の資料を得《かて》ることが出来ない。美食に飽満した後の腹こなし運動にゴルフやテニスでもやつて遊んでゐる人間は、使つても使つてもあとからあとから金が出来る。

奴等は金を貰ふと、すぐ一杯ひつかけたり女郎買をしたりするから、金が残らないのだ。

と或るブルジヨアが予に語つた事がある。それは、労働者の中には身持のよくない者もある事は否定出来ない。然し、有閑階級のブルジヨア達は、日夜酒色遊蕩に耽《たん》溺《でき》しても金がつかひきれないでゐるのではないか。又、労働者と雖も、皆が遊び、いつでも遊ぶといふわけではない。終日終夜、勤勉服業しても猶且つ貧乏神の離れないのが、現実の大勢だ。これをしも、「稼ぐに追ひつく貧乏なし」で教訓しておかうといふのは何といふ間抜けな、卑劣な精神なのであらうか。吾等は断乎として、「稼ぐに追ひつく貧乏なし」の教化運動を、現実社会の関する限り、拒否せねばならぬ。

3、無産者よ此事実を凝視せよ

我が日本の無産者の中には、欧亜の歴史より帰納したる帝王観の指導に迷はされて、一途に、我が皇室を、西洋各国乃至支那等の古来の王者と同一視しつつある者が少なくない。君主制を廃止して民衆それ自身の自主する社会国家を理想としてゐる者が次第に増加しつつある。これは、全く、彼等が日本天皇を認識する事が浅薄であり不正である為に外ならぬ。西洋や支那の帝王は本質的に、征服者であると共に常恒の権力支配者であり搾取者であつた。国家も人民も悉く、帝王の私経済的対象であつた。ルイ十四世の、「朕は国家なり」といふ言葉によつても推測する事が出来る様に、又、その他、いくらも実例のある通り、帝王は、その権力の絶大なる時、つねに至上であつた。帝王即国家であり、帝王の意欲即正義でさへもあつた。然るに、日本は全く世界のいかなる帝王とも類の異つた天皇を主権者として奉戴してゐるのである。

日本に於ては、天皇最尊ではなく、国体最尊である。所謂、皇祖皇宗の遺訓、建国以来の国是換言すれば「斯道」と明治天皇の仰せられたところの人格的共存共栄の法則たる国体が最尊無上で、国体の前には君主といへども服従したまふを以て原則とするのである。天皇の個人的意欲即正義なのではなく、国体の体達者として又統制者としての、天皇の意志を尊んだのである。ここに日本の尊貴があるのだ。天皇と西洋の帝王と混同する様な人間は、顔を洗つて出直して来なければ駄目だ。我が日本に於ては、古来いかなる時代でも、社会の制度のあやまりにより、若しくは、豪族覇者らの跋扈《ばっこ》によつて、無産貧困の者の生じた時、真にこれらのあはれむべき犠牲者の為に、深い大御心を御示しになつたのが、万世一系の天皇にましましたのであつて、これ即ち真の日本国体の発現だ。若し、予の論議が、聊《いささ》かでも不当だといふ者があるなら、まづ、次にかかげる夥しき歴代天皇の勅語を精読し、然る後、予の説を猶《なお》非議し得るなら美事に非議し、破れるものなら手柄に破つてみよ。

人皇第十六代仁徳天皇仁慈の大詔は、今日、最もあまねく知られてゐるところのものであるが、

朕高台ニ登リ、遠ク之ヲ望ムニ烟気域中ニ起ラズ、以為《おも》フニ百姓既ニ貧シクシテ家ニ炊《かし》グ者ナキナラン

とて、三年のみつぎを免ぜられた。その結果に就て「日本書紀」は語る。

朕既ニ富メリ、豈愁《うれい》アランヤ。

皇后対諮《とひ》タマハク、何ヲカ富メリト謂《のたま》フヤ

天皇曰ク、烟気国ニ満テリ。百姓自ラ富メルカ。

皇后且《ま》タ言サク、宮垣壊レテ修ルコトヲ得ズ、殿屋破レテ衣ハ露ヲ被ル。何ゾ富メリト謂フヤ。

天皇曰ク、其レ天ノ君ヲ立ツルヤ、是レ百姓ノ為ナリ。然ラバ則チ君ハ百姓ヲ以テ本ト為ス。是ヲ以テ古ノ聖王ハ、一人モ飢ヱ寒《こご》ユレバ、顧ミテ身ヲ責ム。今百姓ノ貧シキハ則チ朕ノ貧シキナリ。百姓ノ富メルハ則チ朕ノ富メルナリ。未ダ百姓富ミテ君貧シキコトハ有ラザルナリ。

高き屋に登りて見れば煙立つ
民のかまどはにぎはひにけり

人皇第四十二代文武天皇慶雲二年の勅をみよ。

遂ニ陰陽錯謬シ、水旱時ヲ失ハシム。年穀登《みの》ラズ、民ニ菜色多シ。此ヲ念フ毎ニ心ニ惻怛《そくだつ》ス。宜シク五大寺ヲシテ金光明経ヲ読ミ民苦ヲ救フコトヲ為サシム

べシ、天下今年ノ挙税ノ利ヲ収ムル勿レ。並ニ庸ノ半ヲ減ゼヨ

とある。又、第四十四代元正天皇の勅にも左の如くある。

朕四海ニ君臨シテ百姓ヲ撫育シ、家々貯積シ人々安楽ナランコトヲ欲ス。何ゾ期セン、頃者旱労調ハズ、農桑損スルアリ。遂ニ衣食乏短ニシテ飢寒アルヲ致サシム。言ニ茲《ここ》レヲ念ヒテ良《まこと》ニ惻隠ヲ増セリ。今課役ヲ減ジ、用ツテ産業ヲ助ケン。其ノ左右両京、及ビ畿内ノ五国ハ並ニ今歳ノ調ヲ免ジ、自余ノ七道諸国モ又当年ノ役ヲ停《とど》メヨ。

又、清和天皇が、

旱雲旬ニ渉リ農民望ヲ失フ、幣ヲ班《わか》チ以テ群神ニ遍クシ僧ヲ屈シテ以テ三宝ニ祈ル。然リト雖モ冥感未ダ通ゼズ、嘉応至リ難シ、朕ノ不徳百姓何ノ辜《つみ》カアル。躬《み》ヲ責メテ寅《つつし》ミ畏レ、未ダ済《な》ス収《ところ》ヲ知ラズ。其レ朕ガ服御常膳等ノ物並ニ宜シク減撤スベシ

と仰せられ、天安二年以往の調庸米にして未納に属する者は悉く之を特免遊ばされた等々の御事蹟を比照するに、皆有難き赤子慈愛の昭々たる事実である。

民困窮すればその困窮を上御一人の苦しみとしたまふかかる大御心の一方、営々

として民業の発展を軫念《しんねん》したまふこと、たとへば左の元正天皇の勅語の如くである。

国家ノ隆泰ハ、要、民ヲ富マスニ在リ。民ヲ富マスノ本ハ務メテ貨食ニ従フ。故ニ男ハ耕耘《こううん》ヲ勤メ、女ハ紝織《じんしょく》ヲ修ム。家ニ衣食ノ饒《あま》リアレバ、人廉恥ノ心ヲ生ジ、刑錯ノ化爰《ここ》ニ興リ太平ノ風致スベシ。凡ソ厥《そ》ノ吏民豈《あに》勗メザランヤ。今諸国ノ百姓未ダ産術ヲ尽サズ、唯水沢ノ種ヲ趣《うなが》シテ陸田ノ利ヲ知ラズ、或ハ澇旱《ろうかん》ニ遭ハバ更ニ余穀ナカラン。秋稼若シ罷《ヤ》マバ多ク飢饉ヲ致サン。此レ乃チ唯百姓ノ懈懶《けらん》シテ業ヲ忘ルルノミニアラズ。固《モト》ヨリ国司ノ教導ヲ存セザルニ由ル。宜シク百姓ヲシテ麦禾《か》ヲ兼種シ、男夫一人二段ナラシムベシ。凡ソ粟ノ物タル久シキヲ支ヘテ敗《すた》レズ、諸穀ノ中ニ於テ最モ是レ精好ナリ。宜シク此状ヲ以テ遍ク天下ニ告グベシ。力ヲ尽シテ耕種シ、時候ヲ失フ莫レ、自余ノ雑穀ハ力ニ任セテ之ヲ課セヨ。若シ百姓粟ヲ輸《いた》シ稲ヲ転ズル者アラバ之ヲ聴《ユル》セ。

これ遠く古、継体天皇の

朕聞ク、士当年ニシテ耕サザルモノアルトキハ、則チ天下其ノ飢ヲ受クルコトアリ、女当年ニシテ績《う》マザルモノアレバ天下其ノ寒ヲ受クルコトアリ、故ニ帝王身ヲ耕シテ農業ヲ勧メ、后妃親ラ蚕ヒテ桑序ヲ勉メタマフ。況ンヤ厥ノ百寮

ヨリ万族ニ暨《いた》ルマデ農績ヲ廃棄シテ而シテ殷富ニ至ランヤ

といふ挙国天業労働の大宣言と呼応するものであり、又、後の文徳天皇の勅に脈々伝はる皇道そのものにあらずして何ぞ。文徳天皇曰く

洪範ノ八政、食第一ニ居ル、食貨志ニ又云ク、国ニ粟ナクシテ活クベキ者、古ヨリ未ダ之ヲ聞カズト。然ラバ則チ王政ノ要、生民ノ本ハ、唯農ヲ務ムルニ在リ。頃年、諸国告グル所、佃《たつく》ルニ堪ヘザルモノ、其数多キニ居ルト。是レ国郡ノ官司、地ノ利ヲ勤メズ、民命ヲ重ンゼザルノ致ス所ニ由ル。甚ダ良吏ヲ選択シ、黎元《れいげん》ヲ委付スル所以ノ意ニ非ザルナリ。凡ソ田ヲ治ムル、克ク勤ムレバ、則チ畝《ほ》ゴトニ三斗ヲ益《ま》シ、少シク惰《おこた》レバ、則チ損モ又是ノ如シ。其ノ種ヱ《う》テ少シク惰ルモ損スル所尚然リ。況ヤ廃シテ耕サザルヲヤ。其費更ニ甚シカラン。一畝《ぼ》ノ田ハ一戸ヲ食《やしな》フベシ。一畝耕サザレバ一戸飢ヲ受ク。既ニ耕サザルノ地多シ。何ゾ飢ヲ受クルノ人ヲ少クセンヤ。古ハ、州郡ノ官長、春出デテ田ヲ行《めぐ》ル。若シ耕サザルアレバ課シテ之ヲ田《たつく》ラシメ、獲ル者ハ、公私之ヲ半ニセリ。古人地ノ利ヲ重ンズルコト此ノ如キニ至ル。宜シク諸道ニ下シテ、此情ヲ暁《さと》サシムベシ。国郡司等ハ、身自ラ巡視シテ、地堰《えん》ヲ修固シ、耕農ヲ催勧シ、力《つと》ムル者

ハ褒メテ之ヲ録シ、懈《おこた》ル者ハ督シテ之ヲ趣《うなが》セ。

言々句々、民生を慈念したまひ、産業を軫念あらせたまひ、官人を戒飭したまふ大御心ではないか。第六十一代朱雀天皇、栽桑養蚕を課したまふ勅に曰く、

生民ノ要業ハ、織紝ヲ本トス。家々給シ人々足ルハ誠ニ此ノ道ニ憑ル。而シテ近代ノ民俗栽桑ヲ勤メズ、養蚕已ニ乏シク、坐ナガラ苦寒ヲ受ク。播殖ノ状ヲ諸国ニ下知シ、宜シク京内ニ命ジ、同ジク樹ヲ種ヱシムベシ。仍リテ須ク毎条牒示シ、兼テ保長ニ命ジテ所部ヲ率ヰ励マシ、豊殖ヲ致スベシ。官人巡検シテ数《しばしば》勧課ヲ加ヘ、使ヲ遣シテ実ヲ覈《あきらか》ニセヨ。若シ懈惰アルトキハ保長ヲ科責《かしゃく》シ、兼テ職吏ヲ罪セヨ。

元明天皇の御代に、朝集使を全国に派遣し、地方政治の得失を観省せしめたまふとて、

百姓ヲ撫導シ、農桑ヲ勧課シ、心字育ニ存シテ、能ク飢寒ヲ救フハ、実ニ是レ国郡ノ善政ナリ。若シ身公庭ニ在リテ心私門ヲ顧ミ、農業ヲ妨奪シ万民ヲ侵蝕スルコトアラバ実ニ是レ国家ノ大蠹《だいと》ナリ。………四民ノ徒、各其業アリ。今職ヲ失ヒテ流散ス、此レ又、国郡司、教導方ナク甚ダ謂レナキナリ

と詔したまひ、聖武天皇又

　聞クガ如クンバ、臣家ノ稲諸国ニ貯蓄シ、百姓ニ出挙シ、利ヲ求メテ交関シ、無知ノ愚民後害ヲ顧ミズ、安ニ迷ウテ食ヲ乞ヒ、此ノ農務ヲ忘レテ遂ニ乏困ニ逼《せま》リ、他所ニ逃亡シ、父子流離シ、夫婦相失ヒ、百姓ノ弊窮スルコト斯ニ因テ弥甚シト。実ニ是レ国司ノ教喩方ニ乖《そむ》クノ致ス所ナリ。朕甚ダコレヲ愍《あはれ》ム。済民ノ道、豈此《かく》ノ如クナルベケンヤ。今ヨリ以後悉ク皆禁断ス。百姓ヲ催課シテ、一ニ産業ニ赴キ、必ズ地ノ宜シキヲ失ハズシテ、人々阜《さかん》ニ家々贍《ゆたか》ナラシメヨ。如《も》シ違フ者アラバ、違勅ヲ以テ論ジ、其ノ物ハ没官シ。国郡ノ官人ハ即チ見任ヲ解カム。

と仰せられし如く、殆ど歴朝の天皇は、一意万民の生活に最大最深の慈念を垂れられ、官人豪族等の跳梁を弾呵され来つたのである。一視同仁の大御心は、実に皇室皇統一貫の精神であつて明治天皇の戊申詔書も又その偉大なる表現である。明治四十四年二月、時の総理大臣桂太郎を召したまひし明治天皇は、窮民施薬救療の為にとて百五拾万円の恩賜と共に左の勅語を下された。

　朕惟フニ、世局ノ大勢ニ随ヒ、国運ノ伸張ヲ要スルコト、方ニ急ニシテ、経済ノ状況、漸クニ革マリ、人心動モスレバ、其帰向ヲ謬《あやま》ラムトス。政ヲ為ス者、宜ク深ク、此ニ鑑ミ、倍々憂勤シテ、業ヲ勧メ、教ヲ敦クシ、以テ健全ノ発達ヲ遂ゲシムベシ。若夫《もしそ》レ、無告ノ窮民ニシテ、医薬給セズ、天寿ヲ終フルコト能ハザルハ、朕ガ最モ軫念シテ措カザル所ナリ。乃チ施薬救療以テ、済生ノ道ヲ弘メムトス。茲ニ内帑《ないど》ノ金ヲ出シ、其ノ資ニ充テシム、卿克ク朕ガ意ヲ体シ、宜キニ随ヒ之ヲ措置シ、永ク衆庶ヲシテ、頼ル所アラシメムコトヲ期セヨ。

列聖のかくの如き最大最深の御軫念を奉体して、国に生活難の声なく、世に失業の叫びなく、真に兄弟一家の共存共栄を実現すべく、不惜身命の天業恢弘皇運扶翼に蹶起すべきが、為政家たる者の唯一の道だ。然るにみよ、今の政党政治家財閥政治家のどこに、その至誠奉公があるか、それでも、君臣一致などといへるか。それでも思想善導などと生意気な事が言へた義理か。日本天皇の道は、昭々として日月の光明のよく諸々の幽冥《ゆうみょう》を除くが如く輝いてゐる。然も、世の政治家や官吏や特権階級は、何故にこの聖旨を奉行しないのか、何故、この有難き君意の徹底に努力しないのか。世の無産階級は、階級闘争だの憎悪だのといふ西洋直訳の愚法によらず、何故、正々堂々の国体論を以て、戦はないのか。国体の大義によつて、何の臆するところなく、全無産階級一致協力の猛運動を起さば、血みどろの戦もヘチマもない、王者の軍は征あつて戦なしに近き成功をかち得るは、火をみるよりもあきらかではないか。卑劣な闘争、況んや国体を敵視するが如き言行は、むしろ、プロレタリア自身を破滅に導くものだ。マルクスの直訳では駄目なのである日本に於ける社会の根本的改造といふが如き大事業に驀進せんとするに当つて、マルクスを味方にするがよいか、天皇と共に進むがよいか、考へてみたらわかりさうなものではないか。無産者よ、天皇を研究せよ、天皇は卿等の親であり、師であり、主ではないか。これらの勅語にあらはれた百姓庶民といふは、即ち今日のプロレタリアートであつて、勅語の精神は、現代に於ても更に微動だにしないのである。

無産者、就中、その指導的地位にある人々は、その浅薄なる天皇認識をうち捨て、日本天皇の実相に徹せねばならぬ。無産者が現代社会に主張する主義と運動とに対して吾等の如く徹底せる理解をいだく科学的国体主義者は、世の無産階級に対して、先づただ天皇の正しき認識を持てと至心勧告せざるを得ない。吾等のこの忠言に耳を貸さざれば、必ずやそれ悔あらんのみだ。

八　弾圧か、妥協か、労働問題

1、労働争議の高速度躍進

歴代皇上の人民を慈愛したまふや実に上述の如くである。然るに、見よ、今日の日本は、嵐の如く労資の闘争が演ぜられてゐるではないか。「激流に抗して」などといふ無産者運動が、焔の様に燃えあがつてゐるではないか。これぞもそも何故だ。単なる「思想の悪化」であらうか。思想は単に思想だけで悪化したのであらうか？　曾て社会共通の関心が、プロテスタンチズムが正義なりや或はカトリシズムが正義なりや等の争ひにあつた時代もあつた。天台宗が時機相応なりや浄土宗が一層時機相応なりやが、社会的大問題なりし時代もあつた。然るに、今や、世界は、ただ全く、経済的に対立せる二大階級の矛盾闘争を以て、現実的最大の関心事とするに至つた。いはゆる労働運動、広義の無産者運動こそは、現在、われわれの直面してゐるすべての問題の中で最も現代的であり、最も普遍的であり、而して最も深刻なるものの随一だ。無産者と労働者といふ言葉は、元来、二つの異る概念であるが、今日の資本主義社会に於ては、無産階級は資本を有しない為に、何等の資本所得がない、従つて、無産者はその生活を維持せんが為には、勢ひ、資本家に対してその労働力を売るの外に道がない。そこで、無産者の大部分は賃金労働者たらざるを得ないから、無産階級即労働階級とみなされ、この元来異つた二概念は、つひにほとんど同一概念となつてしまつたのだ。乞食や浮浪人も無産者には違ひないが、これは、労働階級ではない。然し、無産階級の大部分が労働階級の大部分である今日、無産階級即労働階級といはれる事は決して不当ではない。だから、おなじ無産者でも、労働階級に属せざる乞食らは、通常ルンペンプロレタリアと呼ばれるのだ。かく、大勢に約して労働運動とはいふものの、その運動は、本質的には、単に賃金労働者のみを意味すべきでなく、すべての無産者を、いかなる方法によつていかなる幸福に到達せしむべきかといふ問題をも当然包含するものと解すべきだ。

資本主義制度の確立と共に、労働者の人格の自由は法律的には認められたが、経済上の実際生活に於ては、あく迄、資本家の営利の為に生きた道具として、生殺与奪の権を握られてゐる。雇用契約に応ずるか否かは人格の自由であるが、一度びそれに応じた後に於ては、何等合法的人格権を発揮し能はざる境遇に沈淪せざるを得ない。ただし、雇用関係を断ち切つて餓死への自由に急ぐ人格権は猶之を確保してゐる。そこで、かかる資本の束縛、資本家営利の生きた道具としての存在から、敢然独立して人間らしき生活を獲得せんとするところに、一切の労働問題の礎石は築かれてゐるのだ。かくて労働者がその階級的自覚を深めると共に、人格の自由の確保への熱望は種々なる思想、行動となつて、社会問題の中心を形成するのだ。

而して、労働者は、その生活の向上と人格の自由獲得の為に、機会を掌握するや、しばしば、猛然として労働争議を起す。あるひは同盟罷業、あるひはサボタージユ、あるひはボイコツト、又時には暴行等、あらゆる方法を講じて、労働争議を惹起するのである。之に対し、資本家は、工場閉鎖、罷業破り、暴力団等を以て応戦するのだが、近時この種の争議は、年と共に増加しつつある。高畠素之、神永文三氏等の編集したといふ春秋社の社会辞典によるに、同盟罷業の年度比較は

年度	件数	人員
大正　四年	六四	七、八五二
大正　五年	一〇八	八、四一三
大正　六年	三九八	五七、三〇九
大正　七年	四一七	六六、四五七

大正　八年	四九七	六三、一三七
大正　九年	二八二	三六、二七一
大正　十年	二四六	五八、二二五
大正十一年	二五〇	四一、五〇一
大正十二年	二七〇	三六、二五九
大正十三年	三三三	五四、五二六
大正十四年	二九三	四〇、七四二
昭和　元年	四六九	六三、六四四

となつてゐる。又、大原社会問題研究所の昭和三年版「日本労働年鑑」によると、「争議中資本家の挑戦に発したるもの三二八件（五七・〇%）、労働者の要求に基づくもの二四七件（四三・〇%）」であるとて、四年間の統計を示してゐる。

実数		百分率	
資本家の挑戦に端を発	労働者の要求に端を発	資本家の挑戦に端を発	労働者の要求に端を発

	するもの 件	するもの 件	するもの %	するもの %
昭和　二年	三二八	二四七	五七・〇	四三・〇
大正十五年	二二〇	二三九	四七・九	五二・一
大正十四年	一九七	一九八	五〇・〇	五〇・〇
大正十三年	一三七	六三四	一七・八	八二・二

とにかく、年々労働争議が増加し、且つ次第に深刻化しつつある事は、否定出来ない大勢とみてよい。農業にしても鉱業にしても、交通業にしても、その他、工商各種の方面に亘つて、かかる労働問題が、ますます多く、いよいよ烈しく抬頭し、国民が、二大階級に分裂して闘争せねばならぬといふ事は、非常な大事件であつて、国家当局者も国民自身も、これを等閑に付する事は出来ない。誰しもこれを憂慮してゐるには違ひあるまいが、さて、これを如何に処置し、如何に解決すべきかとなると、はたとゆきづまるのである。但しそれに行詰らない様な顔をしてゐるものは、曰く、弾圧主義である。曰く労資協調主義である。曰く階級闘争主義である。曰く精神修養主義である。曰く、国体信仰主義である。これらは、現時にあつて労働運

動を取扱ふ代表的なものであるが果して、これらのものは、労働運動の目的を合法的に導き得るものであらうか。

2、弾圧主義

労働争議を官憲が積極的に弾圧する方法が大正十二三年頃までは正々堂々として行はれてゐた。今日は、流石に、積極的弾圧はみられない様であるが、それでも、資本家側の策戦如何によつては弾圧的方法が官憲の行動に反映する事もある。勿論、官憲の弾圧は、一部の左傾思想家等が酷評するが如く、資本家を擁護して、無産者の生活手段を弾圧せんとする意識的主義によつて起つてゐるのみでないには違ひない。即ち、官憲にあつては、無産者の要求が不当なりや否や、又、資本家の支払ふ賃銀なりその他の待遇なりが正当なりや否やを監督してゐるのではなく、同盟罷業等、徒党団結の力を以て抗争する事を、現在社会の秩序維持上不穏と認めての弾圧であらうと思ふ。個々の警察署長などがそれ以上進んだ主義によつて労働運動を阻止するものとは到底思はれないが、動機の如何はしばらく別として、その結果からいへば、とにかく無産運動の弾圧に違ひない。資本家の中には、いざといへば、警察力を以て最後の解決をつけてしまへばよいといふ様な思想をいだいてゐる者もあるらしいが、それはまことに悲惨なる錯誤である。いかに弾圧しいかに一時的に成功しても、それで無産運動が消滅してしまふものではない。生きんが為の無産運動であるとすれば、結局いかなる弾圧にも抗争してゆくのは当然である。つまり、無産者と資本家とが、この時代に、どちらが生命の勇者であるかの本質によつて、解決される問題である。弾圧しなくても、無産階級の生命力が薄弱であれば、いつかは資本家に征服されてしまはざるを得ないし、又、若し、無産階級の生命力が、結局資本家のそれより強大なものであるとすれば、いかなる弾圧もつひには無効に帰するの外ないのである。従つて、澎湃《ほうはい》たる新興勢力たる無産運動の本質をいかに資本家達は観るかの明によつてのみ、資本家の最善なる処置は可能なのである。

今日以後、いかなる反動政治家が政権を把握しないとも限らない。そして、再びかの弾圧方針をとるとすれば、それは、決して労働運動の根本的解決の道ではないのみならず、資本家自身の為にも、決して有利な方法ではないのである。無産運動か、無産者の生きんとする止み難き要求の行動である事を理解しないで、単に現在の社会秩序の維持にのみ没頭しての弾圧などは、いはゆる大局をみる明がない為である。無産者運動の如き重大なる社会事象を根本的に、研究する事なしに処理せんとするが如き小手先きの業では到底駄目である。これは、明かに属官まかせの小事ではない。国家朝野の識者を網羅し、深刻に公正に事態の根本原因を究明すると共に、打開の根本策を練らねばならぬ事である。然るに世の為政家、思想家、等の多くは保守主義の中毒患者であつて、徒らに狼狽し憤慨し、無謀なる行為処置を以て解決し去らんとするが如き決して、国家百年の大計を立つる所以ではないのである。

3、労資協調主義

かくて、この涯しなく、深刻化しゆく、労働問題を解決する方策如何といふ事が、今や、吾人の最大の関心事であらねばならぬ。其解決の一策としては、世に労資協調主義と名付られるものがあるのは、人の夙《つと》に知るところである。労資協調主義は、何をその根本的方法とするかといふと、現代の社会制度を維持して社会主義を拒み、社会政策的に労資を協調して行かうとするにある。我国に於ては、大正八年末、三井、三菱其他の資本家から約六百八十万円を集め、之に政府の補助金二百万円を合して基金をつくり、財団法人協調会を成立させ、現に活動に従事してゐる。然るに、この協調主義なるものは、果して、労資問題を解決するに足るものかといふと、一時的対症療法としての効力は期待し得るが、根本的解決を望み得ないものである。何となれば、それは、労資問題の根源たる現経済制度を大改正し、再び、労資闘争の起らざる様にする方針をとるものでなく、一種の改良主義に根ざす政策だからである。即ち病源に対して根本的治療法を採用しないおつつけ仕事に近いものである。資本家と労働者とが、現制度を維持しつつ、はたして利害なり主張なりを一に為し得るかどうかといふことは、すこしく、物ごとを根本的に考へる人ならば、必ず、「一致し難い」といふ判断に確到する筈だ。協調主義は、一種の人格主義であつて、労働者も資本家も互にその人格を尊敬しあふ倫理的観念を基礎とするものだ。されど、協調はつひに妥協調停にすぎない。根本を正しくせざれば、その末を正しくし能はざる事は、必ずしも、

物に本末有り、事に終始有り、先後する所を知らば則ち道に近し矣、其本乱れて末治まる者は否《あら》じ矣

といふ、古い大学の言葉を引合に出す迄もなからう、労資協調主義は、つまり、ものごとを、根本的に深刻に観察し、根本的に解決を迫り出さうとしない不徹底現実

主義だ。況んやこの主義も元来西洋に発生した主義で、我国の協調会の如きは、畢竟するにそれを模倣した小才覚に過ぎない。なるほど眼前に起つた事件を、手際よく片付ける事も出来るであらう。然し、要するにそれだけだ。現在の社会制度の根本に触れずにただ時と共に発生した事件に就て、一時的解決を促さうとするのだから、それは結局焼石に水であつて、世の中をいよいよ紛糾させ、ますます面倒にする事を根本には是認するに等しい。故に再び言ふ。斯かる政策が真に社会を安定し得るであらうか否かは、すこしく、事物を根本的に考へる人ならば、たやすく判断し得る。勿論、根本的に社会を安定し得ないものだ、と。

4、階級闘争主義

労資協調主義は、現社会制度の根本に触るる事なく、協調で労働問題を解決して行かうとするのであるか、之れに反し、社会主義的方法は、主として階級意識を確立し、闘争反抗を以て解決を迫らんとするものだ。マルクスの、共産党宣言に従へば

従来に於ける一切の歴史は階級闘争の歴史であつた。自由民と奴隷、貴族と平

民、領主と農民、同業組合の親方と職人、簡単にいへば圧制者と被圧制者とは古来常に相反目して、或は隠然の或は公然の絶ゆることなき闘争――それは全社会の革命的変革、或は争ひつつある諸階級の共倒れを以て終焉を告げる闘争
――を続けてゐる
のだ。この闘争の原因は、生産力と生産関係との衝突であるから、もしも闘争が両階級の共倒れに終つてしまふ時には、生産力の発達従つて社会文化の発達は損はれるが、之に反し、若しも全社会の革命的変革となれば、生産力発達の障害物が除去されてしまふから、富の生産も、社会の文化も一層高度の発達をとげる、といふのである。そこで、労働者の局部的闘争を一の階級闘争に集中せしめ、経済上の闘争を更に政治的に導いて、全プロレタリアートを「階級従つて政党」に結成させようとするのだ。

然るにこの階級闘争を力強きものとする為には、まづ階級意識を尖鋭化せねばならぬ。階級意識を尖鋭化するには、ロゾウスキーが「戦前、戦時並びに戦後の国際労働組合運動」の中に曰つてゐる様に「神聖なる憎悪を根底」とせねばならぬ。憎悪は、いふ迄もなく愛と正反対だ。そして、憎悪は憤怒の未発状態だ。憎悪は一度

び積極的活動に変化する時必要憤怒となる。然も憤怒は、その対象を破壊し滅却しなければやまない。いはゆる瞋恚《しんに》だ。

資本家階級に対して、この憎悪の念を燃えたたせる事は、かく、階級意識を熾烈にし、進んで階級闘争を激甚猛勢ならしめんとするものだが、その結果はどうなるかといふと、理性なき闘争又はすなくとも、理性なきに近き闘争と化し易い。出発点に於て、いかに理性的であつても、闘争の結果に於て非理性化する。由来対人関係に於ける憎悪の念は、決して相手を正解し得ず、ひたすらその覆没に急進し、相手の惨鼻なる没落に快哉をさけぶにいたらしめる。即ち憎悪の念が一度び憤怒となつて勃発する機会に遭遇するや、その対人行為は、本質的に凌辱、虐殺等となり易いのである。いはゆる血を啜《すす》り、肉を啖《く》ひ、骨をしやぶつても猶あきたらざる念と行為とが、それの本質だ。憎悪の念が深められれば深められるほど、憤怒暴虐の行為は極端化せざるを得ない。憎悪の念をいだく事の長年月なれば長年月なるほど、それが行為に爆発した時、惨鼻の極をつくさざるを得ない。

かくてかやうな憎悪の念を、その運動の弾薬とする指導原理は、はたして、公正なる社会改造の方法的原理といひ得べきかといふことが、重大なる問題として考究されねばならぬ。無産階級の社会的勝利は、現代の社会制度を正義化する上に於て、是非とも実現せねばならぬことだ。然れども、若しも、無産階級の勝利が、有産階級の虐殺的手段によつてなしとげられるものならば、その運動は、あきらかに一種の下劣なる個人主義的階級主義だ。自階級の幸福獲得の為には、他階級の幸福を一挙にして葬り、報復的に彼を虐待しようとする主義だ。これは決して全人類の幸福ではない。有産階級が無産階級に比して少数である事は確実だが、少数者は、多数者から神聖なる憎悪を甘受し、つひにその存在を根本的に否認されて了つてもよいといふ道理はない。我も人なり、彼も人なりだ。無産者運動の中には、幾多の正義がありながら、その運動の根本原理が真に全人類の生活を正化せんとする道にはづれて、著しく、憎悪的、反逆的である点に、方便としてはとにかく実道に如《しく》はない元品の無明が根を張つてゐるのだ。資本家の過去に於ける人文史上の功績を正認し、又、現代に於ける罪過をも見逃す事なく、敢然としてその罪を鳴し、その非行を是正せんとするは可、然も、資本家その人をも憎悪し、時いたらば思ふ存分之を凌辱せんとするかの如き思向は人類の正義の為に断じて許す能はざる処だ。

　かのロシア革命に於ける惨虐は、まことに人の耳をおほはしむるものがある。憎悪する階級が憎悪される階級に対し、最後の方法はあの暴虐無比の行為となる。「その罪を憎んでその人を憎まず」でなければ、公正なる社会改造など出来る筈がない。階級抗争の指導原理が憎悪などとは、いかにも卑劣だ。動物的だ。西洋諸民族の民族性の所産たるこの「憎悪」を、いきなり日本に直訳せんとするが如きは、抑々彼我民族性の研究に盲目なる所以でもあり、又、我国に於ける労働運動を真に国民性との関係に於て最善処せしめようとする明智の欠如せる所以でもある。民族性を無視し社会歴史の伝統をも顧みないで、盲滅法に西洋流を模倣した直訳運動だ。然しここに西洋流を模倣した直訳運動だと言つたのは、運動方法に就ての意味である。階級闘争は方法として下劣であつても、それを起さしめた原因は、日本の社会事情にある。単に西洋思想の模倣ではない。とにかく改造されなければならぬ社会事情があつて、それに対して解決法として採用されたものが階級闘争である。昭和四年四月の「神社協会雑誌」（第二十八年第四号）に、時に内務省神社局長吉田茂氏が、「現下の時勢につき神職諸君に望む」といふ論説を発表して居られるが、その一節に左の如くある。

（前略）これは単に、政治の運用のみに関することでないのでありまして経済問題にしても同様であらうと思ふのであります。今日所謂新しい考へを持つて居る人達が階級闘争といふやうなことが極めて当然な社会現象であるかの如き考への下に、いろいろな経済問題に対する解決を考へて居る。如何にも無産階級に取つては有産階級は前きの世から仇敵であるかの如き前提の下に問題の解決をあせつて居る。それと共に有産階級の人達も無産階級を圧迫するのが自分達の使命であるかの如き考へを知らず識らずの間に懐くやうになる。先程ヨーロッパの政治の発達に付て申しましたが如く、矢張り経済問題と致しましても、ヨーロッパ各国の歴史は相互の間の闘争といふ歴史を経て色々な解決法が講ぜられ、学説が立てられて居るのは皆さん御承知の通りであります。それを日本に持つて来て、階級闘争といふことは如何にも無産階級と致しては自分達の名誉な天職使命であるかの如く考へて物を判断しようとする。随て今日一部に現れました如く険悪な傾向を取つて来る。これは矢張り只今政治の運用に就て申しました通りに日本の国民性、日本民族の本来の精神といふものから考へて見ると比較にならぬ程の低い卑しい考へ方である。皆さんの信奉せられる惟神の大道といふ見地から見ましたならばさういふ社会の人、同じ国の中に生を享け、同じ世界に共に生きて行く同胞同志が血みどろの闘争を以て総ての問題を解決しようなどといふことは、これは想像もし得べからざる間違つた行き方であります。それを西洋から入つて来た新しい考へであるといふ理由の下に、何等の反省もせずして階級闘争といふものを是認し無産者が有産者に対して戦をしかける、有産者は無産者に対して防御の戦をする。そこで非常な深刻の争の結果、暫定的休戦条約のやうな意味に於て社会制度を決めようとする。これは誰しも心を鎮めて考へたならば誠に笑ふに堪へたる解決法といはなければならぬと思ふのであります。……今日この際最も日本精神の発揚といふことが日本の国を救ひ、又更に進んでは世界の所謂文明の弊害を救ふに役立つ最も大切なことではありますまいか。……先づ第一に忘れてならぬと思ひますることは日本精神の発揚、惟神道の顕揚といふことに付きましては決してこれは国民に新奇新発見の思想を教ふるのでないといふことであります。銘々既に国民の胸の奥には父祖伝の血と共に伝はつて居り持ち合せて居る素質を大いに発揚せしむるといふことに外ならぬ次第でありまして、国民の知らぬことを新しく教ふるのではないのであります。…………併しながら日本国民は決して私共の見る所では現在に於ても本来の国民の美質、日本の国体に基きまする日本国民精神といふものを決して失つては居らぬと思ふのであります。此の点については吾々は決して失望の必要がない。これを何よりも有力に事実の上に物語つて居りまするのは昨年行はせられた御大典の際に於ける日本全国民の真摯熱烈なる態度であつたと思ふのであります。各種の外来の思想に影響せられまして、既に日本国民はその素質を変じたのではないかといふ風にすら考へて居つた人もあつたのでありますが、昨秋の御大典に於きましては皆さんの親しく経験せられたました通りに、日本全国民はこの御大儀を真に誠心こめて腹の底からお祝ひ申上げ期せずして陛下の御示しになりました有難い御手本に蹤き奉つてここに全く君民一家の大理想境を出現したのであります。…………御即位礼当日に陛下より下さいました御勅語を拝読致しますれば、日本国民の本分といふものは其処に剰す所なくお説き尽しになつて居るのでございます。日本の国体の精髄は此の御勅語の内に炳乎として剰す所なく御説き示しになつて居るのであります。此の勅語を拝誦するとき苟くも日本国民たる者誰れか万世一系君民一家の我が国体の本義に基づき、聖上陛下の尊くも忝き大御心を体して「心ヲ協へ力ヲ戮セ私ヲ忘レ公ニ奉ズル」の深き覚悟を以て、陛下の御天職を翼戴し奉らねばならぬといふ赤誠の至念に燃ゆるの思を起さぬ者がありませう。………斯くの如く見て参りますならば世間万般のことは根本のこの日本に建国以来伝つて居ります大道を以て解決し得ないことはないと思ひます。極く最近に起つて居ります色々な社会施設の問題、社会政策の問題の如きもこの精神を以てこれをやるならば、社会政策から起つて来る所の色々な禍害を避けることが出来る。社会政策といふものは非常に現在では流行でありますからこれをやるとなかなか評判がよいのでありますが、やる人の心掛けが間違ひで、之を受ける人の心掛けが間違つて居つたならばこれは却つて禍を来すことになる。幾ら社会政策を施しても何もならぬ。貧乏人と金持との間の闘争を前提として、これを和らげる為に金持が貧乏人に対する恩恵であるといふやうな考へでやつたならば、これを受けるものが快く受ける筈がない、資本家が労働者から財力を搾取して、その搾取した利息の何分の一かを労備者無産階級に戻してやる、さういふ商売のやうに考へて社会政策を致しましたならば、幾ら社会政策を沢山しても目的を達せらるるものではないと思ふのであります。国民全般の共存共栄、皆が渾然一体となつて生活をするのである、社会の福利は一人の私すべきものでない、日本国民は一家族である、皇室を首長に仰ぎ参らせる一家族であるといふ考へを元に置きまして、金持も貧乏人もその家族の一員である、社会の現在の文明から生じて来る恵沢は或一部の人の私すべきものではない、皆で相寄り相助けて文明の恩沢を受けるといふ考へで行かなければ社会政策といふものは之を行つて益がないのみでなく却つて害を及ぼす。現に社会政策をやつたが為に却つてその利益になる人々の心掛けを堕落させたといふ例も沢山ある。或は資本家がこれをやつて行けばこの際は労働者達の口を塞ぐに足るといふやうな賄賂でも使ふやうな意味で社会政策をやつてゐる所もないではない。さういふのでも成程一時凌ぎには間に合ふかも知れぬが結局は行き詰つて了ふ。これに反して各種の社会政策が道といふことを根本として、天意に従ふ意味で経営をし、施設をされて参りましたならば受ける所の害なくして、銘々が心持よくこの社会政策を通じて現在の発達致しました文明の恩沢を共に楽んで行くことが出来るのであらうと思ひます。

長いのをいとはず引用した以上の吉田氏の意見は、階級闘争及び社会政策に関する今日の官人の意見中最も出色優秀なものと信じたからである。勿論、その所説に就て厳格なる批判を下せば、いくつかの難点、誤解、浅薄がないわけではなく、又、すくなくとも一般官僚的思想に比して優秀であるとはいへ、猶、全体を通じて観念的領域を脱してゐないのは根本的欠陥である。たとへば御大典の有様をみて、君民一致の日本精神が失はれてゐない生きた証拠であると力説してある点などは、余りに浅薄な楽観主義である。なるほど、御大典に際して大部分の国民の美しき臣道は之を認識せねばならぬ。然し、その背後にひそんだ事実、たとへば、御大典前後に亘つて、可成り多数の左傾連中が、或は拘禁され、或は辺地に追放されたが如き悲しむべき事実があつた事を忘れて、いきなり全国民一人も残らず父祖伝来の尊王心でも発揮した様に楽観するのはそれこそかへつて危険である。又、階級闘争を否定したのは正しい見方であるが、然も、それを解決するに日本精神の観念的発揚を以てせるが如き、あきらかに思想善導型にはまつてゐるのは頗る残念である。更に社会政策に関する批評も肯き得る明快さがあるけれども、これ又、最後に観念的指導方法に終つてゐるのは遺憾といふべきである。吾等は、その点に就て、もつと現実的実際的に深刻化せねばならぬ。観念的方法に信頼するか或は、進んで現実的実際的方法にまで着手するか、問題解決の秘鍵は実にただこの一点にのみ存するのである。

5、精神修養主義

ここに精神修養主義と名付けたのは、現時、我国に行はれつつある広義の思想善導運動を包含するものであつて、その根本的特色は観念論だ。過去の社会に於ける指導原理を担ぎ出して、現代のただれる様な物の闘争を善導しようとする主義である。人間いましむべきは欲であるとか、或は人は少欲知足なるべしとか、或は境遇に善処せよとか、或は人を咎《とが》むなとか、或は運命を知れとか、実に、手をかへ品をかへて、精神修養に全力を傾注し、以て、不平をなだめんとするのだ。宗教家や道徳学者にこの種の指導家が多い。

勿論、人間は少欲知足でなければならぬとしても、それは、決して無産労働階級のみの倫理ではない。富豪も資本家も又少欲知足であるべきだ。然るに、富豪や資本家に対して少欲知足を説かないで、もつぱら無産労働階級に対してのみ、かかる訓育を施すことは、事実上如何なる事を意味するか。それは第一に無智だ。何となれば、現社会そのものの機構に於ける労働階級の位置実状を知らないからである。第二に、非倫理的思想だ。御用哲学だ。何となれば、一方に於て大欲不知足の資本家等の跳梁を打破し得ずして、不当に搾取されつつある無産大衆をのみ強いて少欲知足ならしめんとするは、意志に於てはいざ知らず行為の結果に於ては一部少数の者の享楽の為に万民を搾取台としてあやしまないからだ。

「意志に於てはいざ知らず」とここに言つたのは、宗教家や道徳家の中には、この無産階級の倫理観念的去勢を、特に資本家擁護無産者去勢といふ悪意志に於て、努力してゐない者があるからだ。即ち、それらの人の中には、意志に於ては善良な者もあるのだが、如何せんその愚や及ぶべからざるものがあるのは適切なる目前の事実だ。今日の労働問題が、一方的に倫理観念を注入する事によつて解決し得たり、又は、労働者の修徳によつて円満になり得たりするとでも考へてゐるならば、又、さう判断される様な言行ならば、それは、この上もない社会的無智だ。道徳観念や、人格修養によつて、生活上の社会的紛糾が解決されてしまふものならば、すでに、とくの昔に円満解決がついてゐる筈だ。

精神修養主義は、結局、社会的環境に対し、宿命的にあきらめさせようとする主義だ。天変地夭等の人力を以て如何とも為し得ざるものから蒙つた災害に対しては、今の処あきらめ主義を以てのぞむの外に何等の道がないが、社会組織から来る災害は、毫もこれを不可避的とする必要がない。又、不可避的とする事は、根本的に誤謬だ。荒んだ人心を和らげようとする精神修養主義も、この点に於ては、かの協調主義と同じ誤謬をその根底に包蔵してゐるのである。従つて、たとひ、闘争し争議すべき筈のものを、修養によつて一時的に抑圧し得たといふ様な若干の例があらうとも、それは、精神修養主義が労働問題を解決し得たものでは、決してない。たとへば腸の疾患の為に肩が凝つた場合、あんまが肩をもめば、一時的に凝りが軽快するが、それは決して腸の病根を治療し得たのではない様なものだ。従つて、労働問題解決に於ける精神修養主義は、丁度、あんまの役割だ。あんまには、得て生意気な者がある。なるほど、按摩術営業取締規則（内務省令第十号）をみると、盲人以外の者は、すべて

一、人体ノ構造及主要器官ノ機能
二、按摩方式及身体各部ノ按摩術
三、消毒法大意

四、按摩術ノ実地

に就て、又、盲人と雖、一、二、三、の各科目について簡易試験を行ふものといふ規則があるから、凡そ、あんまたるものは、みな生理衛生学の初歩を習つてゐるに違ひない。然し、この生理衛生学の初歩が、まことに厄介なるものであつて、あんまの生意気は、一にここに起源する。あんまは、あんますればよいのだ。然るに、饒舌あんまは、しばしば、その得意の学識を振り回して、被あんまを驚かすものである。予の妻は医師であるが、ある時、一人のばあさんあんまに肩をもませてゐた時、博学なるあんまは「奥様はお医者さんだから御存じでせうが、ここが腸で、この辺まで胃があつて……」などと、しきりに講釈してゐたが、その余りに奇抜な勇気に少なからず噴飯した事がある。これまさに、釈迦に説法の組だ。あんまはあんまらしく、凝つたところを、もみさへすればよいのだ。凝つたところを一時的に軽快にする事も、又若干の必要はあるから、あんまの存在も若干の必要はあらうといふものだ。労働問題に於けるあんまたる精神修養主義は、生意気にも、労働問題の解決だの思想善導だのといはないで、むしろ正直に、みじめな労働者の現状を慰安してやる本分に忠実なるべきだ。

6、国体信仰主義

一般的精神修養主義の外、そこにもう一つ見逃す事の出来ない特殊なものがある。それは国体信仰主義とでも名づくべき方法である。即ち、主として、日本の国体美を説くことによつて、労働者及び稀には資本家の精神を転換せしめんとするのである。或は忠君愛国を説き、或は義は君臣情は父子の総合家族制度の美を高調して、よつて以て、労資闘争を防御しようとする。而して更に進歩せる立場の者にあつては、資本も労働もみなこの国体を護る為の光輝ある力であつて、互に国体を深く自覚すれば円満解決されるといふ様な趣意を力説するのである。この最後の説は理念としては正しいものを指示してゐるが、それが単に理念たる限り、つひに矢張り観念論の域に停滞するものといはねばならぬ。然し、多くの国体論者は、そこまでも論及せず、ひたすら高天原を、抽象平和論を、乃至は、万邦無比の国体論をふりまはす事によつて、何となく労働運動を牽制しようとする。そして、殆ど全部の者が、事実上、労働者側の精神的抑圧に力を傾注してゐる事は争はれない。たとへば、労働者に対する講演を開催するといふ様な場合、たいてい講演を依頼するものは、会社なりその他の資本家側の者であつて、労働運動などを起されては困るから、一つ精神修養なり国体論なりを聞かせて貰ひたいといふのが、動機となるのである。かかる性質の講演会に応請して行く講師の九分九厘までは、所説の十中九分九厘まで、おだやかに或は巧妙に資本家側を支持して、労働者の精神を、不知不識の間に圧迫するのは、むしろ情理の当然といふべきで、たとひ、結論に於ては、労資一体ぐらゐの事を言つても、そこに漕ぎつける迄の間に、すでにすでに暗々裡の中に多分に資本家の弁護を果してきてゐるのである。

この国体信仰主義は、たいていの観念的国体論者が無理論家である為に、直接、労働運動に関係のない様な国民の伝統的情操を鼓舞する事によつて、一種の欺瞞的誘導を行ふのである。例へば、声をふるはせ、顔面筋肉をぴくぴくさせ、手をふり、足をふんで、

何事のおはしますかは知らねども
　かたじけなさに涙こぼるる

日本人の心持ちは、どうしても、これでなければならん、祖国を愛する者は、この胸の高鳴りを…………

などとやる。聴衆の中のさくらが、感激の拍手を送ると、大部分の者は、群集心理

で、忽ちに誘導拍手に和し、その瞬間、何だかいかにも涙ぐましい様な気分になる。講師みづから悪意による偽瞞をやつたのでなくても、結果に於て、これは一つの有力なる偽瞞誘導である。無産階級のインテリゲンチヤが云ふ如く、この種の講師のすべてが、プロレタリアを抑圧しようといふ明確なる悪意によつて講演するものとも思はれないが、即ち中には、誠心誠意、かくする事が、君国安泰の道なり、正義なりと信じて行つてゐる者もあるのであるが、いかにせん、それは無智なる信仰だ。彼等の観念的国体信仰は、かくして、日本国体を資本主義宗教、資本主義哲学として誤解せしむる恐るべき獅子心中の虫である。

一時的感情の誘導、刹那的敬神忠君思想の嚮導などによつて、労資問題解決の曙光でも与へ得た様に思ふのは、無智か偽瞞か、然らずんば悲しむべき自己魔睡である。かたじけなさに涙をいかにこぼしてみても、労働条件そのものに何の客観的変化もない。資本家そのものの生産搾取の組織にも又全く何の変化もない。講堂の感激は要するにその場かぎりの一時的興奮に過ぎないのである。又、かかるセンチメンタリズムの講演で興奮したり感激したりする者は、決して労働運動の勇将猛卒ではなく、要するに無責任な傭兵位の者に過ぎないのであつて、彼等の感激を観て、講演会の成功を確信するが如きは、むしろ滑稽である。思想善導講師のお役目講演に対して無責任に感激する程度の者は、場面が代れば労働運動の闘争的興奮の中にも極めて無雑作にひたり得る者であるといふ事を考へておく必要がある。

安価なる国体信仰主義は、かくて実は、日本国体の提灯を持つ様であつて、却つて、日本国体を売るものである。日本の国体は、現代最悪の我利々々亡者たる資本主義擁護の用心棒ではない。又勿論、単に労働階級のみの生存に与するものでもない。経済組織の合法的大改造によつて、人間のすべてを、光輝ある自覚に立てる労働者にまで高め、万民共存共栄の神聖社会を導くべき使命を持つたものである。今日の国体論者は、この人類の正義即日本国体なる事を発見せず「神ながらの道」といへば、昔から少しも変化しない古物の保存の如く心得てゐるのである。その時代その時代に進化創造してゆく「神ながらの道」でないならば、知るべし、それは過去の必要たりしに過ぎない。

7、科学的国体主義

労資協調主義、階級闘争主義、精神修養主義の三者とも、かくの如く、労働問題を根本的に解決する分際でないとなつたら、これに代るべきものは何か。曰く、科学的国体主義である。科学的国体主義に於ては、まづ近きより遠きに及ぼすの格で、第一に日本の労働問題を、次に世界の労働問題を解決せんとするのだ。その未だ已れを改むる能はずして、徒らに漠然たる世界的解決などを考ふるは、これ方法の不正確なるを自語するに等しい。何となれば労働問題の如きは、単なる思想としてみるべきでない事は勿論、又、単なる世界的一般問題としてのみ扱ふべき性質のものでないからだ。通じては世界的であつても別しては、それぞれ民族や、自然環境や、国家的伝統等の個々別々の事情下に発生したものであるから、これが解決も、単に一般的解決を与へる事は不可能だ。此の理由に基づいて、われらは先づ、自己の即しつつある社会的環境に於ける労働問題をいかに解決すべきかの考慮に第一に急ぐべきである。

古来、君民一致といひ、或は一君万民等と称し来つた日本は、しばしば、その正しき理念から事実上遠ざかつた歴史を持つた。貴族や武士の下剋上歴史は、即ちそれの適切なる代表例だ。たとひ貴族や武士が大権を左右してゐた時代と雖、日本人の心の奥の奥には君民一致、一君万民の理念が流れてはゐたらうが、それが単なる潜在意識で、「事ある時ぞあらはれにける」に過ぎなかつたから、平素の国民生活は、大勢の帰するところ、非国体的現象として明治維新迄流れ来つたのである。

元来日本は君臣の二階級が本質的であつて、それ以外に何の中間階級が無かつたのである。古代の社会制度を観ても、臣民は皆平等であつて、各々職業を以て一君に奉仕する組織だ。而してその職業はいづれも神聖化され、皇運扶翼の前に於ける人々は全く平等であつた。（拙著『日本国体学概論』二〇二頁以下参照）然るに、後世、次第に地主や資本家的豪族の跳梁を来すに及び、つひに、大権を臣下が左右するに到つて、日本は受難の歴史をくりひろげる様になつたのである。

元来、人間は生きる事に就ては皆同一の自然権を有する筈であつて、生れたての子供などには人間としての優劣さへ見出せないのである。所謂貴族の子であらうと、又は平民の子であらうと、金持の子であらうと、或は貧乏人の子であらうと、少年時代には人間は同質的傾向のみである。然るに、生長するに及んで、各人の自然的能力、即ち肉体精神の発達によつて漸次異質的傾向が生れてくる。それは人間の天賦の結果であつて、大体に於て人為的に改造する事の出来ないものである。然るに、更に、異質的傾向を造り出す人為的原因がある。それは何であるかといふと、ある個人が、物質の所有、進んで富の蓄積を行ひ、更にその蓄積された結果を子孫が相続する事が固定して一の制度的事実となると、人間の精神肉体の能力よりも、人に随伴する富が重大視されてきて、その富の所有者は、単なる個人とは社会層を異にして認識される様になる。個人としては少し位ウス馬鹿でも大家の若旦那である場合、それは、個人として優秀でも何の富をも有しない人間と別個の社会層に位置するのである。この階級が政治的制度として認められると、所謂身分制度となるのであるが、人間社会の人為的不平等は実にここに根ざすのである。生れながらにして異つた能力の不平等は、まさに自然の果報で、人間の不平等はそれだけで最早や十分である。然るに、更にその上に人為的不平等が加はつては、人はその重さに堪へられないのである。全民族の宗親としての皇室の首長が、全民族の統制者にましますは、極めて自然の事であつて、少しも人為の無理がない。然るに、一君万民の外、更に臣民が階級的分裂、対立、従つて闘争を余儀なくされる様になつて、そこに一君万民の実果が打消され、君民一致の気合が沈滞して、生殺与奪の権を掌握せる豪族は庶民を搾取し、庶民はその権力のもとに喘ぎながら、抗争せざるを得なかつたのである。支配階級と被支配階級とは斯くして絶えざる闘争のうちに幾変遷しつつ、つひに明治維新の天業恢弘皇道復古によつて、根本的一清算を蒙つたのだ。即ち、兵馬の権、政治の権を、一般国民は武士階級から奪取して、之を、天皇の聖権として奉還したのである。かくて、明治以後、軍人は階級的存在として支配権を以て国民と対立するものでなく、国民皆兵の原則によつて、国民自体が軍人たるの義務を負うたのである。又、古来の公卿や封建時代の将軍以下大名等は、華族に列せられ、若干の特権を付与されたが、それは、最早や、昔日の支配権擅《せん》断のそれとは到底比較し得ざる性質のものであつた。とにかく、封建的階級の対立は、覇者も庶民も、共通の人格的生活の中心たる主師親三徳一身体現の天皇に集る事によつて、自然に消滅してしまつたのだ。原則として、いかなる平民と雖、総理大臣にもなれるし、庶民より出でて公侯伯子男の栄爵を享受する事も可能だし、陸海軍の将帥ともなる事が出来る。所謂、機会は均等化された。然るに、明治維新の国際的関係上、富国強兵ならんが為には、日本は、殆ど必然的運命として、欧米の資本主義制度を輸入し模倣するの外なかつた。かくて、封建日本は、封建的階級対立と闘争とを滅ぼして、不知不識の間に、臣民を経済的階級に分裂させ、対立させ、やがて闘争に導いたのである。その結果が即ち今日の社会だ。

処で、いまや、資本家と無産労働者とが、利害の一致せざる為に、いがみあひ、乱闘を演じてゐるこの日本社会をいかにすべきかといふことは、実に焦眉の急であつて、いかなる教育も、いかなる宗教も、いかなる倫理も、いかなる思想善導も、いかなる政治も、これを度外しては、現代的存在理由を失はねばならぬ。然るに、これを解決せんとする方法が、そのあるものは著しく資本主義的であり、そのあるものは頗る観念的であり、又、あるものは、甚しき憎悪抗争であり、或は妥協主義であつたりするので、到底、問題を正解決し得ないのだ。此処に於て科学的国体主義は、社会の必要に迫られて産れ出でた。

階級が対立し、互に憎悪しつつ乱闘を継続してゆく事は、共存共栄の社会を実現する最良の方法ではないから、何かの方法で、一日も早く、まづこの憎悪乱闘の禍源たる経済的階級の対立を払拭し去らねばならぬ。いかに一君万民、君民一致といふ理念が信仰として把持されてゐても、それが事実化されなければ、実際上の幸福は生れない。然らば、利害相反する労資の二階級は、何によつて分裂対立するかといへば、それは、資本家が、生産権を私有横領してしまつたからだ。即ち、元来、平等なるべき臣民のある少数者が、生産手段を独占して指揮宰領し、他の多数者は何等生産手段を有せずしてただ生産手段を独占する者の為に働くに過ぎないからである。生産手段の所有非所有関係とによつて社会的分配を決定し、生産過程に於ける役割と、生産手段の所有非所有関係とによつて社会的分配を決定し、又、階級を決定しようとするのは、確に、私有観念の生み出した大弊害であつて、この不当なる私有欲を事実上に打破せねば、到底、一君万民の楽しき生活は実現され得ない。されど、又、一方、かの労働全収権の思想の不当をも我等は看過すべきではない。即ち、すべての財貨は、その生産者たる労働者の収得すべきものだといふ考へは、明かに、プチ・ブルジヨア的観念で、これ又、確かに私有欲の発動だ。

つまり、資本家も、労働者も、互に自己の立場に有利なる方法をのみ強調せんとするところに、社会全体の共存共栄の理念と背反する根拠があるのだ。すくなくとも今日に於けるすべての生産上の労働は、個々の労働者が、個々に創造し得るものではなく、それは全く、個々の労働者に先立つて存在する社会を通じてのみ可能なのである。又、すべての生産物も、決して、孤立した労働者の能造ではなく、社会的になされるのだ。従つて生産物は、決して、労働者が直ちに全収すべきではなく、当然、社会的所有として確認され、然る後、はじめて、社会そのものから、各個々人に分配されねばならん。かく、資本家の利己的私有大欲も、労働者のそれも、等しく、不可なりとして裁断され、社会即ち共存共栄体そのものを通じて、すべての財貨は公有すべきものだといふ事になる。これを我国の古き社会にみれば、「草もいゝ木もみな大君のおんもの」といふのがそれだ。「古事記」神代巻のはじめから、「国土は天皇のおんもの」と考へたのも、天下の民はすべての公民、天下の土地はみな公領といふ大化改新の精神も、実にこの臣民相互の私有欲に基づく階級的分裂闘争を未前に防止する我国体、共存共栄の精華にあらずして何だ。生産手段を私有化し、或は生産物を個々に全収せんとするが如き思想は、明かに、反国体的だ。「草も木もみな大君のおんもの」といふ事は、吾国に於て如何にして可能であるか。それは即ち日本の国体そのものの機能の自然的結果に外ならぬ。若しも、日本の社会国家の統制者が、所謂権力的支配者であつたならば、草も木も人民もみな王者の私経済的おんもの視されてゐたであらう事は、世界古今の各国史をみれば確実に想像する事が出来る。然るに、我国の社会構成の基礎が、血族関係に根ざしてゐた処から、そこには、権力的支配などといふ観念が起らず、結束せしめ、相互扶助し、中心統一の力を以て民族を保護する思念と行為とが、あざやかであつた。而して、これがつひに社会の軌範、即ち、道として意識的に護持されるに及んで、我日本は国家的統成に進んだのである。即ち、一定の統制下に各人は分業的に労働しつつ、然も、それが共通目的の為に協働結成されてゐたのである。かくて、一切の生活の手段たる物資は、この共存共栄の統制下に生産され分配され、その執行機関として天皇の大権は確保されたのである。社会構成員のいづれの一人にもその血統の中心たる万世一系の天皇の統治は、かくて、そのいづれの一人の上にも愛護を惜まれなかつたのである。ここに於て、すべての財貨物資は、その国家社会に属する全員のものではあるが、個々に分割独占等の不法行為の起し得ざる様、全員の主師親たる天皇のおんものと規定したに違ひない。蘇我氏のものであつたり、源氏のものであつたり、平家のものであつた時にこそ多くの国民は迷惑するのであるが、天皇のおんものとして統一的に確保された時には、全国民がひとしく恩恵を蒙るのである。そこに日本の国体の万邦無比なる一要素があるのだ。国民全体の生活からみて「草も木もみな大君のおんもの」である時が最も公正安楽安全なのである。臣民相互にこれは俺のものだ、かれは誰のものだ、もつとこちらへよこせ、そんなに多くはやれない、となつてくると、そこに現出するのは修羅闘争の外なにものもない。権利亡国といふのはそれをいふのだ。権利思想は、欧米諸国にこそ必要であれ、日本では余程手加減をしないと、権利の為に国家が乱れてしまふ。世の政治家などの深く考へなければならぬ点だ。

人類の最も基礎的生活団体は、云ふ迄もなく家族である。父母によつて生れない人間は一人もない。父母の結合は、男女の本能的愛によるのが原則であつて、その愛の結晶たる児孫を愛育してゆくのも又父母の生命の本質の自然流露である。出来損ひの家庭は別だが、通常、家族間の生活は最も平和親愛であるのは何故か。それは生命の本質の自然を基礎として人格的に構成された団体だからである。そこに於ては、人格は概念として認識されるに先立つて、自然の愛を基調とし、その構成員のどの一人の生存もみな全体の必要とまで高く意識せられた相互扶助共存共栄の実践によつて結成されてゐる。その人々の相互関係にあつては、感覚は自己には痛切なものであるが、いかに親といへども子供といへども他人の欲望は感覚的には知り得ないものだといふ風な冷かな感覚論によつて結ばれてゐるのではない。生理的には他人の欲望は自己の感覚に何等の適切なる訴へを持たないのであるが、それで引き込んでしまふのは植物位のもので、家族内の人間は、微細なる不断の観察と徹底せる同情とに基づいて、相互にその生命を愛護する。而して、あらゆる物資は、みな共通の生活の資源として共有してゐるのである。親のものは子のもの、夫のものは妻のものであつて、そこに何等のこだはりがない。子供の為に財を惜しむ親は通常ない。かくの如く、その生活の資源は全く共有であるが、然かも、そこには、極めて自然な統制が確立してゐて、一家の者は、父親の統制に服してゐるのである。これが、真の人生幸福の縮図である。我国の如き総合家族制度の国家は、この関係を拡大するに最も自然な基礎を有してゐるのである。この恵まれたる自然的基礎を十分に認識し利用しようとしない者があるならば、それこそまさに逆路迦耶陀《ぎやくろがやだ》だ。

然らば、日本に於けるこの生命の自然なる基礎を社会的に利用すればどうなるかといふと、それが即ち「草も木も皆大君のおんもの」なる制度だ。日本に於けるすべての経済組織の根本（敢て枝葉を論ぜず）をこの本然の姿に結成する事を拒むものは、必ず何等かの異心ある者に違ひない。一の家庭に於て、これは我の物、これは彼の物と互に所有権を確立すれば、争ひおのづからその間にありといはねばならぬ。邸宅も、宅地も、山林も、家財道具も、貯金も、みな父の名義になつてゐても、家族は決して食ふに困らない。これは長兄の所有権、これは長姉の物、これは父親、これは母親、これは末子のものと、所有権を分裂的に主張すれば、そこに何等かの故障が起る。国家に於ても又同じ道理である。そこで、我々は、どの様に物質的生活を豊かに享受させて頂く者でも、日本を以て統一ある血族国家、道義国家として、輝かしく護持しようといふものは、国民各自に権利を主張しては全体の共存共栄に有害であるものだけは是非共各自に権利を主張し得ない様にしてしまはねばならぬ。勿論、各自に私有してゐても毫も全民族の共存共栄に差支へないものを私有してゐる事は何の不都合もない。そこで、有害なもの丈けはこれを全国民の主師親たる天皇の御名による公有として統制すべきである。天皇の御名によりて統制される事は国民から所有権が亡失して了ふのではなく、天皇の御名によつてその所有権を普遍的に然も統一的に確保して闘争の原因を除去し、而してその所得を公正に分与される事に外ならぬ。

すでに我国民は、明治維新皇政復古の大改造に際して、八百年の長き間、殆ど習ひ性となつた様な兵馬の権をも、政治の権をも、万世一系の天皇に奉還して、完全に封建的階級の対立、従つて闘争の因を倒滅したではないか。かくて、はじめて、国民は皆兵となり、天皇陛下は直接に吾等の大元帥として臨みたまひ、政治に於ては天皇親しく万機を総攬あらせられ、臣民たる者は之が扶翼に参与する責任的地位に就いたのである。かくして、次に来るべきものは何だ。維新の宏謨たる旧来の陋習を破り、四民平等一君万民挙国一体共存共栄の道を完成する次の事業は何だ。いふ迄もなく、現今国の禍となりつつある資本主義の正当なる処分である。正当なる処分とは日本国体的処分といふ事だ。資本家は今や無産階級の憎悪怨嗟《えんさ》の対象である。無産階級の要求の根本には正当なるものがあるが、若しも、彼等の憎悪を以て資本主義を清算させたならば、その結果はどうなる。すでにロシアに於て経験された如く、殆ど言語に絶した非人道的解決の刃が向けられる事は火をみるよりも明かである。かくては資本家たる者は、単にその支配階級的地位を逐はるるのみならず、人間としての存在をすら蹂躙されてしまふ事になる。さればとて、資本家の積極的擁護を試みる事は、飢に泣き狂ふ無産階級のある限り、天地の公道に背く事となる。彼を思ひ、これを思へば、こは通常平凡な方法では解決がつかない。資本家を救つて正しき道に就かせると共に無産階級を救つて光栄に輝く人間としての生活に入らしめ得る方法でなければならぬ。換言すれば、真正なる意味での社会的共存共栄組織を建設する事によつて階級闘争がそれ自身矛盾を起して自然消滅してしまふ方法を見出さねばならぬ。

　然らば、さういふ社会的生活組織はどうすれば出来るかといふと、今日の無統制的産業組織が統制化されねばならぬ。即ち、全日本の産業組織が、天皇の御名によつて統制される必要がある。天皇の御名によつて全産業組織が統制化されるといふことは、個人主義的資本主義の任意の跳梁を打破して全国民が協力して、即ち全社会が一団となつて共通の生活資料を獲得する事である。国民の某甲、某乙等によつて各自に産業の大小体系を任意に統制して居つてはならん。予が曾て生産権の奉還といつたのは、この産業統制の最後の一手段を指示したものに過ぎぬ。さりながら現在の資本主義的産業の個人的統制が天皇の御名によつて全社会的に統制されるには、それより以前に、社会そのものが、資本主義組織でゐるよりは、天皇の御名によつて統制される産業体系を持つ方が、遥かに有利であるといふ事にならねばならぬ。従つてまづ、その有利なる条件の実現促進にいそがねばならん道理だ。それは単にプロレタリアートに有利だといふだけではまだ駄目だ。必ずプロレタリアートもブルジョアジーも包含した全社会的有利であるべきだ。この社会的条件を造り出すにはまづ第一に、民衆の自利心を正当に而して強烈に刺激し訓育せねばならん。

いかに少数の無産階級運動家のみがヤツキになつても、一般の無産者が概して自利心に不徹底で、団結力を持たない様な事ではいけない。たとへば普通選挙になつて、選挙権を与へられても、大部分の無産階級は、いざ選挙といふ時、自己の選挙権を、一票たかだか一円か二円で売り渡してしまふ様な無自覚では、到底彼等の要求するが如き社会改造などは実現されるものではない。資本階級と無産階級とが、全く相容れざる二大陣営に分裂して闘争してゐるのは、この共存共栄組織が出来てゐない為だ。この二大階級を、いつまでも闘争に放任しておく事は、国家社会をますます混乱に陥らしめるに過ぎないから、これは是非とも何かせねばならぬ。ここに於て科学的国体主義は、現在、この階級対立従つて闘争の原因となつてゐる生産事実及び生産権の一方的独占を解放して全社会的生活の必要としての体系へ止揚発展せしむべきを主張せんとするのだ。その第一着手として大多数の無産階級が今日の社会矛盾を痛切に自己のものとし、進んで社会そのものの矛盾と刻印される迄にならねばならん。かくして、はじめて今日の社会に於ける種々なる弊害矛盾の支持者たる社会組織そのものを共存共栄の社会組織にまで改造せんとする意志と実行とを握るべきである。

かかる改造の手段は、単なる階級闘争、単なる労働全収権、単なる労資協調などでは到底駄目であるから、最も根本的な手段をとるの外ない。然も、この根本的手段は、我国の社会を構成する民族が、民族的に立ちつつある実際条件に盲目なる一片の汎理論ではいけない。民族的事情に即した共存共栄社会が建設さるべく意図されねばならん。ここに於て、我々は、日本の社会が有する民族的事情を考察し、天皇中心の人格的共存共栄といふ事を目標とせざるを得ないのである。

日本の社会が有する民族的の根本事情といへば、皇室を中心とした、長き民族的事情に外ならぬ。この根本事情を深刻に正当に理解することなしに、社会組織そのものを改造しようとするがごときは、全く不用意極まる机上の空論に過ぎぬ。大山郁夫氏らでさへもつひに合法的政党に転落せざるを得なかつたのは、この、彼等の意志と独立的に客現的に厳然として実在してゐる日本社会の民族的根本事情を考慮せざる社会革命や改造が、社会を克服せんとしてあべこべに克服されてしまふことを実証した一例である。日本の社会が民族的本然の発展の中に、あらゆる矛盾を克服せんとする場合、皇室を中心とする協働形態を完全にするの外に何等適当なる方法がない。

天皇は、われらの主師親の共通中心の聖人格にまします。天皇を厚く信頼し奉るところにこそ日本の社会問題の根本的解決の秘鍵が蔵されてゐるのである。（天皇に就ては、拙著『国体認識学』第二章を参照されたし）その他の方法は皆一時的オッツケ仕事たるに過ぎぬ。世には資本家の権力を暴力革命によつて奪取しようとする者があるが、その愚や及ぶべからずで、そんな下劣な奴根性では決して正義の天下は築き得ない。正々堂々として道にかなつた方法を発見して、あく迄奇道によらず正道によつて進むのでなければならん。

然し、ある者は疑ふであらう。天皇中心の産業統制などを実現する事は結局人間から自利心を消滅させるものだから、結局産業の不振、ひいては国家の窮乏を来しはしないかと。なるほど、若しも、生産権やその他のものがみな統制される事、即一切の自利心消滅とすれば、これは頗る考へ物である。いふ迄もなく人間は、すべてが聖人君子ではない。社会の為とか全民族の為とかいふ大きな目的を、はつきりと生活の目標に掲げて行動し得るほどの人物は、いかに教育が進歩しようとも、さうザラにある様になるわけではあるまい。若しもすべての人が、かかる高貴な人間になつてしまふとしたならば、それこそむしろ怪奇なものであつて、自利の追求を忘れ得ない人間が多ければこそ却て人類社会の実相なのである。然し、その自利心を無制限に跳梁させるか、一定の限度内に於て調節し、自利の中に自然利他をはらむ様にするかしないかが、文化の高いか低いかを本質的に決定する要件である。

この世に生れてくるすべての人間に、悉く、社会国家人類の公益の為に働けなどと要求する事は、元来出来ない相談である。教育其他によつてさういふ高尚な人間を増加する事は出来るであらうが、それは相対的のもので決してすべての人を斯く為し得るといふわけではない。かくて、社会を指導せんとする者の考察すべきは、特別かかる高尚な意識を持たなくても、自利を求める中に自然に利他になる様な然も自利心を無軌範に跳梁させない生活組織を確立する事でなければならぬ。かのロシアが、無鉄砲に共産主義を実行した結果、人民が余り働かなくなつてしまつて結局農産物の減収、従つて大飢饉となり、つひにネツプ政策によつて再びある種の私有財産を許可して、資本主義制度の一部を採用するの外なかりしが如きは、まことによき教訓である。

仏教に於て自行即化他《じぎょうそくけた》といふ事を言ふが、それと同轍で、自利即利他でなければ決して永続性がない。此の点に就てわが科学的国体主義に於ける産業統制論は、

かかる没常識な空論ではなく十分に、人間の自利心を尊重するのである。いはゆる

食封《じきふ》ヲ賜フコト各差アリ、其禄ヲ重クスルコトハ、民ノ為ニスル所以ナリ

的に、生産物、消費財の分配に於て一定の差等を設けるのだ。勿論、この意味の私有財産は、最高限度を確定する必要はあるが、かの共産主義の如く一概に、私有財産制度のすべてを否認するのは、不可である。即ち、国民は、生産手段を私有する事は断じて許されず、生産されたる財貨を種々なる条件によつて私有し得る制度を造るべきだ。

　かくて、国民は、生産手段を私有し得ず、一切天皇のおんものとして国家社会の公有となり、国家社会の共存共栄の為に働きかける使命と責任との当処に自利心の満足も購ひ得、且つすべての国民の生活は国家社会そのものから保証される様になつてこそ、社会は、はじめて有機的人格的組織となるのである。即ち、一方に消費財私有の最高限度が厳制されると共に、他方、国民生活の最少限度も確立され、いかなる人間も、六畳一間に親子六人雑居し蚤や虱と共存共栄しないで、相当豊かに楽しく生活し得る確実なる保証を樹立するのだ。社会の制度の為に人間が人間に苦しめられる事を無くしてしまつて陛下の御民たる者は、必ず正しく働く機会を与へ

られ、正しく働きさへすれば、おのづから正しき分配を得て、嬉しく直く生活し得る様にするのだ。そこに於て、始めて思想国難などは雲散霧消してしまふのである。天皇陛下の一視同仁が単なる観念形態として信仰されてゐるだけでなく、日本国中のあらゆる国民は、公平にこの一視同仁の御慈愛にその実際生活をつつまれてしまふのだ。

然も、かかる現実社会の改造は、ひとり無産者のみならず、国民大衆の与論として支持されねばならぬ。決して単なる一方的意志による改造を目論んではならぬ。それは決して恒久性を持ち得ないからである。従つて、無産者は、暴力などによつて資本家を倒してすべての権利を己れに収めようなどといふ下劣な根性をもつてはならん。資本家から無産者へ奪ふのでなく、資本家が従来の独占的産業支配を、いやでも応でも天皇の御名によつて全社会的に支持すべく進出せざるを得ない様にするのだ。資本家階級も、その飽くところなき自利心を強調するところなく、苟くも日本天皇の御民である以上、社会の必然的要求とあらば、むしろ潔く公明正大忠順なる姿を以て進んでその社会に妥当する様に自らを打開せねばならぬ。かくてこそ、資本家は、過去に於て国家に貢献し、中頃やや道をあやまつても、最後に於て再び忠良なる臣民として彼等自らを止揚し得、結果に於ては日本国体的社会の建設に貢献する所以となるのである。即ち、これを人間の情操徳義の上に移して国家国民は厚くその忠義なる行為を徳とし、酬ゆるに栄爵的待遇を以てすべきである。而して現在、各資本家の経営しつつある各種の生産機関は、かくして陛下の聖権によつて統一されるのである。此処に於て、日本の社会は、天皇を中心とする共存共栄体を実現し、資本家を亡ぼさず労働者も又救済し得るのである。

かくの如くして、始めて、日本は、公正無私の生活態を現実の社会に建設する事が出来るのである。国民の生活に必要なる生産は悉く公産され、単なる官業にあらず、又、単なる民業にあらず、実に万世一系の天皇の慈念によつて統制される天業となる。即ち国民はいかなる一人と雖、生活の基礎に於て平等なる保護を確保し、然も、能ある者も無能なる者も、勲功あるもなきも、おしなべて一律的平等なるにあらず、賞せらるべきは賞せられ厚くせらるべきは厚くせられる。然も、いかに国家的恩典に浴する者と雖、生活の根本組織に、私利をさしはさむを得ない事となる。社会組織の欠陥によつて生活を脅さるる者もなく、社会組織の欠陥に乗じて私欲をほしいままにする者もなくなつてこそ、真の人格的共存共栄体は実現されるのである。

全産業体系が、かくの如く天皇の御名によつて統制される迄には、その過程として、種々なる段階を経由すべきはいふ迄もない。従つてその過程を科学的に把握する事は、現下に於ける最大要事であつて、吾等の国体科学は之を説かんが為に、今やあらゆる犠牲に堪へ忍びつつ国体科学叢書を刊行しつつある。本書に示したところは全く一の暗示に過ぎないものではあるが、吾等は同叢書中に於て、これを科学として提供する日の近づきつつある事を茲に告げておかねばならぬ。予は従来の、単に正義とか人倫とか或は皇室中心とかいひながら中味は資本中心や自己の私有財産中心に過ぎなかつた観念的国体論乃至ブルジヨア的国体観念を排除して、国体の社会生活的法則なる事を識別する一作業として、とりあへず、意見の形式に於てではあるが、吾等の生活組織改造の目標を暗示すべく、科学的国体主義に基く観念形態をここに導入したのである。

8、万邦無比の国体完成としての社会改造の心意

万邦無比の国体を完成せんが為には現社会は根本的に、斯くの如き改造を経なけ

ればならぬ。それには今日二大階級に分裂して争闘しつゝある労働者と資本家との不断の折衝を必要とする訳だが、その指導意識は、憎悪であつてはならん。然らば、何を以て代へるかといふと、それは慈悲だ。憎悪の不可なる理由は既に述べた通りであるが、慈悲といふのは、明智から生れる人間愛だ。一切のものを、正しく育てなければやまないのが慈悲だ。慈悲といふ概念は、善に対する同情と、悪に対する同情とを包含したものだが、善に対しては、それを増長させ、悪に対してはそれを滅却するものである。慈悲といつたからとて、善悪の判断も持たないであはれむ心だなどと邪推してはならぬ。

　慈ナクシテイツハリ親シム、コレ彼ガ怨ナリ、彼ガ為ニ悪ヲ除ク、コレ彼ガ親《しん》ナリ

だ。故に、資本家のあやまり、又、労働者の「過ぎたるは及ばざる」あやまりを打破して正導しようとするのが、ここにいふ慈悲といふことである。資本家と労働者とが、互に憎悪しあふのでなく、もう一歩博大なる心地に住して、彼の悪を除き、彼をも救ひ、みづからも向上しようといふのが慈悲だ。憎悪から生れるものは一切の破壊だ。之に反し、慈悲から生れるものは除悪生善だ。

ロシアの革命を、そのまま日本に応用しようなどと考へるのは、そもそも、社会といふものの抽象的概念しか持つてゐない証拠だ。なるほど、ロシアの社会も、社会なら、日本の社会も社会である。日本の国家も、ロシアの国家も、国家といふ言葉に変りはない。ロマノフ王朝の主権者も、日本皇室の主権者も、法律的主権者といふ概念に於ては同じだ。ロシア国民も日本国民も、又国民なる概念に於ては共通だ。然るに、一々の実質に於ては、条件、関係、歴史、従つてそれらの概念に於て、両者は互に甚しく異る点がある。資本主義制度の社会がいけないといふ点に於ては、ロシアであれ日本であれ同じ事だが、どうして改造するかといふ実際問題になると、両者は必然的に相違せざるを得ない。それが、科学的に正確な見方なのである。肉体の病気の如きは自然科学的事実だから、その療法の如きは世界各国同じでありさうなものだが事実は異る。西洋人はチブスにかかると微温湯浴を行はしめるが日本人にかかる療法を施せば、折角治るものが死んでしまふ。アンチヘブリンその他の薬の極量も日本人と西洋人とは相違してゐる。況んや、長き伝統を有し、種々なる風俗習慣を有し、複雑なる社会組織をもつた国家を改造するのに、ロシア直訳の改造法など百害あつて一利もなかるべき事を知るべきだ。日蓮聖人の所謂

カノ国ニヨカリシ法ナレバトテ此国ニモヨカルベシトハ思フベカラズ

とはこれをいふのである。同じ封建社会の改造とはいひながら、欧州諸国のそれと日本とでは根本の一点に於て異つてゐる事はすでに述べた通りだ。憎悪の如き心意も、彼にあつては止むを得ずして生れたものであるが、日本に於て、その人真似はよした方が賢明だ。

況んや、「我等の祖国ロシアを擁護せよ」などといふ気狂ひじみた悲鳴をあげてゐる様では、日本の労働運動といはず共産運動といはず、気の毒ながら、まだ観念論だ。ロシアを改造するのでなく日本を改造するのだから、日本の社会の構成を微細に研究せねば駄目である。マルクスやその他の先覚者が指摘した社会構造さへ見つければ、どこの社会でも改造出来るとでも考へてゐるならそれこそ滑稽の極みだ。マルクスは日本の国体など知らなかつたから、日本の社会改造法まで教へておかなかつたのは、日本の観念的マルキシストの為にはお気の毒千万である。自国をよく見よ。縦横無尽に日本を研究せよ。然らずんば日本に於ける社会改造は観念論にすぎぬ。憎悪を捨てて、慈悲へ！　これ日本の社会改造の根本的心意でなければならぬ。

9、労働即天業

日本の国体の命ずるところは、適切に、労働即天業だ。天業は、元来、あまつひつぎと読む字である。即ち生活の普遍に約してみれば、国民の社会生活であるが、生活の中心に約していへば皇位となるのである。ところで、この天業の日本が、元来、君臣の二階級のみであつて、その他の一切の中間階級のなかつた国であり、且つ、臣民相互に搾取被搾取支配被支配を為し能はざる組織の国であつたことは、前に一言した通りである。それは、凡そ日本国民たる者は、皆悉く、正当なる天業恢弘の社会的奉仕、即ち神聖なる労働に服して、相互扶助、共存共栄する国体だからだ。

> 朕聞ク、士当年ニシテ耕サザル者有ルトキハ、則チ天下其ノ飢ヲ受クルコトアリ、女当年ニシテ績《う》マザル者有ルトキハ、天下其ノ寒ヲ受クルコトアリト。故ニ、帝王身ヲ耕シテ農業ヲ勧メ、后妃親ヲ蚕ヒテ桑序《くわのとき》ヲ勉メタマフ。況ンヤ厥《か》ノ百寮ヨリ万族ニイタルマデ農績ヲ廃棄シテ殷富《にぎわい》ニ至ランヤ。有司普ク天下ニ告ゲテ、朕ガ懐《おもい》ヲ識ラシメヨ。

とは、継体天皇の万民労働に関する勅語である。己れ富貴なるが故に安逸遊惰に耽るが如き、現今のブルジヨア意識と行為とに対する厳烈なる戒めを掲げて立つのが日本国体だ。少年や頽齢者や病人や不具者にあらざる限り、凡そ手足のくつついてゐる人間は、みな天業のゲマインシヤフトに於ける神聖なる労働者であらねばならぬ。天業恢弘といふのは、実に、我国民が、協働態内に於て、人格的社会生活を創造してゆく事業の謂に外ならない。然も、この天業恢弘の労働的社会事業は単に日本社会にのみ妥当すべきものではなく、これを主観の意志についていへば八紘を掩うて然かすべきものであり、これを客観の実観についていへば、世界をあげて、相互扶助共存共栄することあたかも近親血族の家庭の如くならねばならぬのだ。

　四方の海みなはらからと思ふ世になど波風のたち騒ぐらむ

といふ明治天皇の聖詠も、畢竟この境地を指したまへるものと拝すべきだ。

働かないで食べようといふ量見も、人に働かして生活しようといふ考も、天業国日本に於ては元来、国体そのものが否定してゐるのだ。国体そのものを明確なる社会生活に於て把握する事を忘れ、わけの訳らぬ神がかりの状態に於て国体を迷信してゐたから、つひには、皇室をも怨みたてまつる非国民を出す様な事情を、でつちあげたのだ。我等は至誠、過去に於て陛下の一視同仁の御慈愛を下に徹底せしめ得ず、従つて真に御稜威を光揚し奉り得なかつた事を懺悔し、国民総掛りで、社会改造、皇運扶翼に邁進すべきだ。

かくて、階級闘争を用ゐずして、真の共存共栄の社会を実現した暁に於て、日本は、始めて、正々堂々と、世界を指導し得る立場を強固にするのだ。世界各国も、この日本の社会改造に対して、恐怖なき驚異の眼を見張る事であらうし、進んでは日本国体の研究にも従事せざるを得なくなり、求めよ、然らば与へられんで、日本の指導せんとする意志と、彼等の求めんとする意志との合一するところ、万邦無比の国体は、はじめて世界的認識を得て、全人類の生活を指導する原理として受け容れられるに至るのだ。猶、具体案については、いづれ他日機会を得て国体科学叢書の中で公表しようと思ふ。

九　現人神の観念的支持より実証的扶翼へ

いやしくも、事、皇室に関する限り、誠恐誠惶、つつしみ恭ふといふのは、まことに、日本君臣道の美しき表現である。それは、皇室に対する絶対尊敬の信念の発露として当然ではあるが、この信敬を以て直ちに、今日の社会問題への態度とするは断じて不可である。世には、皇室問題としいへば、ただ有難がり、恐れおほがり、勿体ながつてゐさへすれば、純忠の表現ででもあるかの様に言行する者があるが、吾等は、かくの如き主義こそ、かへつて時にしばしば、皇徳を傷けるものであると信ずる。何となれば、それは、単に観念的信仰としての天皇神聖論であつて、挙国一致全国民の責任としての皇運扶翼による天皇神聖の実証的把握に対する最も恐るべき怠慢だからである。吾人が、既に、神聖観念の分析を示して提言した通り、現人神なり天皇神聖なりは、単なる国民の伝統的信仰によつてのみ今後維持されてはならないのである。今日、皇室に対して、種々不逞大逆なる思念をいだける日本人が、すくなからず実在してゐる時にあたつて国体主義者の力説するところが、依然として神胤説、信仰的神聖論及び旧式なる、徳治神聖論であるのは、実に目もあてられない悲惨事である。これでは「学者多くは間抜け面」といふが、就中国体学者ほど間抜けな者は無いといふ事になる。

大君は神にしませば天雲の
　いかづちの上にいほりせるかも

といふ様な伝統的信仰だけで、今日の大逆的思想に対抗しようとするのは、まことにその愚や及ぶべからずである。皇室の神聖は、過去に於ては、過去の社会的理由によつて実感せられ来つたのであつて、今日の時代には今日の時代に正応相即せる理由がなければならぬ。単に過去から伝承された理由と感情とを以てのみ天皇神聖を現代に主張せんとするは、観念論者共通の大誤謬である。観念的神聖論が存在してゐる事も事実なら、それにこりかたまつてゐる国民の多数存在してゐる事も確実である。然しながら、同じ日本人の中に、天皇神聖論を思想的に否認してゐる者が存在してゐるといふ事も、今日に於ては、遺憾ながら昭々たる事実である。そこで思想善導だの国体論だのといふものの活躍も起るのであるが、それの無力なるはいふ迄もない。何となればそれらの国体学者が、思想の本質、思想変化の法則を知らずして、あく迄、過去の神聖理由を今日の理由として主張してゐるからである。今日、国体への反逆的思想の起る最大の原因はどこにあるかといへば、勿論、資本主義的経済組織下にある無産階級の悩みそのものである。これは、無産階級の指導者等が、皇室を正解し得なかつた無智にも罪はあるが、世の政治家や資本家の無知と狡猾とにも大きな罪がある。廟堂に立つ大官等が皇運扶翼の道を誤つたといふ事は、今日の結果から判断して、否定しようのない顕著にして且つ遺憾なる事実である。間抜けな国体学者はかかる事情について余りに鈍感なるが故に、ひとり節操正しく神社に参拝しては随喜の涙を流しよつてもつて己れの感激信仰を鼓吹するに力めてゐるのである。

天皇神聖は決して、観念的信仰的に永遠完全なる支持を保証し得るものではなく、刻々に変化する新社会に於ける不断無窮の天業恢弘によつて実証さるべきものである。それが、直ちに全国民の責任であり、君民一致の国体なる所以だ。恒に国民生活の事実の中に天皇神聖を実証し得てこそ万邦無比の国体なのでもあり、又、皇運を必然天壌無窮ならしめる責任的行為でもある。一方にどれほど熱誠をこめて天皇神聖を論じ、皇恩宏大を説いても、一方に、反逆思想を持つた国民がゐる限り、それは皇運扶翼の方法が当を得てゐないからである。一方では天皇神聖を信ずる者がゐても他方には、これを信じないものがゐたのではいけないのである。天皇神聖が信仰問題で取扱はれてゐるうちは実はまだ駄目なのだ。信仰では、信ずる者は信じ、信ぜざる者は信じない。単に国民の主観的信仰によつて神聖視されてゐるのでなく、全国民の皇運扶翼、天業恢弘の責任的行動に於て、客観的に天皇の神聖を維持するのでなければならぬ。如何なる人間でも、日本天皇の治下にある者は、いやでも応でも、自然に天皇神聖を実感せざるを得ない様に、社会生活そのものを正しく建設してゆく無限の努力の中にこそ実に我国体の一貫性があるのである。

日本に於ける天皇神聖観念は、常に、社会生活の実利実益を通して結成される感謝の観念でなければならぬ。過去の時代にその社会的事情の下に生じた感謝を今日そのままで再感情させようといふのはどこまでも、否定すべき固定神聖観である。信仰吾等が現代以後に信奉すべき天皇神聖は流動創造的性質のものたるを要する。信仰として観念的に説法する迄もなく、何人といへども、天皇を真実有難い神聖なる御方であると実感せざるを得ない様に皇徳の徹底普遍化する社会を実現すればよいのである。誰でも経験する事の出来る事実から必然的に把握された神聖観でさへあれば壊さうとしたところで微動だもする筈がない。世の特権階級者流は、この点、痛切深刻なる反省を要求されねばならぬ。

十　特に浅薄なる徳治思想を批判す

ここに徳治主義と名付けられたものには、凡そ二つのものがある。一は、我が皇室は歴代神徳を以て民を治め給ひ連綿今日に及んでゐるといふ説、二は、徳治を以て皇室の軌範としたまふべしとする説である。尤もこの両説の合体したものも少くない。天皇がその神聖なる宝位を確保したまふ所以はその徳治によるといふ思想は、単なる神胤説よりは合理的である。然しながら、天皇の徳治は、今日の社会に於て、如何なる機関を通じて如何なる方法で発揚せられるかといふ事に就ては、是非共一考せねばならぬ。この点の考察なしに、ただ、皇道を喋々しても、それはお目出度い観念論である。

　天皇の赤子を慈愛したまふ宏大なる御思召を、為政家たる者は、ただ感謝してゐるばかりではいけないのだ。いかにせば、一視同仁の御慈愛を客観化し得るかに就て、最も徹底したる研究を重ね、観念だけでなく、国の政治の一つ一つが悉くみな万民に、皇徳として実感出来る様に政治するのが、臣民、殊に各省大臣その他の高官の責任的使命である。皇運扶翼の直接の重責を負ふたものが、皇徳を真に万民に現実的に徹底せしめ得ないほど重大問題はない。皇徳を事実の上に徹底して万民に実感させてゐたら、今日の如き思想国難などは起つてゐる筈がないのである。政治家達の失政や不謹慎が、皇徳に累を及ぼさないものだとでも考へてゐる者が、若し一人でもあるとすれば、それこそ、まさに全国民の名によつて糾弾されねばならぬ。皇徳は皇徳、政治は政治と二元的に考へてゐる様な為政家が万一にもありとすれば、これ実に言語道断である。たとひ、天皇陛下の御思召がいかにあつても、それを直接恢弘《かいこう》する大臣高官達が、扶翼しそこなつてゐれば、一体どうして皇徳は民衆に及び得るのか。自分達が、果していかに天業を翼賛し奉つてゐるかの事実に就て厳烈なる反省を持たないで、皇徳を放言する政治家はむしろ国賊である。皇恩皇徳を客観的社会的に実現する責任的使命の自覚なくして、軽々として皇徳に藉口《しゃこう》するが如き輩に対して、全国民は厳重なる監視を怠つてはならぬ。

徳治の扶翼者としての国民の使命に論及しないで単に君主の一方的徳治をあげてゐると、支那の所謂禅譲思想に到達するの外ない。従つて、君主が有徳なる人格者ならば、国民はこれに喜び服するが、然らざれば離反してしまふといふ事を前提とするのが浅薄なる徳治主義である。従つて君主が不徳ならば、国民はその退位を要求し他の有徳者を君主として仰ぐべきだといふ論理が自然の結果である。故に、更に一歩進めば、不徳な君主にして禅譲しない時には弑逆《しいぎゃく》も可なりといふ思想に至らずんばやまない事になる。普通の徳治主義は、その各種の場合を考察するとどうしてもかかる帰結にならざるを得ないのである。何と無責任な君主観ではないか。

国家は、いふ迄もなく、協働態社会の政治的統一態である。国家の経営、維持等の一切はこの協働の約束の上にのみ可能なのである。従つて、国家生活の一切の機能は、この協働性の理解に於て把握せられねばならん。然るに、上述の徳治主義の如きは、君主をこの協働関係に於て理解してゐないものといふの外ない。そこにこの徳治主義の思想の根本的欠陥が横たはつてゐるのである。単なる一方的意志に於て国家の統制者を理解する方法は、それが、徳治主義であるにもせよ、その反対であるにもせよ、全く封建的社会形態の遺物であつて、到底、現代に於て支持すべからざる旧思想だ。誤謬思想だ。かかる素朴な思想を以て、国体を論ぜんとするが如きは、そもそも、身の程を知らないのである。

吾等の理解する君主は、たとひ幼君にもあれ病君にもあれ、国民全体の協働性の発揮による自覚的天業恢弘、皇運扶翼によつて、君臣の秩序を厳持すると共に、その統治の徹底を期するにある。一個人の単なる天才性徳にのみ依頼する方法を採らないのである。さりながら、それは、決して、君主は修徳の要無しとする思想ではない。苟《いやし》くも人と生れて、その性格を陶冶《とうや》し気品を養ひ識見を正大にし、以て渾然玉の如き人格を磨きあげる様、個人的修徳につとむべきは、むしろ平凡なる常識に属する。庶民猶ほ以て然りとすれば、況んや万民の柱石たり統制者たる君主に於てをやといふ事になるのは、全く平明の理たるに過ぎぬ。即ち、君主の修徳の如きは、何人と雖も敢て特別の事柄として認める程の事ではなく、きまりきつた常識的範疇に属するのである。唯君主が有徳でさへあれば、その国家統治も又何等の欠陥なき、完全なる政治であるとするが如き非科学的思想を打破しなければならぬといふのである。たとひ、過去のあらゆる国家に於て、徳治主義が君主の理想として是認せられてゐたとしても、今や、かかる思想を捨て去らねばならぬ時代である。

これを我が国史にみても一方に武烈天皇の御行為を非難する者があり、他方にそれを弁護する者があるのをみても、徳治主義が、国民をいかに浅薄に感化してゐるかを知るべきである。（拙著『日本国体学概論』一九四頁以下参照）天皇が個人的に高徳者にましますは様に輔弼《ほひつ》し奉るべきはいふ迄もなく、又その統治が皇室伝統の御稜威《みいつ》による上にも更に、国民の責任的協働によつて、いやが上にも恒に正徳の発現たるべき様、皇運を扶翼するといふ大事を忘れてしまへば、万邦無比の国体は単に自然の結果であつて、人間の意志に無関係なものだといふ奇怪な結論に終つてしまふのである。

十一　社会生活の国家的統一と天皇

人類が持つ生活の種々の行動体系、たとへば宗教的体系、政治的体系、教化的体系等のあらゆる行動体系中、何が最も基礎的行動体系であるかといへば、それはいふ迄もなく、栄養体系と生殖体系とである。この二つは、自然科学的正確さに於て、あらゆる意識、あらゆる文化に先立つた生命の物的基礎条件である。人間の肉体は、決して意識によつて造られたものではない。それは明らかに、最初、意識と無関係に先行する。意識は、この肉体の一定の発達に伴つて生起する脳中枢の活動結果である。この意味に於て、肉体は精神の母であるが、精神は肉体の父でない。勿論この場合、「肉体」といふ言葉の代りに「物質」といふ一層範囲の広い言葉を用ゐるのは、学問的により不正確である。何となれば、物質には、意識を生じない物質と、生じる物質とがあつて、この二者は、厳格に区別さるべきであつて、その意識を生ずる物質といふのは、机でもなく、本箱でもなく、紙でも、空気でも、鉄砲でも、鉄道線路でもなくして、ただ人間の肉体だからである。かく、肉体は、意識に先行し且つ、精神と無関係にどしどし生長し変化する。子供が大人になるのは、生長しようといふ意識によつてではなく、又、紅顔の美少年白頭翁と変化するも何等意識の結果ではない。然るに、社会制度は人間集団の単なる自然発育の結果ではなく、集団生活中に意識的に結成され醸成されたものである。勿論、意識も物理的現象として理解する立場からすれば、それは、物質の自然的発達といふ事になるが、それでも、それは意識なき物質の自然生成ではなく、意識ある物の意識的生成だ。従つて、一般的物心関係に於て物が心を制約するといふ理論を直ちに一社会制度下の人間関係様態に適用するのは誤りである。

人類は、一定の社会的関係下に於てのみ生活する。ここに社会的関係といふのは、社会構成員相互間の物質的関係、即ち個体生存の関係及び条件の意識的把握の状態を意味する。人類はそこに意識的に創造し認識し把握した社会関係によつて、逆に各自の行動を規定され又意識もその社会的形態によつて同化される。それが社会制度だ。然し、かかる一定の制度下にある社会の構成員が、知的労働によつて、種々なる形而下並に形而上的文化を創造するにつれ、生産方法、生産力、従つて個体間の生存関係、又種々の人生観の変化を来すに及び漸次に、従来の社会制度と新意識との間に矛盾を感ずる様になる。さうすると、意識は従来の社会制度を分析し、その関係が増加されたる文化要素を包括し能はざるを認識する。かくて、人類はそこに意識的なる新社会の創造に向ふのである。その無限なる発展過程に人類の価値創造は徐々に無窮に行はれるのである。

かかる社会生活は、それが無数の個体によつて構成される限り、必然的に、個体と個体とを意識的に連結し統一して、共同目的を達成すべく、その社会を組織化する。この統制組織化が即ち従来の文明史にあらはれた国家即ちいふ迄もなく生活の共通目的を持つ者の地域的社会である。

人類が文明らしき文明を創造し且つそれを確保するに到つたのは、この生活関係の統制的組織化、即ち国家の創造を以て始めとする。社会が、単に偶然的な個体と個体との関係のみに依存してゐる段階から、意識的に個体間の関係を把握し、その関係を立法化し、すべての個体間の関係を人格的に規制する段階に達したものが国家的に統一された社会である。この社会即ち国家に於ては、その統一の機能がそれの基礎的社会の根本的行動体系に依存してゐる事はいふ迄もないが一層特色的観点は、国家はその社会に於ける根本的行動体系をいかに再認識し、これをいかに目的化し、いか様に統制してゐるかといふ事である。

而してすべての人間の、個体的行動体系は、集団的行動体系を確立する事によつて達成してゐる。集団的行動体系のない処には、事実として社会的問題となる何等の個体的行動体系はない。而して集団的行動体系は、その集団の構成員相互の意識を統一する機能の発揮によつて、必然的に、人格的統制者を持つ。古往今来、人類の統一ある集団にして、この人格的統制者を有せざりしものは一つもない。

日本国家に於ける社会的基礎は、社会構成員が、地域的に連絡してゐるのみならず、一国家が血族的関係に於て成立してゐる。この事は、日本が社会的生活の自然的基礎に於て優秀である事を確実に示してゐる。何となれば、地域的に協働するの外、本能的に協働するの外、本能的に協働し得るからである。「遠くの親類より近くの他人」といふのは共存共栄の構成にあたつて、地域的に距離、従つて接近の常恒的な為であるが、日本の場合には、元来、同一地域内に於ける親類社会である。血族関係といふものは、生命の自然的本質に従つて、個体と個体との間に愛情の心理を通して相互扶助と保護とを、それの行動として持つ。即ち、血族社会にあつては、他のいかなる偶然的集団社会よりも、生命の本質に於て、相互扶助の愛欲を持つてゐるのである。日本の国家は、この優秀自然的基礎の上に確立された地域社会だ。然して、この血族的地域社会が、国家的統一の段階に進んだ時、日本は、社会構成員のすべての血統的本幹たる皇室を、自然に、その最高統制者として仰いでゐたのである。ここに、統一国家としての日本の自然的基礎の優越は更に深刻に且つ確実に認識される。古来、我国に根本的易姓革命なくして、畢竟《ひっきょう》するところ、いかなる時代の覇者も、つひには皇室を奉戴し、民族共同の中心人格を見守つて今日に及んだのは、かかる自然的基礎の優秀堅固なるにも大いに基くところがあつたのである。さりながら、いかに、その自然的基礎が優秀であり、その結果が良好であるとしても、それを意識的に認識し、進んで目的々に把握しないならば、そは単に一個の自然に過ぎない。その自然的状態以外のものとは何等の関係もなく、たまたま異分子の混入するあれば、直ちに、二つの矛盾せる体系となつて闘争せざるを得ない。

日本の国家が、その社会的自然基礎に於ていかに優秀であつても、国民が、それを目的々に把握しない限り、国際的国家としては、大きな矛盾とならざるを得ない。

然らば吾々は、一体、いかにこの社会的基礎を再認識し目的々に把握するのか。曰く、吾等の国家の自然的基礎が個々の人格の社会生活に及ぼす一国一家相互扶助の共存共栄の事実を、あらゆる異民族、異国家への福音として提示すべく目的化するのである。換言すれば、吾等の血族関係に基く平和なる社会的生活を意識的に徹底的に擁護すると共に、それを広く目的化して、全世界の人類に平和を与へる事を、国家全民の統一的意志とするのである、願業とするのである。かくて、そこに、自然的事実は人格的原理として把握され、日本人も、万世一系の天皇も、従つて日本帝国も、単に一の優秀なる自然的存在の域から、使命的存在へと進むのである。然らざれば、朝鮮人、其他の新附の民は、日本国民としては、極めて不自然的、換言すれば憎悪嫌悪の対象として認識され評価されるに過ぎなくなり、一層拡大すれば、すべての異邦人は日本社会からみる時には、恒に日本にとつて不自然要素となる。神武天皇の

八紘ヲ掩フテ宇ト為サン

といふ様な意志が、かくて、全日本の国際的目的事業とならねばならぬ。天業恢弘といふも皇運扶翼といふも、結局はこの処まで来つて、始めて、その最高の意義を

把握し得られるのである。吾等の人格的統制者としての天皇は、ここに於て、かかる天業の中心人格たり、代表人格として世界の人々に仰ぎみられる現人神にましますべきなのである。

十二　現代社会の生活方法としての忠義

吾々は、過去の時代に産出された忠義論を以て、現代の全的必要と感じ得ない。古い忠義論は今日では、観念の惰勢として未だ存在してゐるが、その社会生活的性命は既に失はれてしまつてゐる。

我国に於ける忠義を若し、宗教的信仰とのみ解するとすれば、その結果はどうなるか。いふ迄もなく宗教信仰は各人の自由である。憲法上にも之を規定してある。又、宗教に対する心理的機能を欠いてゐる人間もある。そこで、我国の忠義は、天皇を通じて神に随順するものだといふ風な説明は、忠義の史的発生論としてはともかくも、必ずしも現代に於て全部を認容さるべき性質のものでない。おそらく、忠義を以て宗教的なものとすることは、我国に於ける忠義観念の最高且つ最も純粋なものを言ひあらはしてゐるものかもしれないが、それは忠義そのものの心理状態法悦境の説明であつて、国民道徳の理論ではない。従つて、天皇を通じて神に随順するといふ心理経験の持ち得ない人間に対しては、単に他人の信仰の報告に過ぎないといふことになる。

次に、有機体説即ち君主は国家の元首であり人民はその手足の如しとする説、国家及社会秩序説即ち、君臣父子兄弟夫婦朋友等に於て、父も兄も子も弟もみな、君主の臣下であるから、君主に対する忠義を欠いては社会の秩序を乱すといふ説は、どうかといふと、これは、国家は必ず君主制度なりといふ前提に立つた考へであるから、現代の如く、君主制度を不要とし又は有害とするやうな思想を有する一部国民を、理論的に説破する根拠を有しない。又、君主を道徳又は経済生活の淵源なりとみてこれに報恩すべしと説くものもあるが、現代の経済制度のままでは反つて共産主義、無産者独裁等の思想が抗立するから、この説は容易に肯定せられない情勢にある。即ち道徳などは経済生活の反映であるとする社会主義学説の前には、道徳の根拠としての君主といふことは必ずしも承認されないし、今日の日本を以て資本主義帝国と為し、経済生活の不合理を指摘する者に向つて、君主の経済的恩などを

説いても到底受入れられないであらう。況んや、大道寺友山の所謂

日本国中、国主城主多き中に、いかなる宿縁ありてか主従の約をなし、似合相応の禄を賜り例ば百石と申す少知にても、十年には千石の米高に罷成《まかりなり》候を、先祖の代より其身の代まで、幾十年となく拝領し来りたる俵子を積り候はば凡《およそ》如何に可相成や、此君恩の深きに報謝し奉らんには………（大道寺友山『武道初心集』下巻）

といふ三代承恩思想、又、オッペンハイマーが、其の名著『国家論』（Oppenheimer, Der Staat. S. 135-136）の中に挙例せるが如き、忠義を尽す代りに保護を求める心情からみれば、現代の国家に於ける制度下にあつては到底、忠義が普遍的に受入れられる可能を持たぬといつてもよい。従つて、この種の説は貧乏人には適用されない忠論であるといはねばならぬ。又、民族の宗親なりとする説、これもその概念を拡充しなければ、直ちに現代の全日本に通用しない説であつて、若し概念を拡充した場合には説明法を変へねばならぬ。心の自然発現みな忠なりとする説に至つては、あまりに観念的あまりに漠然的で、到底、現代の忠論とならない。要するに是等の忠論はみな過去のもので、そのままでは現代将来の日本を統制する、忠なるものの威

力ある説明とならない。忠義を以て、あく迄も宗教的、道徳的範囲に限り、ひたすら情操的に高潮して来た過去の我国の教育が実際上失敗に帰しつつある事は、今日の否むべからざる顕象である。これが為に官憲も教育家も大童になつて所謂思想善導策を講じてゐるといふ事実は、過去の忠君観念が動揺しつつある生きた証拠である。いかなる人間と雖も食物を摂取せずに生存出来ない事はいふ迄もないが、この平凡なる事実を、あまりに無視した忠義論は、結局、所謂観念形態のイデオロギーに過ぎない事になる。武士は食はねど高楊子式観念を常時の原則とするのは不可である。生活問題の中に即して天皇を仰ぎ見る忠でなければ、現代を忠化することは恐らく不可能に近いものであらう。いかなる理想主義もいかなる道徳も、食物問題を無視することを常道なりとするに至つては即座に破綻を生ずるのほかない。天降り式に神や善や国体や忠を説いても、路頭に迷はんとしつつある運命に置かれてゐる現代の大衆には何の効目もない筈である。

　既成宗教や倫理道徳は有産階級が無産階級に対する訓育方法であり、民衆の阿片だとして片付けてしまふマルクス主義の理論は、勿論、全部的、窮極的には承認し難い謬論であり偏見であるが、然し、一部的、当面的には、確に現代社会の実状を看破したものといつてよい。吾等は現代の知識階級乃至指導階級が、忠義だの道徳だの人道だのと口にいひつつ、然も大多数国民の物質生活の安定といふ問題に対しては、見て見ぬふりをしたり、卑怯なるあきらめ主義を説いたりしてゐるのを看過するわけにはいかない。宗教家や倫理学者が一切法皆空、空観真如の月を澄ましつつある間に、失業者は増加し、無産者は将に怒濤の如く動かんとしてゐるいはば風樓に満つといふ実相に眼を閉す事は出来ない。また、正義といふことは既に注意せる如く決して単なる人倫秩序や、単なる観念的道徳ではない筈である。人間社会の生活そのものの全組織、全方法、全態度の中に樹立された共存共栄の原理でなければならぬ。予は、曾て東京帝国大学、京都帝国大学、早稲田大学、慶応大学、東京商科大学、陸軍士官学校、同志社大学等の学生から、日本国体に対する各種の疑惑を集めたが、その中に、次の如きものがある。

現代の如き世の中に封建制度の遺物たる忠義等といふ道徳を持ち出しても頭から問題にならないではないか。又たとひ忠義を尽すことがよいことであるとしても、とにかく先づ生きてゐなくては仕方がないではないか。口がひ上つたのでは忠義をしようとしても出来ないではないか。ともかく何よりも経済生活を安定せしむることが第一の問題である。古臭い道義や忠誠は、生活の安定を得てゐる人達の考へることで、明日は餓死するかも知れない様な生活の不安におびやかされてゐるものにとつては先づ如何にして食はんかが問題である。況んや現に資本家階級が国家権力を濫用して労働者階級から搾取してゐる眼前の事実をどうする。餓死に迫つてゐては忠義をするにも出来ない相談ではないか。天変地異や病気で死するものは致し方がないが、現に資本家から搾取されてゐる者が、明日餓死するのを前以て覚悟してまで忠義を尽す必要がどこにあるか。又忠義を尽すことによつて少しでも無産者の生活が実際に安定せられるならば、犠牲も忍ぶであらう。我々が危険を冒して階級闘争を行ふのは、いつしか努力に対する報酬が予期せられるからである。資本家に搾取されて日一日と無産者階級が増加してゐるのに、此様な眼前の生命の問題を別にして忠義などする必要がどこにあらう。忠義を強いるのは餓死を強いるのも同じ事だ。(拙著『国体に対する疑惑』七五―七六頁)

物質生活の不安が最大緊急の関心事である現代社会の多数無産者の頭の中には、おそらく右の如き思想が大小に拘らず浸み込んでゐるものと思はれる。いかに声を大にして忠義を説くとも、資本主義社会の嵐の如き暴威に追ひまくられてゐる現代人の多数者は、封建時代の人間の如く、簡単に忠化する可能性がない。即ち、今猶封建時代の国民に理解されたと同じ説明の方法で忠義を説いてゐたのでは、これを民衆の阿片なりと見なされても止むを得ないではないか。

茲に於て、我等は、愈々《いよいよ》封建時代の忠義論を潔よく蹴飛ばして了ひ、日本国体の忠義とは決して観念論的概念的道徳であつてはならないといふ事を主張せねばならぬ。過去にあらはれた幾多の忠論は、みなその時代には、大なり小なり何等かの意義を持つてゐたものであるが、それをそのまま今日に於て踏襲してゐるとすれば、国民道徳学は要するに訓詁学、思想史等の範囲を出でない。忠義を信仰化し神秘化して説いたのは、中世以来の社会思想の反映であつて、それだけを継承してゐるならば、要するに中世の思想原則を以て現代を律せんとする社会盲である。従つて我等は、はや、かかる時代的忠論によつて動かされる事がすくなくなつたのである。

抑々《そもそも》、忠義の本質本性等は何であるか。従来、忠義は、対人関係の道徳としては、服従と犠牲をそれの内容としてゐた。然しながら、これに対して、単なる個人としての君主に、絶対服従と犠牲とを惜まず献げる事は、生命に於ける同一の自然権を有する人格としては無意義な行為であるといふ現代的批判が下される。忠義の本性は、服従と犠牲とにあるが、その本質的目的は奈辺に存するかを一考すべきだ。すでに君主の意義が、単なる個人的存在になくして、民衆の集団生活に於て、尊貴なる統制機関として社会的意義を有するものとの現代的認識に従へば、これに対する忠義といふ事も、又おのづから社会的意義に於て把握されねばならぬ。即ち、国家といふ人間の集団生活の機関に於て、その構成員各自の生命の自然権の確認及びそれの目的化によつて人格的共存共栄態を創造し且つ維持する為に統制人格の命令に服従し、進んで統制そのものに直接間接協働扶翼する心意及び行為が忠義の文化的、社会的、現代的意義であるべきだ。

かくて忠義は最早や単なる支配的個人としての、君主に対する服従でなくなり、又、単に自分が保護された代償として時に犠牲を払ふといふのでもなく、共存共栄の社会的見地から、各個人の必然的責任として認識せられねばならぬ。「天皇陛下に忠義を尽す」といふ事は、かくして当然「共存共栄体の神聖統治者としての天皇陛下」の意味で、決して単に、利他的犠牲ではないのである。天皇陛下が万機を総攬したまふは、統治者としての統制行為である。統治者としての統制行為があつても、被統治者としての統制行為が、自律的に感応しなければ、その統制は完全に行はれ得ない。臣民たる者の所謂忠義とは、実に、君主の統治に応ずる統制の自律的行為である。故に天皇に対する不忠といふ事は、直ちに全社会的生活の統制に対する反逆となり、社会的に存在を認容されない事になるのである。

然も我国の天皇たるや、外国史にみるが如き、征服的支配者でなく、さきにもいへるが如く全民族の主師親三徳一身体現者であつて、最も自然の基礎に立ちつつ深高なる人格的意義を任持したまへる統治者である。それ故臣民の忠義と天皇の一視同仁的統治とは同一目的に向つて発動する函蓋《かんがい》であつて、日本国体の共存共栄に於ける天皇の道を統治と名付け、臣民の道を忠と名付けるのである。従つてこの両者は決して異目的々存在ではなく、常恒に同目的々存在であらねばならぬ。かくして、忠義の目的も、統治の目的も全く同根である事が明瞭になつた。ここに於て、吾等は、明治天皇の教育勅語を反省すべきである。即ち

爾《なんじ》臣民父母ニ孝ニ兄弟ニ友ニ夫婦相和シ朋友相信シ恭倹己ヲ持シ博愛衆ニ及ホシ学ヲ修メ業ヲ習ヒ以テ智能ヲ啓発シ徳器ヲ成就シ進デ公益ヲ広メ世務ヲ開キ常ニ国憲ヲ重ンシ国法ニ遵ヒ一旦緩急アレハ義勇公ニ奉シ以テ天壌無窮

ノ皇運ヲ扶翼スヘシ

とあるのは、共存共栄体内に於ける国民各自協働の諸方面をあげたまひ、結するに中心としての皇運扶翼を以てしたまふたのである。然も君と臣民と同目的々歩調を合すべきことは、

斯ノ道ハ実ニ我カ皇祖皇宗ノ遺訓ニシテ子孫臣民ノ倶ニ遵守スヘキ所之ヲ古今ニ通シテ謬《あやま》ラス之ヲ中外ニ施《ほどこ》シテ悖《もと》ラス朕爾臣民ト倶ニ拳々服膺シテ咸《みな》其徳ヲ一ニセンコトヲ庶幾《こいねが》フ

といふ御文に明々白々昭々乎として輝いてゐる。

かくの如き君民協働於道一致の国体下に、臣民は共存共栄を全うする事業的中心の人格に向つて奉仕するとなつて、忠義道徳は、はじめて生命の犠牲ではなく、生命の価値発揮となり、生活の方便でなく、生命の根本となる。然して、忠義が共存共栄の実現に向つての倫理を意味するならば、現代の不合理なる社会経済の組織のありのままを永遠化するものでない事は当然である。社会生活の組織が共存共栄の道に反するものなれば、それは国体の原則から照して改造せねばならぬ。故に、天皇制度と、資本主義制度とを混同するが如きは、滑稽なる不透明だといふべきであ

る。旧治安維持法が、これを同架に束ねおきたるが如きは、まことに驚くべき不聡明といはねばならぬ。かくして、忠とは、生活によつて左右せらるべき観念道徳ではなく、むしろ生活を解決し指導する物心総合的な人類生命の第一次的然も窮極の倫理だといふことになる。

けだし、天皇陛下への忠といふことは、社会生活国家生活を予想しないでは考へ得られないことであり、又、無意味である。日本の国家に於ける諸の社会生活の中に於て天皇に尽す忠といふことは、国家社会の生活そのものを度外視して成立するものではない。況んや天皇の統治の客体は、集団生活中にある人民である事を思へば、忠を生活そのものの全体に根ざした統制法と考へないのは現代からいへば思想の不徹底である。生活そのものを考へない統治は成立する可能性がない。生活そのものを考へない忠も又あきらかに観念的だ。それ故に、経済的物的生活を包含しない忠といふことは全く無意義に近い。然らばいかに包含するか。これ吾人が、前来力説したるが如く、全国民、文字通りに一視同仁の慈愛に蘇生し、国に怨嗟の声なく、唯、感謝の念感恩の心のみある社会組織を創造するにある。「俺は貧乏だから忠義どころの騒ぎではない」などと考へるものは、実に浅薄なる思想の持主で、忠義といふ事を、単に犠牲的対他道徳だと誤解してゐるのだ。若《も》しも上述の忠義の真意を理解したならば、国家の一員としての貴重なる責任の自覚の下に希望に輝いた社会改造への一石一木を運ばずにはゐられない筈だ。現代に於ける最緊急の天業恢弘は実にこの点にある事、今上陛下が

　輓近《ばんきん》世態漸ク以テ推移シ思想ハ動《やや》モスレバ趣舎《しゅしゃ》相異ナルアリ、経済ハ時ニ利害同ジカラザルアリ、此レ宜ク眼ヲ国家ノ大局ニ着ケ、挙国一体共存共栄ヲ之レ図リ、国本ニ不抜ニ培ヒ、民族ヲ無彊《むきょう》ニ蕃《しげ》クシ以テ維新ノ宏謨ヲ顕揚センコトヲ懋《つと》ムベシ

と朝見式の勅語に明確にその大御心を示したまへる処である。かく、今日の社会的意義としての忠義の尖端は、現在の経済組織の中に宿る不合理を除去し、挙国一体共存共栄を、現実に来らしむる一事にある。この今日の社会最大関心事と無関係なる方法に於ていかに忠義を鼓吹しても、それは生活的適切性を持たない。軍国一旦事ある時は、義勇奉公を以て最も適切なる忠の発揚とする。その時にあたつて、徒らに学を修め業を習ふことにのみ忠の意識を傾注するは、国家社会の現行動に関心を有せざる大頓馬である。故に社会の大勢よりみて即今の忠義は、主として、この

挙国一体共存共栄の社会改造に意識づけられ行為づけられねばならぬ。

されど、斯く論ずる相は、それは我皇室に対する忠を余りに実利主義的に解するものであつて天皇の神聖、尊厳、又、絶対を毀損するものであるといふ人があるかも知れない。然しそれは、神聖、尊厳、絶対などといふことを形而上学的概念で眺めてゐるからである。日本の天皇に対する神聖観は、決して我等の生活と別個なものの上に打立てられる幻想ではない。あたかも荀子の

神ヲ執リテ固シ。曷《なに》ヲカ神ト曰フ。曰ク、善ヲ尽スノ浹洽《しょうこう》ナルヲ神ト謂ヒ、万物以テ之ヲ傾クルニ足ル莫キヲ固ト謂フ。万固ナルヲ聖人ト謂フ。聖人ナル者ハ道ノ管ナリ、天下ノ道ハ是ニ管シ、百王ノ道ハ是ニ一ナリ。故ニ詩書礼楽モ是ニ帰ス矣。（儒効篇）

といふが如き現実の生活の中に即して仰ぎ見る神聖である。然も又、茲にいふ生活とは、所謂唯心的のそれでもなく、唯物的のそれでもなく、物心円融生活であるとするならば、それは当然に人倫秩序、宗教信仰等の精神生活をも包含するところのものである。人格そのものは抽象的に概念化されても、人格的共存共栄そのものは、形而上学化される事を許さない現実的実際だ。その実際は即ち物の中に心の働きを

創造することによつてのみ真に人格を創造し得るのである。

現実の社会に於ける制度の罪による無産階級の種々なる生活の苦痛悲惨を見ぬふりして、いかに忠義哲学を講述しても、その忠義が、無産者の指導原理とならないのはいふ迄もない。勿論、流石《さすが》は日本であるから、いかに困窮の生活にあつても、市太郎ヤーイの存在はある。然し、そのよい方面のみを見て、意を安んじてゐるのは危険この上もない事だ。「生活の窮乏は生活の窮乏、忠義は忠義」といふ二元観で、物質生活に敏感ならざるを得ぬ今後の無産階級国民を大忠の民として導き得るものか得ないものかを、為政者や教育家はとくと反省熟考すべきではないか。資本家からいつても、無産階級からいつても、今日の一方的有利一方的不利の経済生活を打破して、挙国一体共存共栄の社会組織を造り出さうとする意図と努力とを、合法的に持つ事こそ時代そのものの要求する忠義の適切なる一でなければならぬ。この忠義の社会的方面と、従来の人倫的方面との合体する処に、渾然たる日本国体の忠義は成立するのである。

吾人は、我国に於ける忠義については、どんなにすくなくとも、これだけの科学的考察を必要とするのである。この認識の上に立つて、更に、古来の純情としての忠義論を眺める時それは、始めて、法華経の心を以て読めば爾前《にぜん》経も法華となる様に、蘇生活用し得られるのである。然し、以上の見地の開顕を経ないで、従来のまま独立しては現代的意義を為さぬ事は、もはや、改めていふ迄もない事であらう。かく忠の本質は上述の如く物心二面を総合する人格的共存共栄の方法であるとするならば、そは当然自己認識の徹底によつて生ずるものとせねばならぬ。自己の存在を生物的存在と簡《えら》んで人格的のものと為し、社会生活の中にある一員たるの反省によつて、自己生活の原則を国体に認識する時、自己の人格的価値の実践を欲すれば、必然的に忠となるのである。この意味に於て忠の先験的原理は国体である。而して又、この意味に於ては、忠を以て中心と為し忠信となすの説を茲《ここ》に包容することが出来る。

かくて後に来るものは、かかる忠を生活の最高方法とする生活圏内に於ける忠義実践の主体と客体との厳別でなければならぬ。この区別が、観念上又は実践上混同すれば、事実に於て忠は潰滅する。

我国家開闢ヨリ以来《このかた》、君臣定マレリ矣。臣ヲ以テ君ト為スコト未ダ之レ有ラザル也。天之日嗣《あまつひつぎ》ハ必ズ皇緒ヲ立テヨ。無道ノ人ハ宜シク早ク掃除スベシ。（『続

日本紀』巻三十）

の喝破以来、各時代を通じて為されたる大義名分論は茲に於て真にその意義を認められる。忠が壊滅すれば、一切の生活組織は混乱する。この意味に於て、人倫秩序を忠なりとする説をここに包容摂取することが可能である。

名分主義の確立によつて、我等は第一に、忠の対象人格にまします天皇を「主」として仰ぎみる。而して国家生活即ち体系的行動をとりつつある人格的共存共栄体の統制者指導者としての天皇は、万世一系皇統連綿代々相承け歴聖相継ぎ、以て今日に到りたまふ。これ、この共存共栄生活を統制し存続せしむる根本中心の一貫存続である。過去に幾多の波瀾はあつたが、つひに全民族生活組織の中心を破壊し得なかつた事は、皇室の御威徳によるところであると共に又全く天佑といつてよい。われらは、皇統連綿の尊厳なる一大事実を仰ぎ見る時、全民族の全歴史を一貫した人格的共存共栄の生活組織の中心が不動不変の永遠相を現じてゐることに感謝せざるを得ぬ。これによつて我民族の団結、我社会生活は崩壊しなかつたのである。我等はこの生活中心を維持することによつて、ますます統一あり一貫性ある理想的生活を平和に、正々堂々と実現し得る。これに反逆することによつて、無用の流血、動乱、破壊が惹起されるに過ぎない。即ち、ここに社会秩序、国家秩序を維持するものとする忠観念、忠君愛国同一説を摂取統一する。

然も猶眼を転じて皇室と国民との関係をみるときは、厳然たる君臣関係以外、そこには最も自然なる血族関係がある。即ち我が天皇は、天孫民族全血統の中心宗家の当主にあらせられ、国民の宗親にまします。新附の民と雖、かかる体制の国家に入り来れる以上、又、皇室と親子の義を剋成したとみなければならぬ。全民族の中心といふことは、即ち、天皇は、君主と同時に親であるといふことであって、天皇に忠なる所以は即ち又直ちに孝であるといふ意味の忠孝一致、忠も孝も同一本源より出でたりとする忠孝一源説はここに摂取与位される。

天皇は、我が共存共栄の理念の総持者にして、血統即道統の先天的使命を以て民に君臨したまふことは、すでに述べたが、この意味に於て、皇位の象徴たる三種神器及び各時代各時代に下賜せられる天皇の教勅の義意を遵守することは、我民族の理性的自律である。天皇が、我国文教開発の人格的中心であらせられる事は云ふ迄もないが、然も、

夫《それ》大人《ノ》立《ツルヤ》レ制《ヲ》。義必《ズ》随《フ》レ時《ニ》。苟《クモ》有《ラバ》レ利レ民《ニ》。何《ゾ》妨《ゲン》二聖《ノ》造《ヲ》一。(『日本書紀』巻三)

といふ神武天皇の御精神が我が皇室一貫の大御心であり、

旧来ノ陋習ヲ破リ、天地ノ公道ニ基クヘシ、知識ヲ世界ニ求メ、大ニ皇基ヲ振起スヘシ。（明治天皇五ケ条ノ御誓文御四及第五）

といふことが国是（右御誓文の用語）である限り、社会事情の変遷又は発達に伴ふ国体皇道の表現せらるべき事情の変遷又は発達をも当然に承認せざるを得ない。明治天皇のいはゆるよきを取りあしきを捨ててますます国体美を発揮する生活の創造に驀進せねばならぬ。かく考へ来るや、諸の生活改造、社会改造の思想運動の如きは、よきを取り悪しきを捨てて茲に摂取包容する十分なる可能性がある。かくて、以上の三目によつておのづから、道徳の恩境として、生活の恩境としての天皇観も成立するから、報恩主義忠論をここに統一することが出来る。

斯かる観察から更に進んで、君臣組織そのものを眺める時、我国の君臣組織は、既に予の論述した通り君は臣の福利を中心にしてこれを指導し保護し統制したまふ。即ち、物を表面として心を内面につつみ、統治の大業に従ひたまふ。而して、民は、君の命令統制に心服随従し恩徳に感謝し、その神聖尊厳を仰ぐ。即ち心を表面として物を内面につつみ、以て天業を扶翼したてまつる。真に物心融合の原理を生活化せるものといはねばならぬ。
以上の論述を総合すると、天皇は、単なる社会心理や、単なる道徳主義や、単なる経済主義等々の孤立的思想による忠観念の対象として限定せらるべくあまりに偉大である。然も、それらの一つ一つの義も又なきにあらず。そのすべてを総合し円満に融即せしめたところに、真に天皇の意義があり、忠の義が成立するとするならば、ここにはじめて、神聖の全面影を仰ぎ得るものとせねばならぬ。単なる一理性、単なる一情感の対象といふべく余りに大きい。かくて、真によくその本質を一言にしていひ表さんとすれば、即ち、天皇は神なりとの宗教的信仰に到達し、天照大神の神体神意神業の継承者なりとの崇信に、すこしも自己の小理性小感情を偽ることなしに到達せざるを得ない。ここに於て、古来、日本人の伝統し来れる民族的信仰に、吾等は、はじめて立ちかへり得るのである。かくてそこに忠義の最深義が金剛《こんごう》不壊《ふえ》に成立する。

天皇とプロレタリア　終

解題

里見日本文化学研究所所長　金子宗德

里見岸雄という人

里見岸雄は、明治三十（一八九七）年三月十七日、《国柱会》の創設者である田中智學の三男として東京で生まれた。智學は日蓮宗の僧侶であったが、退嬰的な宗風に慊らず還俗して在家の立場から宗門の革正を呼号し、さらには勃興する社会主義に対する危機感から「日本国体学」を創唱したことでも知られる。

高等小学校卒業後、日本済美中学校（現在は廃校）に進学するも、近代教育に否定的であった智學の命により半年で中退させられ、智學の運営する諸施設で雑役に従事した。そのような逆境にありながら、通信教材を活用するなど苦労を重ねて中学校卒業の資格を取得し、早稲田大学高等予科（早稲田大学高等学院の前身）に入学。さらに、大正六（一九一七）年九月、早稲田大学哲学科に進学した。この頃、又従姉の里見千代子と結婚する。千代子には姉しか居なかったため、婿入りして里見の姓を名乗った。大学で宗教哲学の研究に没頭した里見は、智學の経営する国柱産業から上梓した大冊の『日蓮主義の新研究』を卒業論文として提出したことで首席となり、大正九（一九二〇）年七月に行われた得業式（卒業式）で総代として謝辞を述べる。

予てより海外雄飛を志していた里見は、大正十一年五月、ヨーロッパに向けて旅立つ。ロンドン郊外のハーローに下宿した里見は、午前中は英語とラテン語の個人教授を受け、午後からは大英博物館の図書室で読書するという生活を送る。そうした研鑽の甲斐があって、大正十二（一九二三）年三月、Kegan Paul 社から"Japanese Civilizatin, Its Significance and Realization"を上梓する。その後、イギリスを発ってドイツに向かう。ベルリン駅には、《国柱会》の会員でドイツ駐在中の石原莞爾が出迎えた。石原は里見より八歳年長であったが、ドイツにおける里見の活動を支え、その後も石原の死に至るまで両者

里見岸雄

は深い親交を結ぶ。ドイツで"Altjapanischer Idealismus und seine Entwicklung"という小冊子を刊行した後、フランスにも滞在する。

大正十三年九月に帰国した里見は、同年十二月、兵庫県武庫郡西宮町の借家に《里見日本文化研究所》を開設し、日蓮仏教と日本国体の研究に専心。大正十五年二月には、機関誌『日本文化』を創刊する。同誌は「国体思想徹底普及」、「学術の民衆的解放」、「日本文化海外宣伝」を三大使命とし、英文や独文の論文も掲載された。

昭和二(一九二七)年九月、研究所を新築移転して《里見日本文化学研究所》と改称する。また、『日本文化』(昭和二年十二月号)に「国体科学を提唱す」を発表し、「日本国体学を中枢部と為し、綜合史観と国体史観とを左右の翼と為したる日本神話学、比較国体学、比較国性学、政治学、社会学、法律学、経済学、文明史、日本歴史、宗教哲学、各種政策等を総称する日本国体主義文化科学」としての「国体科学」の樹立を目指すことを宣言。昭和三(一九二八)年十一月に政治運動団体《国体科学連盟》を結成し、翌年一月には機関誌も『国体科学』と改称する。また、「国体科学」の理論を説く「国体科学叢書」を創刊したほか、『国体に対する疑惑』(昭和三年四月)や本書を初めとする啓蒙書を相次いで世に送り出す。これらは、「社会科学」を自称しつつも実際は革命運動という政治的意図に従属するマルクス主義と、革命運動否定という政治的意図が先に立ち非科学的な観念論に終始する国体擁護論とを同時に克服せんとするものであった。

だが、学術研究と政治運動を両立させることは容易ではなく、最終的に里見は前者を選んだものの、そこに至る過程で千代子夫人と離婚する（姓は田中に復さず、里見のまま）など里見は公私ともども逆境に追い込まれる。

心機一転を図るべく、篤志家の支援を受けた里見は研究所を京都に移し、野村田鶴子を後妻に迎える。昭和七（一九三二）年二月に新しい機関誌として『社会と国体』を創刊。同年六月には学術啓蒙団体《国体主義同盟》を組織する。体制を整えた里見は、「国体」の中核をなす天皇の意義を説き明かすべく、『天皇の科学的研究』（先進社・昭和七年三月）を上梓。続けて、天皇統治のあり方を探る『天皇統治の研究』（未刊・昭和八年三月）、「国体」の用例を整理した『「国体」の学語史的管見』（里見日本文化学研究所・昭和八年七月）を纏めた。

その後、里見の関心は「国体」の法的表現ともいうべき憲法へと向かい、『帝国憲法の国体学的研究』（里見日本文化学研究所・昭和九年三月）、『国体法の研究』（錦正社・

昭和十三年三月）などを世に問う。里見の憲法学は、告文・勅語・上諭ならびに第一条から第四条までを「国体」という観点から整合的に理解しようとするもので、欧米の理論を単純に当て嵌めようとする従来の憲法学とは大きく異なるが、立命館大学から法学博士号を授与されるなど学界でも一定の評価を得た。

また、昭和十（一九三五）年二月から世間を騒がせた天皇機関説問題についても、里見は独自の見解を示す。問題となったのは、「大日本帝国ハ万世一系ノ天皇之ヲ統治ス」という第一条と「天皇ハ国ノ元首ニシテ統治権ヲ総攬シ此ノ憲法ノ条規ニ依リ之ヲ行フ」という第四条との関係であった。

後者を重視する機関説によれば、国家は一種の法人であり、天皇は法人の定款たる憲法に従って統治権を行使する最高の「機関」とされる。一方、前者を重視する主権説によれば、国家は一種の有機体であり、有機体の脳髄にあたる天皇は「主権者」とされる。

このような両説に対し、第四条に「国ノ元首」とある以上、天皇は「元首」という近代国家の統治権を行使する「機関」であることは違いないが、近代国家成立以前から続く日本の「国体」によって定まり、第一条に規定されている天皇の統治実を無視してはならぬと考える里見は、憲法正解運動を展開した。

昭和十一（一九三六）年二月、《国体主義同盟》を《日本国体学会》に改組。同年十一月には、研究所を東京都北多摩郡武蔵野町（現・武蔵野市）の現在地に移転する。

昭和十二（一九三七）年七月七日、盧溝橋事件を契機に支那事変が勃発。里見は、石原から様々な情報を得ていたためか、支那との戦争には批判的であった。支那事変が泥沼化する中で、ナチスの影響を受けた一国一党論が擡頭する。この一国一党論に対し、官僚独裁を招きかねないと危機感を抱いた里見は、『中央公論』（一九三九年一月号）に「一国一党の国体学的批判」を発表した。この論文において、自由主義政党の活動により国家社会の全体性が損なわれつつある中、一国一党論が登場するのも分からぬではないとしながらも、人間の利己心が決して断滅できぬ以上、各構成員の利害は多元的であるのだから、「衆智衆議を尽さざる議会は、たとへそれが如何に立派な理想主義的意図の下に成立せしめられようとも、畢竟するに相対的聖善正の独善的肯定であり、多数的勢力是認であり、かくしてそれは政権的に完成させられたところの排他的政治機構であり、従つて自己意志の無批判的絶対化、自己意志の対他的強制にほかならないのである。これはあきらかに非立憲的思想であり、実にむしろドイツやイタリーの政治形態を没批判的に謳歌模倣する、所謂『偽装日本主義』だといはねばならぬ」と批判する。

昭和十六（一九四一）年五月から、里見は立命館大学で憲法の教鞭を執るようになり、大東亜戦争開戦後の昭和十七（一九四二）年四月には、同大学の法文学部に新設された国体学科の主任教授となった。けれども、この頃から福田素顕の率いる『皇道日報』など右翼団体による攻撃が激しくなる。福田の告発を受けた里見は不敬罪および治安維持法違反の疑いで何度も取り調べを受け、昭和十八（一九四三）年二月五日には、貴族院でも著述の内容が問題とされる。告発については不起訴処分となったものの、『国体に対する疑惑』や『天皇とプロレタリア』は発売禁止差押処分となり、『国体法の研究』も二百数十箇所におよぶ改訂・削除を余儀なくされる。

しかし、このような学難に里見は屈することなく、全十三巻に及ぶ「日本国体学」の執筆を志し、戦火の中で書き継いだ。

昭和二十（一九四五）年八月十五日の大東亜戦争敗戦を、里見は疎開先の秋田県北秋田郡扇田町（現・大館市）で迎えた。眠れぬままに翌朝を迎えた里見は、日本国体学会総裁としての「非常訓示」を書き上げ、「落胆する勿れ、発奮せよ。自棄する勿れ、誓願に生くべし。わが大日本帝国は二千六百五年にして真の国体顕揚の大事にいそしまん。熱涙の中に国体を仰視せよ。焼土の中より正義護国の大道念を燃え上がらせよ」と、門下を鼓舞する。

同年十月に帰京した後も、『日本国体学』の完成に向けて筆を走らせる傍ら、GHQの弾圧――昭和二十二（一九四七）年六月に公職追放処分を受ける――と闘いながら執筆・講演活動を展開。また、独自の規定を盛り込んだ「大日本帝国憲法改正案私擬」（昭和二十一（一九四六）年一月）を発表したほか、戦中に刊行の途絶した『国体学雑誌』に代わる新しい機関誌『国体戦線』を昭和二十二（一九四七）年二月に創刊する。

昭和二十六（一九五二）年六月に追放処分解除となった里見は、機関誌を『国体戦線』から『国体文化』に改称した。その筆鋒・舌鋒は鈍ることなく、戦後の反「国体」的風潮と徹底的に闘う。反「国体」的とあらば相手が誰であろうと妥協することなく、紀元節復活に反対された三笠宮崇仁親王殿下に対して皇籍離脱を諫告したこともある。

六十歳を超えた里見は、学業の集大成として、『日蓮・その人と思想』(昭和三十五年)、『万世一系の天皇』(昭和三十六年)、『日本国の憲法』(昭和三十七年)の三部作を出版。その後も、昭和四十九(一九七四)年四月に滅するまで、講演や執筆を継続した。

本書について

本書は、昭和四(一九二九)年十一月十日に、アルスから刊行された。アルスは芸術関係に強い出版社で本書のような思想書は異色であるが、これは社主・北原鉄雄の兄である北原白秋と智學との関係による。白秋は智學に私淑しており、その妻も《国柱会》会員の娘で智學に近侍していたことがあった。

本書の刊行にあたり、アルスは新聞広告に加え、《国体科学連盟》と協力して東京・横浜・新潟・名古屋において「天皇とプロレタリア大講演会」を開催するなど、積極的な宣伝活動を行う。それらが功を奏して順調に版を重ね、昭和六(一九三一)年初頭には百版を超える。新聞や雑誌の書評欄でも取り上げられ、里見のもとには多くの人から読後感が届いたという。

本書は、三章からなっている。

第一章では、当時の社会情況が皮肉たっぷりに描かれている。度重なる弾圧を受けながらも、なぜ社会主義は衰えないのか。なぜ政府の思想善導は効き目がないのか。里見は、いくら国体論を繰り返し説いても、観念的である限り、貧困という現実的問題の解決を目指す社会主義に対抗することはできぬと繰り返し説く。

続く第二章では、古典から同時代の論説まで従来の国体論を俎上に載せ、それが如何に観念的であるかを実証する。その上で、働かずに巨富を得る資本家と働いても貧困に喘ぐ労働者が存在する限り、社会主義思想を根絶することが出来ず、そうである以上は「国体」化するよりほかにないと主張する。

「国体」化とは、如何なることか。第三章において、里見は「国体」を「日本国家の社会的構成形態及びそれの規範的把握」、「万世一系の天皇を主師親として有機的に結成された社会生活そのものと、その中に把握した生活の軌範即ち法則」と定義づけている。かかる意味での「国体」は、豪族の専横を戒められた歴代天皇の詔勅からも明らかな通り、社会主義とは必ずしも矛盾しない。これら詔勅に示された歴代天皇の大御心に副い奉るには、天皇の御名により全産業組織が統制されるべきと主張する。それが実現した暁には、労働は私的な利益を図るための私業ではなく、天皇を中心とする人格的共存共栄態を実現する天業となるだろう。

経済のグローバル化に伴い、富める者と貧しき者の格差が拡大しつつある。「保守」を自認する者は、経済活動の自由を守る立場から「自己責任」を強調するが、それでは民族としての一体性、ひいては国家としての安定性が失われかねない。

そうした情況下、天皇を中心とする共同体を守るという観点から資本主義社会に批判のメスを入れた本書は改めて読み直されるべき一書である。

カバーデザイン　古村奈々 + Zapping Studio

里見岸雄（さとみ　きしお）

明治 30 年、東京に生まれる。大正 9 年、早稲田大学哲学科卒業。同 11 年、英独仏に遊学。同 13 年、兵庫県西宮に里見日本文化研究所を創立。昭和 3 年、『国体に対する疑惑』を刊行、一大センセーションを巻き起こし、同 4 年『天皇とプロレタリア』を刊行、百版突破の大ベストセラーとなる。同 11 年、日本国体学会を創立。同 16 年、立命館大学法学部教授に就任。同 17 年、法学博士号を授与されると共に同大に国体学科を創設し主任教授。戦後も「日本国体学」全 13 巻を脱稿するなど旺盛な著作・講演活動に従事。同 49 年、78 歳にて逝去。

主な著書

『天皇とプロレタリア』『吼えろ日蓮』『天皇の科学的研究』『日蓮　その人と思想』『萬世一系の天皇』『日本国の憲法』『天皇法の研究』『国体に対する疑惑』『天皇とは何か』

普及版　天皇とプロレタリア

平成三十年四月十八日　第一刷発行

著　者　里見　岸雄

発行人　藤本　隆之

発　行　展　転　社

〒101-0051　東京都千代田区神田神保町 2-46-402

TEL　〇三（五三一四）九四七〇

FAX　〇三（五三一四）九四八〇

振替〇〇一四〇－六－七九九九二

印刷製本　中央精版印刷

ISBN978-4-88656-460-3